CB135328

STEPHEN R. COVEY

AS 3 ESCOLHAS PARA O SUCESSO

Princípios eternos para você se tornar uma pessoa mais produtiva e feliz.

Vida Melhor

Rio de Janeiro, 2013

Título original
Everyday greatness

Copyright da obra original © 2006 por FranklinCovey Co.
Copyright © 2006 por David K. Hatch.

Edição original por Harvest House Publishers. Todos os direitos reservados.
Copyright da tradução © Vida Melhor Editora S.A., 2013.

Publisher	*Omar de Souza*
Editor responsável	*Samuel Coto*
Produção editorial	*Thalita Aragão Ramalho e Luana Luz*
Capa	*Carolina Aguiar*
Tradução	*Marcos Santarrita* *Sônia Maria Moitrel Schwarts*
Preparação de originais	*Daniel Nascimento*
Revisão	*Clarisse Cintra*
Diagramação e projeto gráfico	*Carmen Beatriz*

CIP-BRASIL. CATALOGAÇÃO NA FONTE
SINDICATO NACIONAL DOS EDITORES DE LIVROS, RJ

C914g

Covey, Stephen R., 1932-
As 3 escolhas para o sucesso / Stephen R. Covey [insights e comentários por] Stephen R. Covey [compilado por David K. Hatch; tradução de Marcos Santarrita, Sônia Maria Moitrel Schwarts]. – Rio de Janeiro: Vida Melhor, 2013.

Tradução de: Everyday greatness

ISBN 978-85-66997-00-2

1. Conduta. I. Hatch, David K., 1958-. II. Título.

CDD: 170.44
CDU: 179.9

Todos os direitos reservados à Vida Melhor Editora S.A.
Rua Nova Jerusalém, 345 – Bonsucesso
Rio de Janeiro – RJ – CEP 21042-325
Tel.: (21) 3882-8200 – Fax: (21) 3882-8212 / 3882-8313
www.thomasnelson.com.br

SUMÁRIO

Introdução

Dr. Stephen R. Covey

Sinto-me abençoado.

Em um mundo onde imagens de conflitos e palavras desalentadoras parecem dominar as manchetes dos jornais, sinto-me abençoado por encontrar diariamente, por toda parte, pessoas cujas vidas confirmam que há uma abundância de bondade entre nós.

Em um momento em que ouvimos falar tanto sobre escândalos e transgressões éticas envolvendo políticos, sinto-me abençoado por conhecer líderes de nações e dirigentes de empresas cujas vidas são modelos de integridade e de firmeza moral.

Em uma época em que crimes, desastres naturais, guerras e doenças se tornaram comuns, sinto-me abençoado por trabalhar com agentes da lei, administradores, especialistas militares e profissionais da área de saúde estimulados por nobres intenções e capazes de se sacrificar pelo bem de todos.

Em um período em que a autoridade paterna e os laços familiares estão sendo desafiados como nunca, sinto-me abençoado por conhecer pais responsáveis e mães amorosas que, dia e noite, tudo fazem para criar e educar seus filhos.

E, em uma era em que escolas e jovens estão sendo bombardeados por negativismo e acomodação, sinto-me abençoado por conhecer professores dedicados e alunos talentosos e de caráter que se comprometem com a transformação do mundo — cada um à sua maneira.

De fato, em qualquer lugar aonde eu vá, sinto-me abençoado por encontrar pessoas de todas as áreas que são genuinamente boas e que tanto contribuem para melhorar o mundo que as cerca. Elas me inspiram.

É bem provável que você seja uma pessoa assim.

Uma coletânea para nossos tempos

Sim, acredito que as pessoas, na sua maioria, têm bons sentimentos e fazem coisas boas. E estou convicto de que não devemos deixar que o barulho produzido pela minoria negativa sufoque o incessante som da bondade que nos cerca.

Mas é preciso ter consciência de que, embora muitos de nós façamos coisas admiráveis, a maioria sabe que a *qualidade* do que fazemos nem sempre representa o *máximo* do que somos capazes de fazer. Quando paramos para refletir, sentimos que poderíamos usufruir melhor a vida e contribuir ainda mais.

Isso não se aplica a você?

Gosto de acreditar sempre que o trabalho mais importante está à minha frente, e não atrás de mim. Escolhi como lema "viver num crescendo". Isso provoca em mim o desejo de me expandir em novas direções e de procurar outras maneiras de contribuir. Para me ajudar a manter esse propósito, leio e reflito sobre textos compilados pela revista Reader's Digest e escritos por muitas das mais respeitadas pessoas no mundo inteiro. Esta coletânea é um verdadeiro tesouro de princípios eternos e regras práticas para fazer da vida o melhor que ela pode ser.

Desejo que esta coletânea produza em você pelo menos três resultados. Primeiro, que lhe permita sentar-se confortavelmente, relaxar e apreciar a leitura. Vamos falar a verdade. Nem sempre temos a oportunidade de nos acomodar e apreciar textos tão bonitos e comoventes como os que você vai encontrar neste livro. Espero que aqui você possa achar um refúgio para as tempestades e um abrigo de esperança.

Segundo, que este livro lhe traga o estímulo necessário para usufruir melhor a vida e contribuir um pouco mais para o mundo. É um prazer especial entrar em contato com as centenas de histórias e ideias inspiradoras aqui reunidas. Espero que algumas delas toquem você bem fundo e provoquem o impulso de que está precisando para crescer e dedicar-se mais.

Terceiro, que a sua leitura desperte em você o desejo de ser uma pessoa em processo de mudança, isto é, aquela que toma consciência e procura interromper as tradições negativas e as práticas prejudiciais que passam de geração em geração, ou de situação para situação, seja na família, no local de trabalho, na comunidade ou em qualquer lugar. Em tempos de escuridão, as pessoas em processo de mudança iluminam e não julgam, dão exemplo em vez de criticar. Em períodos de discórdia, elas são catalisadoras de mudanças, e não vítimas, são as que curam, e não as que transmitem doenças. O mundo atual precisa de mais pessoas que vivem esse processo. Confie em si mesmo para se tornar uma delas e observe os resultados de sua influência.

A GRANDEZA DE CADA DIA

De vez em quando, o mundo testemunha um ato heroico ou descobre uma pessoa com talento excepcional. Vez por outra, um cientista faz uma descoberta fundamental ou um engenheiro projeta um aparelho revolucionário. A cada uma ou duas décadas, dois políticos assinam um ousado tratado de paz. Anualmente, megaeventos anunciam os melhores atores, músicos e atletas da temporada.

Esses acontecimentos e realizações monumentais frequentemente aparecem em letras garrafais nas manchetes e são considerados símbolos de "grandeza". Na maioria dos casos, eles representam de fato um tipo de grandeza que merece atenção e aplausos porque fazem a sociedade avançar de maneira significativa.

Mas existe um outro tipo de grandeza mais discreta que geralmente não aparece nas manchetes. Para mim essa grandeza merece ser mais celebrada e respeitada. Eu a chamo de a grandeza de cada dia.

A grandeza de cada dia não é um acontecimento único, mas um estilo de vida. Ela está mais relacionada ao que uma pessoa *é* do que ao que ela *tem*. Ela se manifesta mais pela bondade que irradia do rosto de alguém do que pelo título impresso em seu cartão de visita. Ela revela mais sobre as motivações das pessoas do que sobre seus talentos; fala mais sobre pequenas e simples ações do que sobre realizações grandiosas. Ela é humilde.

Quando peço que as pessoas descrevam o que entendem por a grandeza de cada dia, elas geralmente falam de indivíduos que conhecem pessoalmente. Mencionam, por exemplo, um pequeno fazendeiro que, além de corajosamente sustentar a família, ajuda os vizinhos e dedica-se à comunidade. Ou uma mãe que se esforça ao máximo para demonstrar seu amor irrestrito por um filho rebelde. Elas descrevem um avô, um professor, um colega de trabalho, um vizinho ou um amigo que é honesto, esforçado, respeitoso e com quem sempre se pode contar. O traço comum entre essas pessoas é que elas não pretendem ser nenhum Gandhi ou nenhuma Madre Teresa de Calcutá para exercer a grandeza de cada dia.

São pessoas que, apesar de tudo o que há de negativo no mundo, ainda encontram alguma forma de contribuir positivamente. O segredo está no fato de que esses gestos de doação fazem parte de sua natureza e refletem o que realizam anonimamente todos os dias.

Três escolhas de todos os dias

Portanto, o que leva à grandeza de cada dia? Qual é a sua origem?

Estou convencido de que a resposta se encontra em três escolhas que fazemos todos os dias, estejamos ou não conscientes disso.

1– A escolha de tomar as rédeas e agir

A primeira escolha que fazemos dia após dia é *tomar as rédeas da vida* ou *se deixar conduzir.*

É claro que não podemos controlar todas as coisas. Alguns acontecimentos causam pouco ou nenhum efeito. Outros nos golpeiam com força. Mas diariamente fazemos a escolha: vamos ser levados ao sabor das marés e das correntes do dia, ou assumiremos a responsabilidade de definir nossas ações e destinos?

A escolha parece fácil. Afinal, quem não prefere tomar as rédeas da vida em vez de ser conduzido? Quem quer ser levado à revelia? Mas são nossas ações que revelam as escolhas que realmente fazemos a cada dia. Porque muitos dizem que querem estar no comando de suas vidas, mas deixam que os programas de televisão decidam o que farão. Outros dizem ter projetos profissionais grandiosos, mas delegam a responsabilidade pelo seu desenvolvimento a chefes e patrões. Alguns dizem que querem se comportar com retidão, mas cometem pequenas transgressões sempre que são pressionados. Sim, muitas pessoas dizem que querem tomar as rédeas da vida, mas suas ações demonstram que é a vida que as está conduzindo.

As histórias que você vai ler neste livro falam de pessoas que decidiram assumir o controle de suas vidas. Elas reconhecem que, embora não possamos sempre escolher o que nos acontece, podemos escolher como reagir. Algumas são bastante conhecidas, mas a maioria não.

Algumas fazem escolhas heroicas, mas a maioria não. Em sua grande parte são pessoas comuns que fazem escolhas comuns em situações diárias. Examine com cuidado a vida delas e as escolhas que fizeram. Eu percebo algo em comum entre elas: as que recebem mais coisas da vida e as que mais contribuem são as que decidem agir.

Nós podemos e devemos nos tornar a força criativa de nossa própria vida — e de nosso próprio futuro.

2– A escolha de objetivo

Muitas pessoas que optaram por agir acabaram descobrindo que fizeram escolhas erradas e até mesmo prejudiciais. Então, apenas a decisão de agir não é suficiente.

Por isso, a segunda escolha que fazemos dia após dia é de grande importância: *qual é o objetivo de nossas escolhas diárias?*

Todos queremos que nossa vida tenha um sentido. Não desejamos apenas nos ocupar, queremos desenvolver ações em busca de objetivos importantes. Mas, na agitação do mundo de hoje, é muito fácil passar o dia sem pensar nas metas que estamos perseguindo ou mesmo deixar de parar tempo suficiente para refletir sobre os objetivos que realmente desejamos alcançar. É por isso que vemos muitas pessoas correndo de um lado para o outro sem chegar a lugar nenhum.

Não é o caso daquelas que você vai conhecer aqui. De um médico inteiramente dedicado a seus pacientes aos membros de uma família que cuidam de uma criança inválida, todas tomam decisões ligadas à busca de objetivos significativos e nobres, às vezes até com grande risco ou sacrifício pessoal.

Na realidade, a origem desta coletânea provém de duas pessoas que decidiram ir à luta: DeWitt e Lila Wallace, fundadores da Reader's Digest, já falecidos. Em 1922, quando eram recém-casados, lançaram a revista para tentar equilibrar suas despesas. Mas a meta a que se propuseram ia muito além de ganhar dinheiro. Desde criança, DeWitt definira para si mesmo uma missão: *qualquer que seja a minha ocupação, pretendo fazer o máximo de bem possível no mundo.* Juntos, ele e a mulher decidiram "ajudar as pessoas a se ajudarem". Encheram cada edição da revista com histórias, piadas, humor — muito humor — e comentários práticos que reforçavam os princípios em que acreditavam. Entre esses princípios estão a coragem, a caridade, a integridade, a qualidade, o respeito e a colaboração.

Hoje, impressa em 21 idiomas, a Reader's Digest continua a promover esses mesmos princípios em seus mais de 80 milhões de leitores; é a revista mais lida no mundo.

Portanto, foi assim que os Wallaces, página por página, matéria por matéria, decidiram viver com um propósito determinado. Da mesma forma, as pessoas que você vai conhecer neste livro decidiram, passo a passo, dia após dia, ir em busca de um sentido para suas vidas. Espero que a leitura de suas histórias leve você a refletir sobre os objetivos que dão significado às suas ações.

3– A escolha por princípios

É claro que nada disso acontece por mágica ou sorte. Embora eu acredite no poder do pensamento positivo, eu não acredito que você ou eu possamos simplesmente nos preparar para o sucesso ou para a paz de espírito. Acredito que uma vida de grandeza cotidiana ocorre apenas quando vivemos em harmonia com os princípios universais eternos.

Portanto, a terceira escolha que precisamos fazer diariamente é: *viver de acordo com princípios fundamentais para a realização do ser humano.* A alternativa é sofrer as consequências por não fazermos isso.

Para explicar o que estou querendo dizer, vou contar uma anedota da edição de dezembro de 1983 da Reader's Digest. Embora engraçada, ela nitidamente ilustra o poder dos princípios e seu impacto em nossa vida e em nossas escolhas.

Em uma noite de neblina no mar, o capitão de um navio viu o que pareciam ser as luzes de um outro navio navegando em sua direção. Ele mandou seu sinaleiro contatar a outra embarcação com sinais luminosos. A mensagem era:

"Mude seu curso para dez graus sul."

Veio a resposta: "Mude seu curso para dez graus norte."

Então o capitão respondeu: "Sou um capitão, portanto mude seu curso para dez graus sul."

Resposta: "Sou um marinheiro de primeira classe. Mude seu curso para dez graus norte."

Essa última mensagem realmente enfureceu o capitão e por isso ele sinalizou de volta: "Sou um navio de guerra. Mude seu curso para dez graus sul."

Resposta: "E eu sou um farol. Mude seu curso para dez graus norte!"

Para mim, a mensagem é muito direta: nem o tamanho do navio nem a patente do comandante tinham a menor importância. O farol não ia mudar seu curso. Ele era permanente, inalterável. Cabia ao capitão decidir se corrigiria ou não o curso do seu navio.

O farol é como um princípio. Os princípios são eternos e universais. Eles não mudam. Não se submetem a idade, raça, credo, gênero ou status — pelo contrário, todos esses estão subordinados a eles. Assim como o farol, os princípios são sinalizadores permanentes com os quais as pessoas podem direcionar seus cursos em situações de tempestade e calmaria, escuridão e claridade.

Graças aos Einsteins e Newtons, muitos princípios ou *leis naturais* foram descobertos nas esferas científicas. Pilotos, por exemplo, são guiados pelos quatro princípios do voo — gravidade, sustentação, propulsão e resistência. Os fazendeiros devem aprender a dominar princípios similares, ou as leis da colheita. Os fazendeiros precisam aprender a dominar as leis da colheita. Ginastas e engenheiros operam dentro dos princípios da física, e assim por diante. Mas não foram os pilotos, nem os fazendeiros, nem os ginastas, nem os engenheiros que inventaram os princípios; eles não têm o poder de alterá-los. Assim como o capitão do navio, eles podem apenas estabelecer ou não seus cursos por esses princípios ou sofrer as consequências. Porque, enquanto as escolhas determinam os comportamentos, os princípios governam as consequências.

Estou convencido de que princípios semelhantes ao do farol existem no âmbito da vida humana. Vários deles estão reunidos neste livro: *visão*, *inovação*, *humildade*, *qualidade*, *empatia*, *magnanimidade*, *perseverança* e *equilíbrio*. São todos capazes de nos estimular a buscar mais eficiência e satisfação na vida. Se você duvida disso, imagine o que seria viver com base nos opostos, como falta de visão, preguiça, vaidade, desordem, egoísmo, vingança ou desequilíbrio.

Alguns dos relatos contidos neste livro foram escritos há décadas. Mas, como são baseados em princípios, continuam atuais e aplicáveis tanto hoje quanto daqui a vinte anos. Por isso, ao ler as histórias ou os comentários, não se prenda às épocas ou aos nomes. Concentre-se nos princípios e na forma como os personagens os aplicaram às suas vidas. Sobretudo, reflita sobre como você poderia usar mais plenamente os princípios do farol como marcos para sinalizar seu caminho e medir seu progresso na jornada para a grandeza de cada dia.

E QUANTO A VOCÊ?

Vamos então voltar às três escolhas diárias que fornecem os alicerces para a grandeza de cada dia. De certo modo, a escolha de agir representa a energia que trazemos para a vida, a nossa força de vontade. A escolha do objetivo representa nosso *destino*, aonde decidimos ir, o que decidimos realizar. A escolha dos princípios determina os meios pelos quais chegaremos lá — como alcançaremos nossas metas.

Acredito que as pessoas a quem me referi no início desta Introdução, aquelas que manifestam a grandeza de cada dia no mundo atual, se destacam pelas suas respostas a essas três escolhas. Acredito também que as pessoas sobre as quais você lerá neste livro se destacaram em vários momentos de suas vidas ao responderem positivamente a essas mesmas escolhas.

Mas o livro não é sobre essas pessoas. Ele é sobre você. Como você usa o seu tempo. Com o que contribui diariamente. Como trata as pessoas. Se está agindo bem ou agindo o melhor que pode.

Por isso, eu lhe pergunto:

- Você se sente como um objeto jogado para a frente e para trás pelos acontecimentos, ou você caminha na direção que escolhe?
- Quais são os objetivos que você busca com suas escolhas diárias? Em direção a que objetivos você gostaria que suas escolhas o levassem?
- Sua vida está em harmonia com os princípios universais eternos?

Sei que são perguntas difíceis. Se você ficar indeciso ou insatisfeito com qualquer uma das suas respostas, este livro pode ajudá-lo. Porque cada anotação é um lembrete de que sua vida de fato tem importância e que seus dias — independentemente do que esteja acontecendo no mundo — podem ser ricos em significado e crescimento.

São sete partes, cada qual contendo cinco ou seis princípios ilustrados por histórias, citações e comentários. Uma das coisas que tornam a leitura do livro muito agradável é o fato de você poder abri-lo em qualquer página para encontrar inspiração. A leitura de uma parte ou mesmo de um capítulo não é fundamental para a compreensão de qualquer outro.

Posso imaginar muitas utilidades para este material. Vejo pais e professores utilizando-o como fonte de ideias ou como histórias para motivar os jovens. Visualizo palestrantes profissionais e líderes empresariais usando-o como um manancial de informações. Imagino equipes de trabalho discutindo e aplicando os princípios a vários tipos de tarefas. Mas sobretudo vejo pessoas como você utilizando-o para ter uma vida melhor e mais feliz. Leia estes textos pensando em você e na sua vida. Destaque citações ou princípios que podem ajudá-lo a alcançar suas metas. Ao fazer isso, considere as sugestões contidas no Epílogo para traçar um plano realista que aumentará a sua capacidade de atingir a grandeza de cada dia.

Conclusão

Quero concluir com uma breve manifestação de gratidão e respeito por aqueles que me ajudaram a selecionar e organizar estes textos.

Primeiro, desejo prestar uma homenagem à equipe da Reader's Digest pelo contínuo sucesso da revista em se manter como uma voz tão influente no mundo de hoje.

Segundo, aplaudo os esforços de David K. Hatch, que iniciou este projeto, ao procurar histórias e citações para usar em seu trabalho como consultor de liderança. David examinou mais de mil edições da Reader's Digest e mostrou-me o valor que esta coletânea poderia ter para as pessoas no mundo inteiro.

Terceiro, expresso gratidão à imensa riqueza de sabedoria oferecida pelos diversos autores, filósofos e heróis comuns citados neste livro e que são fontes de inspiração. Eles, assim como nós, não são perfeitos, mas buscaram realizar ações enobrecedoras que ajudam a desenvolver a confiança que nos estimula a acreditar que também podemos fazer o mesmo.

Por fim, ofereço toda a minha consideração à pessoa única que você é. Acredito que você seja alguém capaz de realizar coisas boas em um mundo tão caótico. Você possui experiência e talento. Use isso para crescer como pessoa, mas, sobretudo, faça as três escolhas. Assuma as rédeas da sua vida. Associe-se a propósitos significativos e transformadores. Viva de acordo com os princípios universais eternos. Tenho plena convicção de que, ao fazer isso, você encontrará mais alegria, mais paz de espírito e se sentirá valorizado por viver a grandeza de cada dia.

Em busca de significado

Tenho desejos imortais dentro de mim.
– William Shakespeare

Dentro de cada pessoa existe uma necessidade de significado, o desejo de ter valor. Essa ânsia por um objetivo nos impele a fazer escolhas capazes de nos trazer mais alegria e satisfação na vida. Porém, na roda-viva em que estamos mergulhados é muito fácil distrair-se com escolhas menos importantes, escolhas que a longo prazo terão pouco valor ou significado. Portanto, para obter a paz de espírito e o senso de realização que todos desejamos, precisamos parar um instante para desenvolver uma imagem clara dos sonhos, das prioridades e das metas que têm um significado mais duradouro, tanto para nós quanto para os outros.

Os princípios que nos ajudam em nossa busca por significado incluem:

- Contribuição
- Sacrifício
- Caridade
- Singularidade
- Atenção

1
Contribuição

Todos os seres humanos deveriam se esforçar para saber, antes de morrer, do que estão fugindo, para onde estão correndo e por que motivo.

– James Thurber

Não há dúvida de que, quando paramos e refletimos, cada um de nós deseja trazer uma contribuição ao mundo. Uns a chamam de causa; outros, de missão. No entanto, nem sempre é fácil identificar qual será a nossa contribuição diária, principalmente quando ficamos envolvidos demais com as pequenas coisas da vida. Mas chega um momento em que cada pessoa deveria se esforçar para saber qual é o objetivo de sua vida.

Foi o caso de John Baker. Ele era um atleta jovem, talentoso, com potencial para participar das Olimpíadas, e seus sonhos estavam prestes a ser desafiados como nunca tinham sido. Enquanto você lê sobre as escolhas que ele fez e os objetivos que perseguiu, reflita sobre o que você fará com sua vida nas próximas semanas, nos próximos meses e nos próximos anos. Quais serão as suas contribuições?

A última corrida de John Baker

William J. Buchanan

O futuro parecia promissor para John Baker, um jovem de 24 anos, na primavera de 1969. No auge de uma surpreendente tica, e considerado um dos mais rápidos corredores do mundo em sua carreira atlé-categoria, seu maior sonho era ser o representante dos Estados Unidos nos Jogos Olímpicos de 1972.

Na adolescência, nada nele sugeria tal excelência. Com um corpo franzino e alguns centímetros mais baixo do que a maioria de seus amigos, John era considerado "demasiadamente descoordenado" para as pistas de corrida. Mas, durante o seu terceiro ano no ensino médio, algo mudou o curso de sua vida.

Havia algum tempo que o treinador da escola, Bill Wolffarth, vinha tentando persuadir um atleta alto e promissor chamado John Haaland, que era o melhor amigo de Baker, a entrar para a equipe de corredores. Haaland não queria.

— Deixe-me entrar para a equipe — Baker sugeriu um dia. — Talvez isso faça Haaland mudar de ideia.

Wolffarth concordou, e a manobra funcionou. Dessa forma, John Baker tornou-se um corredor.

Explosão de energia

A primeira competição daquele ano era uma corrida de três quilômetros no sopé das colinas de Albuquerque. A maioria dos olhares estava concentrada no campeão local desse tipo de prova, Lloyd Goff. Imediatamente após o estampido do revólver, os corredores partiram, e, como era esperado, Goff, à frente, estabelecia o ritmo, tendo Haaland logo atrás. Ao fim de quatro minutos, os corredores desapareceram, um a um, atrás de uma pequena colina na última curva do percurso. Um minuto se passou, e mais um. E então apareceu uma figura solitária. O treinador Wolffarth cutucou um auxiliar.

— Lá vem o Goff — disse. A seguir, levantou o binóculo. — Meu Deus! — gritou. — Aquele não é o Goff! É o Baker!

Deixando um grupo de corredores surpresos muito atrás, Baker cruzou a linha de chegada sozinho. O seu tempo estabeleceu um novo recorde para aquele tipo de corrida.

O que acontecera do outro lado da colina? Mais tarde Baker explicou. No meio do percurso, enquanto corria muito atrás dos líderes, ele se perguntou: "Estou fazendo o melhor que posso?" Ele não sabia. Fixando os olhos nas costas do corredor imediatamente à sua frente, procurou se concentrar ao máximo. Apenas uma coisa importava: alcançar e ultrapassar aquele corredor e depois partir para o próximo. Uma desconhecida reserva de energia surgiu em seu corpo. "Era quase hipnótico", Baker recordou. Um a um, foi ultrapassando os outros corredores. Ignorando o cansaço que dilacerava seus músculos, manteve o ritmo frenético até cruzar a linha de chegada e desmaiar de exaustão.

Teria sido um golpe de sorte? No restante da temporada, Wolffarth inscreveu Baker em diversas outras competições e o resultado foi sempre o mesmo. Ao pisar na pista, o modesto e despreocupado adolescente se tornava um agressivo e implacável competidor, um corredor determinado que simplesmente não admitia ser derrotado. No final do terceiro ano do ensino médio, Baker tinha quebrado seis recordes estaduais e durante seu último ano na escola foi proclamado o melhor corredor de uma milha já nascido em seu estado. Ele ainda não completara 18 anos.

O CAMPEÃO

No outono de 1962, Baker entrou para a universidade de Novo México, em Albuquerque, e intensificou seu treinamento. A cada amanhecer, com uma latinha de spray na mão para afastar cães bravos, ele corria pelas ruas da cidade, pelos parques e campos de golfe — quarenta quilômetros por dia. O treinamento deu frutos. Em qualquer lugar onde os Lobos do Novo México competiam, Baker derrubava qualquer previsão e vencia os favoritos.

Na primavera de 1965, quando estava no terceiro ano, a equipe mais temida de corredores de pista no país era a da Universidade da Califórnia do Sul. Por isso, quando os poderosos Trojans chegaram a Albuquerque para uma dupla competição, os comentaristas esportivos profetizaram a derrota dos Lobos. A vitória ficaria com os "Três Grandes" da U.C.S.: Chris Johnson, Doug Calhoun e Bruce Bess, nessa ordem. Todos eles tinham tempos melhores que o de Baker.

Baker liderou durante uma volta e então, propositadamente, caiu para a quarta posição. Calhoun e Bess assumiram inquietos a liderança cedida. Johnson, cauteloso, manteve-se atrás. Na última curva da terceira volta, Baker e Johnson partiram para a frente ao mesmo tempo, e se chocaram. Lutando para não cair, Baker perdeu preciosos metros e Johnson assumiu a liderança. Faltando apenas trezentos metros para a chegada, Baker acelerou o ritmo. Primeiro Bess e, a seguir, Calhoun ficaram para trás. Na última curva, Johnson e Baker estavam lado a lado. Lentamente, Baker assumiu a liderança. Com ambas as mãos estendidas acima da cabeça, formando um V de vitória, cruzou a linha de chegada. Venceu por três segundos. Inspirados pelo triunfo de Baker, os Lobos arrasaram nas competições seguintes, impondo aos desmoralizados Trojans a terceira pior derrota em 65 anos.

Um treinador que se importava

Na formatura, Baker analisou suas opções. Recebeu ofertas para ser treinador em várias faculdades, mas ele sempre planejara trabalhar com crianças. E havia também o fato de ele ser um atleta. Baker se perguntava se era suficientemente bom para ir às Olimpíadas. Por fim, aceitou um emprego que lhe permitiria conciliar seus desejos: tornou-se treinador na Escola Primária de Aspen, em Albuquerque, e, ao mesmo tempo, recomeçou seu rigoroso treinamento visando aos Jogos de 1972.

Em Aspen surgiu uma outra faceta do seu caráter. Nas suas aulas nenhum dos alunos era tratado como estrela e não havia críticas por falta de habilidade. Ele só exigia que cada criança procurasse dar o máximo de si. Esse senso de justiça, somado a uma inequívoca e sincera preocupação com o bem-estar dos alunos, fez com que as queixas das crianças fossem levadas primeiro ao treinador Baker. Reais ou imaginárias, cada uma delas era tratada como se, naquele momento, se tratasse da questão mais importante do mundo. E a fama se espalhou: "O treinador se importa conosco."

No início de maio de 1969, pouco antes de seu 25º aniversário, Baker percebeu que se cansava com facilidade durante os treinos. Duas semanas mais tarde começou a sentir dores no peito e finalmente acordou numa manhã com a virilha inchada.

O urologista Edward Johnson imediatamente marcou uma cirurgia exploratória. Os temores de Johnson se confirmaram. Havia um tumor em um dos testículos de Baker, e o câncer já se espalhara. Embora não o dissesse, o médico calculou que, mesmo com uma segunda cirurgia, Baker teria aproximadamente seis meses de vida.

Em casa, recuperando-se da segunda cirurgia, Baker enfrentou sua sombria realidade. Não haveria mais competições, e ele não iria às Olimpíadas. Provavelmente sua carreira como treinador estaria encerrada. E, o pior, sua família enfrentaria meses de angústia.

À BEIRA DO PRECIPÍCIO

No domingo antes da segunda cirurgia, Baker saiu sozinho e foi dar uma volta de carro pelas montanhas. Demorou horas. Quando voltou para casa à noite, seu humor mudara consideravelmente. O sorriso habitual que tinha desaparecido de seu rosto estava de volta. Além disso, pela primeira vez em duas semanas ele falou sobre planos futuros. Mais tarde, naquela noite, contou à sua irmã Jill o que tinha acontecido naquele claro dia de junho.

Baker tinha dirigido até Sandia Crest, o pico da majestosa montanha de 3.200 metros de altitude que domina o horizonte leste de Albuquerque. Sentado em seu carro à beira do precipício, pensou na longa agonia que sua doença causaria à família e se deu conta de que poderia acabar com o sofrimento deles e com o próprio em um instante. Com uma prece silenciosa, engrenou a marcha à ré do carro e buscou o freio de mão. De repente, uma visão brilhou diante de seus olhos: os rostos das crianças da escola primária de Aspen, as crianças a quem ele tinha ensinado a dar o máximo de si. Que tipo de mensagem seu suicídio transmitiria a elas? Profundamente envergonhado, desligou o carro, afundou-se no assento e chorou. Após algum tempo, sentiu-se mais calmo e percebeu que estava em paz. Qualquer que seja o tempo que ainda me resta, disse para si mesmo, vou dedicá-lo às crianças.

Em setembro, após uma demorada cirurgia e meses de tratamento, Baker retornou a seu emprego e acrescentou à sua lotada agenda um novo compromisso — esportes para deficientes físicos. Quaisquer que fossem as suas enfermidades, crianças que até então tinham ficado marginalizadas agora assumiam posições como "controlador de tempo do treinador" ou "supervisor-chefe dos equipamentos", todas vestindo as camisetas oficiais de Aspen, todas candidatas a receber uma fita do treinador Baker por se esforçarem muito. Ele mesmo confeccionou as fitas com material comprado com o próprio dinheiro.

O SOFRIMENTO SILENCIOSO

Perto do Dia de Ação de Graças, cartas elogiando Baker, vindas de pais agradecidos, chegavam quase que diariamente a Aspen (mais de quinhentas cartas em menos de um ano). "Meu filho era um monstro pela manhã", uma mãe escreveu. "Tirá-lo da cama, alimentá-lo e levá-lo à escola era insuportável. Agora, ele pula da cama e mal consegue esperar. É o principal ajudante da quadra."

"Apesar das declarações de meu filho, eu não podia acreditar que houvesse um super-homem em Aspen", escreveu outra mãe. "Fui, em segredo, observar o treinador Baker com as crianças. Meu filho estava certo."

Uma carta de um casal de avós: "Em outras escolas, nossa neta sofria terrivelmente por causa de sua deficiência. Mas nesse maravilhoso ano em Aspen recebeu do treinador Baker a nota máxima por tentar fazer o melhor possível. Deus abençoe esse jovem que deu autoconfiança a uma criança tímida."

Em dezembro, durante uma visita de rotina ao médico, Baker reclamou de dores na garganta e na cabeça. Os testes confirmaram que o câncer tinha se espalhado para o pescoço e o cérebro. Durante quatro meses ele sofrera em silêncio dores intensas usando seu incrível poder de concentração para ignorar o sofrimento, assim como o tinha usado para vencer o cansaço enquanto corria. O médico sugeriu injeções para amenizar a dor. Baker balançou a cabeça.

— Quero trabalhar com as crianças enquanto puder — disse. — As injeções entorpeceriam a minha sensibilidade.

— A partir daquele momento — comentou mais tarde o diretor da escola — passei a considerar John Baker uma das pessoas mais generosas que já conheci.

Taças para as Dashers

No início de 1970, Baker foi convidado para ajudar a treinar um pequeno clube de atletismo para meninas em Albuquerque. Seu nome: Duke City Dashers. Ele concordou na hora, e, assim como as crianças de Aspen, as meninas do Dashers responderam ao novo treinador com entusiasmo.

Um dia ele chegou para o treino carregando uma caixa de sapatos. Anunciou que ela continha dois prêmios: um para a menina vencedora e um para a menina que, embora nunca vencesse, jamais desistia. Quando Baker abriu a caixa houve uma exclamação geral. Dentro da caixa estavam duas brilhantes taças de ouro. Meses depois, a família dele descobriria que os troféus eram os que ele tinha recebido quando corria, com seu nome cuidadosamente raspado.

No verão, as Duke City Dashers eram uma equipe que inspirava respeito, quebrando recorde após recorde em competições por todo o Novo México e estados vizinhos. Orgulhosamente, Baker fez uma previsão ousada: "As Dashers estarão nas finais do campeonato nacional."

Mas agora um novo problema o atormentava. As frequentes sessões de quimioterapia lhe causavam intensas náuseas e ele não conseguia se alimentar. No entanto, apesar da crescente diminuição da resistência, continuava a supervisionar as Dashers, geralmente sentado em uma pequena colina acima da área de treinamento, de onde gritava, incentivando-as.

Uma tarde de outubro, após uma reunião na pista, uma das meninas subiu a colina correndo em direção a Baker.

— Ei, treinador! — ela gritou. — A sua previsão se confirmou! Nós fomos convocadas para as finais em Saint Louis no próximo mês.

Radiante, ele confidenciou a amigos que tinha ainda uma esperança: viver o suficiente para ir com elas.

Caminhando de cabeça erguida

Porém, isso não aconteceria. Na manhã de 28 de outubro, em Aspen, ele de repente levou as mãos ao abdômen e desmaiou no campo. Os exames revelaram que o tumor se rompera, desencadeando o choque. Recusando-se a ir para o hospital, ele insistiu em voltar à escola para um último dia. Disse a seus pais que queria que as crianças se lembrassem dele caminhando de cabeça erguida.

Apesar de mantido por maciças transfusões de sangue e por sedativos, ele percebeu que a viagem para Saint Louis seria impossível. Começou então a telefonar para as Dashers todas as noites, estimulando cada uma a dar o máximo de si nas finais.

No início da noite de 23 de novembro, Baker desmaiou outra vez. Quase inconsciente, enquanto os enfermeiros o colocavam numa ambulância, ele sussurrou para seus pais:

— Certifiquem-se de que as luzes estejam acesas. Quero ir embora em grande estilo.

Logo após o amanhecer de 26 de novembro, virou-se na cama do hospital para a mãe, que segurava suas mãos, e disse:

— Sinto ter lhe dado tanto trabalho. — Com um último suspiro, fechou os olhos. Era o Dia de Ação de Graças de 1970, dezoito meses após sua primeira visita ao dr. Johnson. Tinha superado os prognósticos em relação à sua morte por doze meses.

Dois dias depois, com lágrimas escorrendo pelo rosto, as Duke City Dashers venceram o campeonato em Saint Louis — "para o treinador Baker".

Esse seria o final da história de John Baker, exceto por um fenômeno que ocorreu após seu funeral. Algumas das crianças de Aspen passaram a chamar sua escola de "Escola John Baker". A ideia de mudança do nome se espalhou como vento. Começou, então, um movimento para tornar o novo nome oficial.

— A escola é nossa — as crianças diziam —, e queremos chamá-la de John Baker.

As autoridades de Aspen levaram o assunto ao comitê educacional de Albuquerque, que sugeriu um plebiscito. No início da primavera de 1971, 520 famílias do distrito de Aspen votaram. Foram 520 votos a favor.

No mês de maio daquele ano, em uma cerimônia da qual participaram centenas de amigos de Baker acompanhados de seus filhos, a escola de Aspen oficialmente passou a se chamar Escola Primária John Baker. Ela permanece hoje como um monumento visível a um corajoso jovem que em seus momentos mais dolorosos transformou uma amarga tragédia em um permanente legado.

John Baker não escolheu ter câncer, mas de fato escolheu sua resposta à doença. Ele decidiu fazer uma contribuição. Ao concentrar suas últimas energias no coração e na personalidade das crianças, deixou um duradouro legado nas vidas daqueles que tiveram a sorte de conhecer sua força moral e seu vigor. Ao fazê-lo, ele certamente foi recompensado com os prêmios que recebem aqueles que têm uma vida cheia de propósito e de significado.

Comentários sobre a Contribuição

Não basta ser incansável; as formigas também são. Quais são as coisas em que você é incansável?

– James Thurber

Aquele que tem uma razão para viver — o porquê — pode suportar quase todas as situações de vida — o como.

– Friedrich Nietzsche

Alguns não conseguem distinguir entre estar ocupado e ser produtivo. São moinhos humanos agitando-se no trabalho, mas, na realidade, realizando muito pouco.

– Caroline Donnelly

Em todas as personalidades fortes, quando alguém escuta nos bastidores, ouve ecos de conflito e discussão. Entretanto, longe de estarem com pendências entre si, essas pessoas organizaram suas vidas em torno de alguns valores e chegaram a uma poderosa concentração de propósito e empenho.

– Harry Emerson Fosdick

Quando eu era criança, só o Batman tinha um telefone celular no carro. Na época eu pensava assim: dá para imaginar um telefone no carro? Hoje me dou conta de que a tecnologia não alterou nossa vida, exceto talvez a maneira como a encaramos. Ainda podemos acordar e fazer uma escolha: hoje quero melhorar de alguma maneira o mundo ou pouco me importo?

– Tom Hanks

Passarei por esta vida apenas uma vez.
Por isso, qualquer bem que eu possa fazer,
Ou qualquer ato de gentileza que eu possa ter com qualquer ser humano,
Deixe-me fazê-lo agora.
Não me permita adiá-lo ou negligenciá-lo,
Porque não passarei por este caminho outra vez.

– Etienne de Grellet

Quero que aqueles que me conheceram melhor se refiram a mim dizendo que eu sempre arranquei uma planta com espinhos e plantei uma flor onde achava que ela cresceria.

– Abraham Lincoln

Rir frequentemente e muito; obter o respeito das pessoas inteligentes e a afeição das crianças; receber a admiração de críticos sinceros e suportar a traição de falsos amigos; admirar a beleza, descobrir o que há de melhor nos outros; deixar o mundo um pouco melhor, seja através de uma criança saudável, de um canteiro de jardim ou da ajuda a um necessitado; saber que pelo menos uma vida respirou com mais facilidade por você ter existido. Para mim, isso é ter sucesso.

– Ralph Waldo Emerson

Buckminster Fuller sabia que uma pessoa pode fazer uma enorme diferença.

Ele comparava o indivíduo a um equipamento, um pequeno leme preso a um leme muito maior de um navio. Girar esse pequeno leme, ele explicou, provoca uma leve pressão no lugar certo, na hora certa, e produz enormes resultados.

– Emily e Per Ola D'Aulaire

Mesmo uma estrela pequena brilha na escuridão.

– Provérbio finlandês

Nós mesmos sentimos que o que estamos fazendo é apenas uma gota no oceano. Mas o oceano seria menor se faltasse essa gota.

– Madre Teresa

Sempre acreditei firmemente que cada um de nós pode contribuir um pouco para eliminar uma porção de miséria.

– Albert Schweitzer

Reflexões

- John Baker achou que Sandia Crest era um bom lugar para pensar sobre seu futuro e a contribuição que desejava dar ao mundo.
- Onde fica o seu Sandia Crest? Você vai até lá o número de vezes necessário?
- John Baker chegou à conclusão de que a duração da sua vida era limitada. Como você escolheria viver o próximo ano se soubesse que ele iria ser o último? Como você viverá o seu próximo ano, o seu próximo mês, o seu próximo dia?
- Assim como John Baker, de tempos em tempos quase todas as pessoas são confrontadas com a pergunta sobre os propósitos que elas escolherão seguir. Você se faz essa pergunta? Sugiro que você treine questionando-se diariamente: "O que a vida está me pedindo?" A seguir, ouça a silenciosa e suave voz interior para obter a resposta.

2
SACRIFÍCIO

Aliviar a angústia de outra pessoa é esquecer a própria.
– ABRAHAM LINCON

Perseguir um objetivo que dê sentido à vida exige sempre alguma forma de sacrifício. Para alguns, sacrificar-se significa desistir do que querem em favor do que o outro quer. Mas para mim é desistir de um desejo menos importante para alcançar um objetivo mais digno, uma causa mais nobre.

Assim como John Baker, Mary Clarke também chegou a um momento de escolha na vida. Com os filhos criados e um marido que a tinha abandonado, ela poderia escolher entre se sentar e ser uma mera espectadora, ou se envolver e ser uma participante. A escolha não era fácil porque implicava sacrifícios. Ela seria capaz de abrir mão do conforto de sua casa? Poderia suportar a mudança para um local desconhecido e ficar longe de seus filhos?

Teria condições de sobreviver a uma experiência entre estranhos, inclusive criminosos perigosos?

A MISSÃO DE ANATOMIA
Gail Cameron Wescott

Uma revolta irrompera na prisão de La Mesa em Tijuana, no México. Dois mil e quinhentos prisioneiros enfurecidos e amontoados num complexo construído para seiscentos detentos arremessavam raivosamente garrafas quebradas na polícia, que, por sua vez, revidava com tiros de metralhadora.

Então, no auge do pandemônio, aconteceu algo surpreendente: uma mulher de 63 anos, frágil nos seus 1,58 metro de altura, vestindo um imaculado hábito de freira, entrou calmamente no meio da confusão com as mãos estendidas em um simples gesto de paz. Ignorando a saraivada de balas e garrafas, permaneceu de pé e, imperturbável, mandou todos pararem. Surpreendentemente, aqueles homens desvairados lhe obedeceram.

— Ninguém mais no mundo, a não ser Irmã Antonia, poderia ter feito isso — diz Robert Cass, um ex-presidiário agora reabilitado. — Ela mudou a vida de milhares de pessoas.

Em Tijuana, quando Irmã Antonia caminha pela calçada, o trânsito geralmente para. As pessoas da cidade a consideram uma verdadeira Madre Teresa. Nos últimos 25 anos, escolheu viver em uma cela de concreto de três metros quadrados em La Mesa, sem água quente, cercada por assassinos, ladrões e traficantes de drogas, a quem chama carinhosamente de "filhos". Ela cuida das necessidades dos presos 24 horas por dia, conseguindo antibióticos, distribuindo óculos, aconselhando os que pensam em se suicidar, lavando corpos para serem enterrados.

— Moro no local — ela explica sem nenhum sinal de queixa — para o caso de alguém ser esfaqueado no meio da noite.

Esse é um mundo muito distante dos requintados ambientes de Beverly Hills onde Irmã Antonia — então Mary Clarke — cresceu. Seu pai, de origem humilde, possuía uma próspera empresa que fornecia material de escritório.

— Eu era uma romântica — ela conta —, e ainda sou, pois sempre olho o mundo através de lentes cor-de-rosa.

Antonia cresceu durante o período áureo de Hollywood e também no decorrer da Segunda Guerra Mundial. De beleza estonteante na adolescência, passava as noites dos fins de semana dançando com jovens soldados na cantina da base militar e sonhando com o futuro. Seus sonhos incluíam um marido, muitos filhos e uma casa linda.

Todos esses sonhos se tornaram realidade. Casou-se e criou sete filhos em uma bela casa em Granada Hills. Vinte e cinco anos mais tarde, o divórcio pôs fim ao casamento, assunto até hoje doloroso para ela e sobre o qual se recusa a falar.

— O término de um sonho não significa que ele não tenha se tornado realidade um dia — ela diz. — Agora, o que importa é a minha segunda vida.

Com o casamento acabado e os filhos criados, ela se voltou instintivamente para ajudar os menos favorecidos. O sofrimento alheio sempre a afetara profundamente.

— Resolvi transformar a revolta que sentia em atos concretos de solidariedade, e isso me trouxe muita paz.

Após a morte do pai, ela manteve a empresa que ele criara durante dezessete anos, mas não teve vontade de expandi-la.

— Fazer negócios demanda a mesma quantidade de energia que posso usar para conseguir camas e doá-las para hospitais no Peru — ela relata. — Chega um momento em que você não pode ser um mero espectador. Você precisa participar.

A mudança foi imensa. Em meados da década de 1960 ela começou a cruzar a fronteira mexicana com um padre católico para levar remédios e suprimentos para os pobres.

— Na ocasião — Antonia comenta —, os únicos mexicanos que eu conhecia eram jardineiros. — Hoje ela se sente profundamente ligada ao povo.

A sua segunda vida começou no dia em que ela e o padre se perderam em Tijuana e acabaram por engano na prisão de La Mesa. Antonia ficou subitamente comovida com o que viu.

— Na enfermaria havia homens que, apesar de estarem desesperadamente doentes, se levantavam quando uma pessoa entrava.

Pouco tempo depois ela estava passando as noites lá, dormindo em um beliche na ala das mulheres, aprendendo espanhol, ajudando de todas as maneiras possíveis os presidiários e suas famílias.

Em 1977, convencida de que tinha encontrado o verdadeiro objetivo de Deus para sua vida, Mary Clarke se tornou a Irmã Antonia. A prisão de La Mesa é hoje o seu lar, o lugar onde ela passa a noite de Natal. Os filhos, com os quais mantém um intenso contato, compreendem suas prioridades. Sabem que ela cuidou deles e que agora é a vez de cuidar dos outros.

— Não sei como alguém consegue acompanhá-la — diz Cass, o ex-presidiário que recentemente deu à filha recém-nascida o nome de Antonia, em sua homenagem. — Está sempre correndo, mas, mesmo assim, encontra tempo para quem precisa. Não é à toa que a amam tanto.

Irmã Antonia oferece amor a todos.

— Sou rígida com o crime, mas não com o criminoso — ela diz. — Hoje de manhã conversei com um jovem de dezenove anos que tinha roubado um carro. Perguntei-lhe se tinha alguma ideia do que significa um carro para uma família, do tempo e esforço que são necessários para comprar um. Eu disse: "Amo você, mas não sinto pena de você. Você tem uma namorada? Bem, talvez alguma pessoa a roube enquanto você está aqui." Em seguida, o abracei.

— Ela abraça todo mundo, inclusive os guardas, que também recebem dela instrução e conselhos.

Oradora carismática, Antonia atraiu uma rede de contribuintes que doam tudo, de colchões a remédios e dinheiro. Um dentista local forneceu milhares de dentaduras a preço de custo para prisioneiros que nunca tinham visto uma escova de dente.

— Você precisa poder sorrir para conseguir um emprego — ela argumenta. Irmã Antonia diz ser a pessoa de mais sorte do planeta:

— Moro em uma prisão, mas não vivi um dia sequer de depressão em 27 anos nem me senti desanimada. E nunca achei que não havia algo que eu pudesse fazer para melhorar as coisas.

A mensagem que Irmã Antonia transmite não é que uma pessoa precise abandonar o país, a casa ou o estilo de vida para descobrir um sentido. Ao contrário, sua mensagem mostra que cada pessoa, independentemente de idade ou de status, encontrará ocasiões em que precisará escolher entre dar um passo à frente e fazer uma diferença no mundo ou se sentar e ser um mero espectador. Irmã Antonia decidiu levantar-se da cadeira e dedicar-se a uma vida cheia de significado. Ao fazer a sua parte "para melhorar as coisas" para os outros, sacrificou desejos menos importantes para atingir objetivos mais nobres e significativos.

Comentários sobre o Sacrifício

Senhor, fazei que eu procure mais consolar que ser consolado,
Compreender que ser compreendido,
Amar que ser amado;
Pois é dando que se recebe,
É perdoando que se é perdoado.

– São Francisco de Assis

Quando morrer, quero estar totalmente consumido, porque quanto mais trabalho mais amo. Eu me alegro com a vida pela vida em si. A vida para mim não é uma vela curta; ela é um tipo de tocha esplêndida que seguro por um instante e que quero fazer brilhar com o máximo de intensidade antes de entregá-la às futuras gerações.

– George Bernard Shaw

Para uma mulher que me escreveu sobre o tédio em que se transformara a sua vida quando os filhos cresceram e saíram de casa, respondi: "No passado, a sua família mais próxima precisava da maior parte do seu tempo e da sua energia. Agora você pode estender o raio do seu amor. Em seu bairro há crianças que precisam de compreensão e amizade. Perto de você existem pessoas idosas famintas por companhia, pessoas cegas que não podem nem mesmo apreciar a televisão que você acha tão maçante. Por que não sair e descobrir a alegria de ajudar os outros?" Semanas mais tarde, ela escreveu outra vez: "Experimentei sua receita. Ela funciona! Saí da noite e entrei no dia!"

– Billy Graham

O supremo teste da consciência de uma pessoa pode ser sua disposição para sacrificar alguma coisa hoje em nome das futuras gerações, cujas palavras de agradecimento ela não ouvirá.

– Gaylord Nelson

Raramente um coração poderá ser solitário se procurar um ainda mais solitário, abnegando-se, procurando somente por copos mais vazios para encher.

– Frances Ridley Havergal

Reflexões

- Irmã Antonia abriu mão do luxo e do conforto de Beverly Hills e escolheu dormir numa prisão. Quais são os confortos que você está disposto a sacrificar em prol de uma contribuição mais significativa?
- Pense na última semana: você se sentiu mais um "espectador" ou alguém que contribui?
- Irmã Antonia se intitula "a pessoa de mais sorte do planeta", acrescentando "não vivi um dia sequer de depressão em 27 anos nem me senti desanimada". Na sua opinião, qual é a origem da sorte, da felicidade e da esperança dela? Há alguma coisa que você possa fazer hoje, na sua comunidade ou dentro da sua casa, que lhe traria recompensas semelhantes?

3
CARIDADE

Qual o motivo de vivermos senão o de tornar
o mundo menos difícil para cada um de nós?
– GEORGE ELLIOT

Embora algumas pessoas pareçam viver de uma forma puramente egoísta e egocêntrica, é na doação aos outros que encontramos o maior sentido para nossa vida. É preciso olhar para fora de nós mesmos — para os outros — e usar o princípio da caridade.

A maioria das pessoas entende caridade como entrega de dinheiro ou de comida aos carentes. Mas a verdadeira caridade envolve muito mais. Ela significa a entrega de nosso coração, nossa mente e nossos talentos de modo que enriqueçam a vida dos outros, independentemente de suas fortunas ou status. Um comovente exemplo de caridade é encontrado na história *O homem do trem*. Relembrada pelo famoso autor Alex Haley, é o relato verídico de um homem que Alex nunca conheceu, mas que se doou de forma especial.

O HOMEM DO TREM
Alex Haley

Todas as vezes que meus irmãos, minha irmã e eu nos reunimos, inevitavelmente falamos sobre papai. Nós todos devemos nossos sucessos na vida a ele — e a um misterioso homem que meu pai conheceu num trem.

Nosso pai, Simon Alexander Haley, nasceu em 1892 e cresceu na pequena cidade agrícola de Savannah, no Tennessee. Era o oitavo filho de Alec Haley, um obstinado ex-escravo e meeiro, e de uma mulher chamada Queen.

Embora sensível e afetuosa, minha avó podia ser decidida, principalmente quando se tratava de seus filhos. Uma de suas ambições era que meu pai terminasse os estudos.

Naquela época, em Savannah, um menino era considerado "desperdiçado" se permanecesse na escola após estar suficientemente grande para trabalhar na fazenda. Por isso, quando meu pai fez 12 anos, Queen começou a massagear o ego do meu avô.

— Como temos oito filhos — ela argumentava —, acho que seria interessante "desperdiçarmos" deliberadamente um deles e mantê-lo na escola até terminar os estudos.

Depois de muitas discussões, meu avô deixou meu pai concluir o ensino fundamental. Mas obrigava-o a trabalhar no campo depois das aulas. Queen, porém, não estava satisfeita. Ela começou a plantar sementes, dizendo que a imagem do meu avô alcançaria muito mais prestígio se o filho deles cursasse o ensino médio.

Mais uma vez sua insistência funcionou. O rigoroso velho Alec Haley entregou a meu pai cinco merecidas notas de dez dólares, disse-lhe que nunca mais pedisse dinheiro e o mandou de volta para a escola para cursar o ensino médio. Meu pai viajou primeiro numa charrete puxada por uma mula, depois pegou um trem — o primeiro que ele viu — e finalmente desceu em Jackson, Tennessee, onde se matriculou no departamento preparatório da Lane College. A escola metodista de negros oferecia cursos até à faculdade.

Os cinquenta dólares de papai logo foram consumidos e, para continuar na escola, ele trabalhou como garçom, faz-tudo e ajudante em um colégio para meninos rebeldes. Durante o inverno, levantava-se às quatro da manhã e ia acender as lareiras nas casas de famílias brancas ricas para que seus moradores acordassem com conforto.

O Pobre Simon, como era chamado, tornou-se uma espécie de piada entre os alunos por causa de sua única calça, seu único par de sapatos e porque estava sempre com sono. Frequentemente, era encontrado dormindo em cima de um livro escolar caído no colo.

A constante luta para se sustentar cobrou seu preço. As notas de meu pai começaram a despencar, mas ele foi em frente e terminou o ensino médio.

Em seguida, matriculou-se numa faculdade da Carolina do Norte, onde se manteve com grande esforço durante os dois primeiros anos.

Em uma tarde gélida no final do segundo ano, meu pai foi chamado à sala de um professor e soube que tinha sido reprovado numa matéria que exigia um livro que ele não tivera dinheiro para comprar.

O jovem universitário sentiu-se derrotado. Durante anos dera o máximo de si e agora parecia não ter realizado nada. Talvez devesse voltar para casa, para seu destino de trabalhador no campo.

Porém, dias depois, chegou uma carta da Pullman Company informando que ele tinha sido um dos 24 universitários negros selecionados entre centenas de candidatos para trabalhar como cabineiro em vagões-dormitório de um trem durante o verão. Meu pai ficou eufórico. Aquela era uma oportunidade! Ansiosamente apresentou-se para o serviço e foi designado para um trem que ia de Buffalo a Pittsburgh.

Certa madrugada, o trem seguia chocalhando quando, por volta das duas da manhã, a campainha do cabineiro soou. Meu pai levantou-se rapidamente, pôs seu paletó branco e encaminhou-se para as cabines dos passageiros. Lá, um homem de boa aparência pediu leite morno para que ele e a esposa pudessem relaxar e dormir. Meu pai levou o leite e guardanapos numa bandeja de prata. O homem passou um copo através das cortinas do beliche inferior para a esposa e, enquanto bebia o leite, começou a conversar com meu pai.

As normas da Pullman Company proibiam terminantemente qualquer conversa além de "Sim, senhor" ou "Não, senhora", mas esse passageiro continuou a fazer perguntas. Quando meu pai voltou para o seu cubículo, o homem o seguiu.

— De onde você é? — perguntou.

— De Savannah, senhor — meu pai respondeu.

O homem observou:

—Você fala bastante bem. Que trabalho fez antes deste?

Meu pai não quis dizer que estava pensando em abandonar os estudos e voltar para casa.

— Sou um aluno do A&T College em Greensboro, senhor.

O homem olhou para ele incisivamente, desejou-lhe boa sorte e voltou para a cabine.

Na manhã seguinte o trem chegou a Pittsburgh. Numa época em que cinquenta centavos era uma boa gorjeta, o homem deu cinco dólares a Simon Haley, que ficou profundamente agradecido.

Durante todo o verão ele economizara cada gorjeta que recebia, e quando o emprego terminou tinha acumulado o suficiente para comprar sua própria mula e seu próprio arado, como imaginara. Mas de repente percebeu que suas economias poderiam também pagar um semestre inteiro na faculdade sem que fosse preciso fazer um único biscate, o que lhe permitiria dedicar-se mais aos estudos. Somente assim saberia que notas era capaz de tirar.

Ele voltou para Greensboro. Mal acabara de chegar no *campus* quando foi chamado pelo reitor da faculdade. Meu pai, muito apreensivo, sentou-se diante do grande homem.

— Eu tenho uma carta aqui, Simon — disse o reitor. E perguntou: — Quando você trabalhou como cabineiro, nesse verão, levou leite morno para um homem durante a madrugada?

— Sim, senhor — meu pai respondeu surpreso.

O reitor prosseguiu:

— Bem, ele se chama R. S. M. Boyce e é um executivo aposentado da Curtis Publishing Company, que publica o The Saturday Evening Post. Ele doou quinhentos dólares para pagar sua moradia, sua anuidade e seus livros durante todo o ano escolar.

Meu pai ficou pasmo.

A doação-surpresa não apenas permitiu que ele acabasse a faculdade, mas que se formasse como primeiro da turma. Isso o fez ganhar uma bolsa de estudo integral para a Universidade de Cornell, no estado de Nova York.

Em 1920, meu pai, então recém-casado,mudou-se para Ithaca com minha mãe. Foi fazer mestrado na Universidade de Cornell, e minha mãe se matriculou no Conservatório de Música de Ithaca para estudar piano. Nasci no ano seguinte.

Um dia, décadas mais tarde, os editores do The Saturday Evening Post me convidaram para ir a seu escritório em Nova York para conversar sobre o meu primeiro livro, *The Autobiography of Malcolm X* (A autobiografia de Malcolm X). Eu me sentia imensamente orgulhoso e feliz por estar sentado naquelas salas revestidas de madeira na Avenida Lexington. De repente, lembrei-me do senhor Boyce e de como sua generosidade me permitira estar ali, como escritor, entre aqueles editores. Então, comecei a chorar. Simplesmente não consegui me controlar.

Nós, filhos de Simon Haley, com frequencia refletimos sobre o senhor Boyce e seu investimento em um ser humano menos favorecido.

Sua generosidade beneficiou a todos nós. Em vez de sermos criados numa fazenda e trabalharmos como meeiros, crescemos numa casa com pais que tinham nível universitário, onde havia prateleiras cheias de livros, e orgulhosos de nós mesmos. Meu irmão George é diretor na U.S. Postal Rate Commission, Julius é arquiteto, Lois é professora de música e eu sou escritor.

O senhor Boyce caiu como uma bênção na vida do meu pai. O que alguns talvez vejam como mero acaso, interpreto como a ação de um misterioso poder que trabalha para o bem.

E acredito que cada pessoa abençoada com o sucesso tem a obrigação de devolver uma parte dessa bênção. Precisamos todos viver e agir como o homem do trem.

> A caridade é encontrada em nossas palavras e ações, mas principalmente em nossas motivações. E, mais uma vez, seu âmbito ultrapassa o ato de dar dinheiro. Sim, o senhor Boyce de fato ajudou a pagar a educação do jovem Simon, mas isso não deveria ofuscar o fato de que ele também dedicou parte de seu tempo para conversar com Simon e para contatar o reitor da universidade. Ele proporcionou expectativa ao ver potencial num rapaz em quem os outros viam apenas um empregado e um copo de leite. Ele transmitiu confiança ao elogiar as habilidades verbais de Simon. Ele levou esperança a um jovem com muitas aspirações mas poucos recursos. Seus motivos eram puros, generosos e pródigos em bondade. E a maneira como a sua caridade se estendeu às gerações seguintes, aos filhos de Simon e aos filhos de seus filhos nos faz lembrar que ninguém pode saber qual é o alcance de um único ato generoso de caridade.

Comentários sobre a Caridade

Se não existe caridade em seu coração, você tem o pior tipo de problema cardíaco.

– Bob Hope

Se você quer que os outros sejam felizes, pratique a compaixão. Se você quer ser feliz, pratique a compaixão.

– Dalai Lama

Uma pessoa pode pagar um empréstimo em ouro, mas morrerá devendo àqueles que foram bondosos com ela.

– Provérbio malaio

Ouço as pessoas dizerem: "Ah, se eu fosse rico, faria ótimas coisas para ajudar os outros." Mas todos podemos ser ricos em amor e generosidade.

Além do mais, se dermos com afeto, se descobrirmos a exata necessidade daqueles que mais precisam da nossa ajuda, estaremos doando nosso carinhoso interesse e nosso cuidado. E eles valem mais do que todo o dinheiro do mundo.

– Albert Schweitzer

É ao doar-se que uma pessoa se torna rica.

– Sarah Bernhardt

O morto leva para o túmulo, entre suas mãos, só aquilo que doou.

– Dewitt Wallace

Considero a vida uma experiência excitante — e mais excitante ainda quando é vivida para os outros.

– Helen keller

A bondade é uma linguagem que os surdos podem ouvir e os cegos podem ver.

– Mark Twain

Não é o amor que deixamos de receber no passado que nos aprisiona, e sim o amor que não damos no presente.

– Marianne Williamson

Nós consideramos filantropo alguém que doa grandes somas de dinheiro.

Entretanto, essa palavra é formada por duas palavras gregas: *philos* (amoroso) e *antropo* (homem): homem amoroso. Todos nós podemos ser filantropos.

Podemos nos dar.

– Edward Lindsey

O verdadeiro heroísmo é extremamente sóbrio e destituído de força dramática.

Não representa o desejo de ultrapassar os outros a qualquer custo, mas o desejo de servir os outros a qualquer custo.

– Arthur Ashe

Uma palavra carinhosa é capaz de aquecer três meses de inverno.

– Provérbio japonês

Reflexões

- O senhor Boyce viu potencial no jovem Simon e decidiu ajudar.
- Existe algum "garoto num trem" a quem você pode influenciar com atos de caridade? Vizinhos, colegas de trabalho, amigos?
- Ao fazer caridade, o senhor Boyce deu mais do que dinheiro. Deu tempo, visão, esperança, confiança, valorização. O que, além de dinheiro, você tem para dar àqueles que estão precisando?
- Quais são as razões que motivam a sua caridade? São voltadas para o seu próprio interesse ou para o benefício dos outros?

4
SINGULARIDADE

Vibramos com os feitos de nossos heróis, esquecendo que também somos extraordinários para alguém.
– HELEN HAYES

É comum querermos ser exatamente como nossos heróis. Isso é bom se não nos fizer perder de vista a riqueza de experiências, talentos e bondade que se somam para fazer de cada um de nós uma pessoa única. Ao procurar comportamentos que deem mais significado a nossa vida, é importante não querer ser como os outros, mas descobrir quais são os nossos talentos especiais que podemos compartilhar com os outros.

Esse foi o caso de Vedran Smailovic, que se tornou conhecido como *o violoncelista de Sarajevo*. Dentro das seguras paredes de sua casa, Vedran podia sentir a devastação e os tormentos da guerra. Da janela, via pessoas vagueando desesperadas. Em tais condições, tinha todos os motivos para permanecer escondido dentro de casa. Mas, quando ouviu o apelo da vida, respondeu ao chamado corajosamente, exercendo o que fazia melhor.

O VIOLONCELISTA DE SARAJEVO
Paul Sullivan

Como pianista, eu fora convidado a me apresentar com o violoncelista Eugen Friesen no Festival Internacional de Violoncelo em Manchester, na Inglaterra. A cada dois anos, os maiores violoncelistas do mundo e pessoas devotadas a esse despretensioso instrumento — fabricantes de arcos, colecionadores, historiadores — se encontravam para uma semana de seminários, aulas magnas, congressos, recitais e festas. A cada noite, cerca de seiscentos participantes se reuniam para um concerto.

A apresentação da noite de abertura no Royal Northern College of Music consistia de composições criadas exclusivamente para violoncelo. No palco da magnífica sala de concertos havia apenas uma única cadeira. A atmosfera estava intensamente carregada de expectativa e concentração.

O mundialmente famoso violoncelista Yo-Yo Ma iria se apresentar naquela noite de abril de 1994, e por trás da composição musical que ele iria tocar havia uma comovente história.

Em 27 de maio de 1942, numa Sarajevo devastada pela guerra, uma das poucas padarias que ainda tinham suprimento de farinha estava distribuindo pão para pessoas famintas e desabrigadas pela guerra. Às quatro da tarde, uma longa fila se estendia pela rua. De repente, um morteiro caiu no meio da fila, matando 22 pessoas e esparramando carne, sangue, ossos e pedras.

Não muito distante vivia um músico de 35 anos chamado Vedran Smailovic. Antes da guerra, ele tinha sido violoncelista na Ópera de Sarajevo e desenvolvera uma brilhante carreira para a qual ansiava retornar. Refugiado em seu apartamento, presenciou a carnificina e o massacre e, angustiado, resolveu doar o que tinha de melhor: seu talento para tocar música. Música pública, música ousada, música em um campo de batalha.

Nos 22 dias seguintes, às quatro da tarde, Smailovic vestia seu fraque, pegava o violoncelo, deixava o apartamento e andava em meio ao bombardeio que ainda ocorria a seu redor. Após colocar uma cadeira de plástico ao lado da cratera que a bomba tinha aberto, ele tocava, em memória dos mortos, o *Adágio de Albinoni em sol menor*, uma das mais tristes e tocantes peças do repertório clássico. Tocava para as ruas desertas, para os veículos destruídos, para os prédios em chamas e para as aterrorizadas pessoas que se escondiam nos porões enquanto bombas caíam e balas sibilavam. Com paredes desmoronando em volta dele, fazia a sua inimaginável e corajosa defesa da dignidade humana, das pessoas perdidas na guerra, da civilização, da compaixão e da paz. Embora as bombas continuassem a cair, ele nunca se feriu.

Quando os jornais publicaram a história desse homem extraordinário, um compositor inglês, David Wilde, ficou tão comovido que também decidiu escrever uma composição para ser tocada exclusivamente por violoncelos. Em *O violoncelista de Sarajevo*, colocou seus sentimentos de amor e fraternidade por Vedran Smailovic.

Era *O violoncelista de Sarajevo* que Yo-Yo Ma iria tocar aquela noite. Mas entrou no palco, curvou-se para a plateia, sentou-se na cadeira e começou a tocar. A música invadiu a sala silenciosa e se espalhou, criando um universo sombrio, desértico e tocante. Lentamente, avançou para um agonizante, agudo e lancinante furor que envolveu a todos, antes de esmorecer finalmente em um estertor mortal surdo para, finalmente, silenciar.

Depois de terminar, Ma permaneceu curvado sobre seu violoncelo, o arco apoiado nas cordas. Ninguém se mexeu ou fez qualquer ruído na sala por um longo tempo. Era como se tivéssemos acabado de reviver aquele horrível massacre.

Finalmente, Ma olhou para a plateia e estendeu a mão, chamando uma pessoa para ir ao palco. Um indescritível choque elétrico nos atingiu quando percebemos quem era: Vedran Smailovic, o violoncelista de Sarajevo!

Smailovic levantou-se de sua cadeira e caminhou pelo corredor enquanto Ma descia do palco para recebê-lo. Quando os dois se abraçaram calorosamente, a plateia estourou em um desordenado delírio emocional — batendo palmas, gritando e ovacionando.

Em meio a tudo isso, aqueles dois homens se abraçavam e choravam sem qualquer vergonha. Yo-Yo Ma, um delicado e elegante príncipe da música clássica, impecável na aparência e no desempenho, e Vedran Smailovic, vestindo um manchado casaco de couro. Seu cabelo longo e rebelde e o enorme bigode emolduravam um rosto envelhecido encharcado de lágrimas e enrugado de dor.

Nós na plateia nos sentimos despidos de qualquer artifício, reduzidos à nossa mais total e profunda humanidade, ao encontrar esse homem que com seu violoncelo desafiou bombas, morte e ruína.

De volta ao Maine, uma semana depois, sentei-me uma noite ao piano para tocar para os idosos de um asilo local. Não pude deixar de comparar esse concerto com o esplendor que tinha testemunhado no festival. E então me vi surpreendido pelas profundas semelhanças. Com sua música, o violoncelista de Sarajevo tinha desafiado a morte e o desespero e celebrado o amor e a vida. E ali estávamos nós, um coro de vozes dissonantes acompanhadas por um piano velho fazendo a mesma coisa. Não havia bombas nem balas, mas havia dor real — perda de visão, uma solidão esmagadora, todas as cicatrizes acumuladas durante a vida — e apenas recordações felizes para confortá-los. Mesmo assim, cantávamos e aplaudíamos.

Foi então que percebi que a música é um presente que pode ser igualmente compartilhado. Seja ela criada por nós ou simplesmente ouvida, é uma dádiva que tem o dom de nos confortar, inspirar e unir quando mais precisamos — e menos esperamos — dela.

> O mundo atual está coberto por campos de batalha — alguns reais, outros sociais, emocionais ou espirituais. Certamente, todos conhecemos pessoas que passam por sofrimento ou desespero com a perda de seus bens, com doenças ou solidão. Quando Vedran Smailovic presenciou a necessidade extrema dos que se encontravam do lado de fora de sua janela, ele deixou a segurança de sua casa e "resolveu doar o que tinha de melhor". Para ele, isso significava tocar música. Todos nós temos coisas que fazemos melhor, que são nosso maior talento, por mais insignificantes que possam parecer. Algumas pessoas têm mais capacidade para ouvir; outras, para entreter ou espalhar alegria; outras, ainda, para aconselhar. Sejam quais forem os nossos talentos ou especialidades, nossa vida sempre se enriquecerá de significado quando compartilharmos o que temos de melhor — nossas singularidades — com os outros.

Comentários sobre a Singularidade

Não importa quem você é, há sempre alguém mais jovem que o considera perfeito. Existe um trabalho que nunca será feito se você não o fizer. Existe uma pessoa que sentiria a sua falta se você partisse. Existe um espaço que só você pode preencher.

– Jacob M. Braude

Quando eu tinha cerca de sete anos, nos mudamos para Nova York. Eu já estudava violoncelo, e dois anos depois meus pais me colocaram para ter aulas com Leonard Rose. Leonard era um ótimo violoncelista e um renomado professor. Felizmente, era também paciente, porque eu era um menino muito tímido.

Quando ouvi Leonard tocar, pensei: "Como alguém é capaz de produzir um som tão maravilhoso? Como alguém pode fazer isso?" Leonard captou meu pensamento e depois de algum tempo me disse:

— Já lhe ensinei muitas coisas, mas agora você precisa seguir em frente e aprender sozinho. Porque, na realidade, a pior coisa que você pode fazer é dizer para si mesmo: "Quero ser exatamente como fulano." Você precisa absorver o conhecimento de outra pessoa, mas o fundamental é descobrir a sua própria voz.

– Yo-Yo Ma

Os homens se maravilham com a altura das montanhas, com as enormes ondas do mar, com o caudaloso fluxo dos rios, com o curso das estrelas — e se esquecem de se maravilhar com eles mesmos.

– Agostinho

Nenhum homem é tão pobre que não tenha nada de valor para dar. Da mesma maneira, os pequenos riachos das montanhas poderiam dizer que não têm nada a dar para o mar porque não são rios. Dê o que você tem. Para a pessoa que receber, isso talvez seja melhor do que você ousaria imaginar.

– Henry Wadsworth Longfellow

Talvez lhe pareça presunçoso supor que seria capaz de fazer algo importante para melhorar o destino da humanidade. Mas isso não é verdade.

Você precisa acreditar que pode ajudar a melhorar o mundo. Uma boa sociedade é produzida por bons indivíduos, assim como, numa eleição presidencial, a maioria é produzida pelos votos de eleitores individuais.

– Bertrand Russell

Todos temos algo a dar. Portanto, se você sabe ler, encontre alguém que não saiba. Se tiver um martelo, encontre um prego. Se não estiver com fome, nem solitário, nem com problemas — procure alguém que esteja.

– George H. W. Bush

Reflexões

- Vedran Smailovic viu pessoas desesperadas e resolveu tentar melhorar suas vidas doando o que fazia melhor — música. Você está consciente de que há indivíduos que estão enfrentando os mais variados sofrimentos? O que há de especial em você — ou o que você sabe fazer melhor — que pode ajudá-las de alguma forma?
- A maior parte daquilo que é especial em você foi desenvolvida ao longo do tempo; não é genética. O que você está fazendo para expandir seus talentos e características?
- Na semana depois de ter visto Vedran Smailovic, o autor da história, Paul Sullivan, foi tocar piano num asilo para idosos. Que "música" você pode tocar para alegrar a vida de outras pessoas na próxima semana?

5
Atenção

É mais nobre dar-se por completo a uma única pessoa do que trabalhar para a salvação das massas.
– Dag Hammarskjöld

Às vezes, as pessoas, erroneamente, pensam que descobrir significado na vida requer fazer algo que afete centenas ou até milhares de pessoas. Entretanto, quase sempre as ações mais significativas e duradouras são as que ocorrem de forma discreta e pessoal — quando nossa atenção está concentrada em um único indivíduo.

Em qualquer lugar do mundo onde eu esteja, quando peço às pessoas na plateia para identificarem alguém que tenha exercido uma enorme influência na vida delas, elas raramente dão o nome de um personagem famoso. Quase sempre falam de alguém que, em meio a suas atividades, foi capaz de parar e dedicar tempo e atenção para ouvi-las e fazê-las sentir-se importantes, ainda que por um instante. Enquanto lê a história abaixo, pense nas pessoas que poderiam se beneficiar se você lhes desse uma atenção especial.

Como o amor voltou
Tom Anderson

Fiz uma promessa a mim mesmo durante a viagem para a casa de praia. Por duas semanas eu tentaria ser um marido e um pai carinhoso. Totalmente carinhoso, sem qualquer restrição.

A ideia me ocorreu quando escutava uma fita cassete no carro. O narrador citava um trecho da Bíblia para aconselhar os maridos a serem atenciosos com suas esposas. Ele disse: "O amor é um ato de vontade. Uma pessoa pode *escolher* amar."

Ouvindo-o, precisei admitir que tinha me tornado um marido egoísta, que meu casamento tinha ficado insípido por causa da minha insensibilidade. Eu era capaz de atos mesquinhos: repreender Evelyn por sua lentidão, insistir em sintonizar o canal de televisão que *eu* queria assistir, jogar fora jornais da véspera que eu *sabia* que ela ainda pretendia ler. Bem, durante duas semanas tudo isso iria mudar.

E mudou a partir do exato momento em que beijei Evelyn na porta e disse:

— Esse suéter amarelo novo fica ótimo em você.

Ela ficou surpresa e talvez um pouco perplexa:

— Oh, Tom, você notou!

Depois de uma longa viagem, eu queria me sentar e ler. Evelyn sugeriu uma caminhada pela praia. Eu ia começar a recusar quando pensei: "Ela ficou aqui sozinha com as crianças a semana toda e agora quer estar sozinha comigo." Caminhamos pela praia enquanto as crianças empinavam pipas.

Assim se passou o tempo. Duas semanas sem telefonar para a firma de investimento em Wall Street da qual sou um dos diretores. Visitamos o museu de conchas, embora, de modo geral, eu odeie museus (mas dessa vez gostei). Controlei-me para não reclamar enquanto ela se arrumava lentamente para um jantar ao qual chegamos atrasados. Foram férias tranquilas e alegres. Renovei a promessa de continuar *escolhendo* o amor.

Só houve um pequeno problema — e Evelyn e eu rimos até hoje quando lembramos dele. Na última noite em nossa casa de praia, enquanto se preparava para dormir, ela me olhou com tristeza.

— O que está acontecendo? — perguntei.

— Tom — ela disse com a voz ansiosa —, você sabe alguma coisa que eu não sei?

Não compreendi:

— O que você quer dizer com isso?

A voz de minha mulher tremia:

— Bem... aqueles exames que fiz há várias semanas... nosso médico... ele falou alguma coisa a meu respeito? Tom, você tem sido tão bom para mim... eu estou morrendo?

A ficha levou alguns instantes para cair. Quando compreendi, dei uma risada.

— Não, querida — eu disse, abraçando-a. — Você não está morrendo; sou eu que estou começando a viver!

Tom *escolheu amar* ao colocar de lado suas preocupações e interesses pessoais para dedicar toda a sua atenção a Evelyn. São os resultados que provam que, ao concentrarmos nossa atenção nas pessoas — especialmente naquelas que mais amamos —, muitas vezes provocamos o mais significativo e duradouro impacto. No caso da Evelyn, ela ficou tão surpresa com o cuidado que estava recebendo que chegou a pensar que estivesse com uma doença grave. Ela estava bem, mas há muitas pessoas no mundo que estão morrendo por falta de atenção. Veja se você consegue encontrá-las e curá-las do mal que as aflige. Nunca subestime o poder da atenção individual.

Comentários sobre a Atenção

O maior presente que você pode dar a uma pessoa é a pureza da sua atenção.

– Richard Moss, M.D.

Se você não pode alimentar cem pessoas, alimente apenas uma.

– Madre Teresa

Enquanto um velho caminhava pela praia ao amanhecer, viu um jovem à sua frente pegando estrelas-do-mar e jogando-as na água. Alcançando o jovem, perguntou-lhe por que estava fazendo aquilo. A resposta foi que a estrela-do-mar morreria se fosse deixada na areia até o sol da manhã surgir.

— Mas a praia é muito longa e há milhões de estrelas-do-mar — retrucou o velho. — Por que você acha que seu esforço pode fazer alguma diferença?

O jovem olhou para a estrela-do-mar em sua mão e jogou-a nas ondas.

— Fez diferença para esta — respondeu.

– Minnesota Literacy Council

O meu conselho para vendedores é este: finja que todas as pessoas que você conhece têm um cartaz pendurado em seus pescoços dizendo: "Faça-me sentir importante." Você alcançará sucesso não apenas nas vendas como também na vida.

– Mary Kay Ash

Todas as crianças utilizam os sinais de aviso: "Quero ser importante AGORA." Muitos problemas de delinquência juvenil surgem porque ninguém lê os sinais.

– Dan Pursuit

Para fazer o máximo de bem de que somos capazes a nossos concidadãos, precisamos liderar onde podemos, seguir onde não podemos, e ainda assim prosseguir com eles, sempre atentos para perceber o momento propício para ajudá-los a dar um outro passo.

– Thomas Jefferson

Senti passos se aproximando. Estendi minha mão, supondo que fosse minha mãe. Alguém a segurou e me vi envolvida nos braços daquela que tinha chegado para me revelar todas as coisas e, sobretudo, me amar.

– Helen Keller

Um jovem professor de sociologia mandou sua turma entrevistar, em uma favela de Baltimore, duzentos meninos e estimar suas chances para o futuro.

Chocados pelas condições da favela, os alunos previram que cerca de 90% dos meninos, um dia, seriam presos.

Vinte e cinco anos depois, o mesmo professor mandou uma outra turma descobrir se as previsões tinham se concretizado. Dos 190 meninos localizados, apenas quatro já tinham sido presos.

Por que as previsões foram tão erradas? Mais de cem se lembraram de uma professora, senhorita O'Rourke, que fora uma inspiração em suas vidas. Após uma longa busca, Sheila O'Rourke, então com mais de setenta anos, foi encontrada.

Mas, quando lhe pediram para explicar de que maneira influenciara positivamente aqueles alunos, ela ficou desconcertada.

— Tudo o que posso dizer — respondeu — é que eu amava cada um deles.

– JOHN KORD LAGEMANN

Não concordo com a maneira abrangente de fazer as coisas. O amor precisa começar com uma pessoa.

– MADRE TERESA

Reflexões

- Tom decidiu deixar de lado suas preocupações com os negócios para dedicar-se exclusivamente a Evelyn durante duas semanas. Existe alguma atividade que você poderia deixar de lado para dedicar mais atenção a alguém?
- Cada um de nós é, no fim das contas, único. De vez em quando, todos precisamos ser lembrados de que somos importantes — pessoas únicas e de valor. Portanto, na sua busca pelo sentido da vida, você poderia parar e perguntar: "Quais são as pessoas que se beneficiariam de uma atenção maior da minha parte?"
- As pessoas destacadas em cada uma das histórias anteriores enfrentaram um momento decisivo de escolha. O de John Baker ocorreu em Sandia Crest. O da Irmã Antonia, depois da morte de seu marido. O do senhor Boyce, ao voltar para casa sem esquecer o cabineiro do trem. O de Vedran Smailovic, quando olhou pela janela e viu a devastação. O de Tom, quando escolheu dedicar-se totalmente à mulher. Mas não foram esses os únicos momentos decisivos. Diariamente, essas pessoas escolheram fazer algo que desse significado às suas vidas, mesmo pequenas e anônimas ações. É disso que trata a grandeza de cada dia — uma maneira de viver o cotidiano, uma consciência de que estamos permanentemente escolhendo o que dá mais sentido à nossa existência. Pense sobre suas escolhas diárias: elas revelam seu desejo de acrescentar significado à sua vida?

Assumir o controle

Mesmo que esteja na pista certa,
você será atropelado se apenas ficar sentado lá.
— Will Rogers

A busca de um sentido na vida nos incentiva a criar um projeto para as contribuições que queremos fazer. Esse projeto pode se tornar um modelo diário que nos ajuda a traçar nossos rumos e medir nosso progresso, mas, na realidade, nada substancial acontecerá se não assumirmos o controle de nossa vida e a responsabilidade pela concretização de nossos sonhos. Isso requer uma corajosa disciplina e uma energia direcionada para o que é mais importante para nós.

Os princípios que nos permitem assumir o controle da vida incluem:

- Responsabilidade
- Iniciativa
- Coragem
- Autoconfiança
- Disciplina

6
Responsabilidade

Acredito que cada direito envolve uma responsabilidade; cada oportunidade, uma obrigação; cada posse, um dever.

– Nelson Rockefeller

Quando as coisas não saem do jeito que queremos ou quando descobrimos que erramos, é muito fácil pedir desculpas e colocar a culpa nos outros. Mas uma coisa é certa: só progrediremos na vida se assumirmos a responsabilidade por nossas ações e atitudes.

Embora fosse primeira-dama de uma das maiores nações do mundo e pudesse usufruir de todos os benefícios que a posição lhe concedia, Betty Ford, esposa do ex-presidente dos Estados Unidos Gerald Ford, aprendeu que isso não a eximia de assumir responsabilidade por suas ações. A história que veremos a seguir é uma descrição muito reveladora do vício que Betty Ford adquiriu enquanto estava vivendo na Casa Branca. Vale ressaltar que ela escreveu esse relato numa época em que tais confissões raramente eram divulgadas.

Eu pretendo fazê-lo

Betty Ford e Chris Chase

Foi somente após termos saído da Casa Branca e nos retirado da vida pública que a minha família percebeu que eu estava com um problema. Havia catorze anos eu vinha tomando remédios para nervo pinçado, artrite, espasmos musculares no pescoço e, em 1974, para aliviar a dor durante a minha recuperação de uma mastectomia radical. Eu tinha desenvolvido uma grande tolerância às drogas que me eram receitadas, mas apenas uma dose de bebida alcoólica, tomada com tantos remédios, me deixava tonta.

No outono de 1977 fui a Moscou narrar o balé *O quebra-nozes* para a televisão. Mais tarde foram feitos comentários sobre meu olhar "sonolento" e minha voz "arrastada". Jerry e meus filhos ficaram preocupados, mas eu não me dava conta do que estava acontecendo ou do quanto eu tinha mudado. Apenas agora percebo que, após a viagem à Rússia, comecei a ter lapsos de memória.

Finalmente, minha filha Susan resolveu conversar com nosso médico. Ele recomendou uma intervenção direta. Na época, achava--se que uma pessoa com dependência química, tanto de álcool quanto de medicamentos, precisava chegar ao fundo do poço para decidir que queria melhorar. Só então o processo de recuperação poderia começar. Agora está comprovado que os familiares de uma pessoa doente, juntamente com outras pessoas importantes para ela, podem intervir para ajudar. Com esse novo método de intervenção, a taxa de recuperação aumentou significativamente.

O CONFRONTO

Em março, enquanto Jerry estava no Oriente para uma série de palestras, o médico, juntamente com Susan e minha secretária, Caroline Coventry, entraram na minha sala de estar e me confrontaram. Começaram falando que eu tinha de parar de tomar os remédios e as bebidas alcoólicas. Fiquei tão zangada e perturbada que, depois que eles saíram, telefonei para uma amiga e reclamei sobre a terrível invasão da minha privacidade. (Não me lembro desse telefonema; essa amiga me falou sobre ele depois.)

Na manhã de sábado do dia 1.º de abril, eu estava pensando em telefonar para meu filho Mike e sua esposa, Gayle, em Pittsburgh, quando a porta da casa se abriu e eles entraram com toda a família. Fiquei animadíssima, achando que tinham se reunido porque eu não estava me sentindo bem. Depois de nos abraçarmos, todos eles me confrontaram uma segunda vez, falando muito sério. Tinham trazido com eles o capitão Joe Pursch, o médico da Marinha que dirige o Alcohol and Drug Rehabilitation Service (serviço de reabilitação de viciados em bebidas alcoólicas e drogas) em Long Beach.

Fiquei em estado de choque. Mike e Gayle disseram que queriam ter filhos e desejavam que a avó das crianças fosse saudável e capaz de assumir o controle de sua vida. Jerry mencionou as ocasiões em que eu tinha adormecido durante uma reunião e aquelas em que a minha voz ficara arrastada. Cada um tinha uma história desse tipo a contar, e Steve acabou dizendo:

— Você está nos fazendo sofrer.

Eu também fiquei profundamente magoada e comecei a chorar, embora soubesse que eles estavam ali porque me amavam e queriam me ajudar.

No entanto, eu resistia à ideia de que a bebida alcoólica estivesse contribuindo para a minha doença; só admitia estar tomando remédios em excesso. O capitão Pursch me deu um livro sobre os alcoólicos anônimos e me pediu que, ao ler, trocasse a expressão "alcoólico" por "dependente químico". Como um tranquilizante ou um dry martini produzem o mesmo alívio, o livro serve tanto para drogas quanto para o álcool. E quando me refiro às drogas estou falando de drogas legais, aquelas receitadas pelos médicos.

No início, fiquei ressentida com a classe médica porque em todos aqueles anos tinha sido aconselhada a tomar comprimidos em vez de esperar que a dor chegasse. Eu tomava pílulas para dor, pílulas para dormir e calmantes. Atualmente, muitos médicos já reconhecem os riscos desses medicamentos, mas naquela época alguns pareciam ansiosos para receitá-los.

Primeiros passos

Dois dias após o meu aniversário de sessenta anos me internei no hospital em Long Beach. Em vez de ir para uma clínica particular, decidi que seria melhor buscar tratamento abertamente e não me esconder. Uma declaração de que eu vinha tomando remédios em excesso seria entregue à imprensa depois da internação.

O capitão Pursch me recebeu e me acompanhou até um quarto com quatro camas. Recuei. Eu esperava privacidade. Reagi dizendo que não ia me internar nem liberar nota à imprensa. Ele contornou a situação com muito tato:

— Se a senhora insiste num quarto particular, mandarei remover todas essas mulheres…

Dessa forma, colocou a decisão em minhas mãos.

— Não, não, não quero isso — eu disse, depressa e constrangida. Uma hora depois estava instalada com três companheiras de quarto e minha declaração estava sendo lida para os repórteres.

No dia 15 de abril, no fim da minha primeira semana em Long Beach, meu filho Steve — surpreendido por um repórter fora do hospital — disse que eu estava lutando contra os efeitos dos comprimidos e do álcool. Não fiquei satisfeita, pois ainda não estava preparada para admitir isso. Durante toda a semana, quando eu falava sobre a dependência de medicamentos, todos concordavam respeitosamente.

Cinco dias depois houve uma reunião na sala do capitão Pursch. Jerry e eu estávamos lá, juntamente com vários médicos. Na ocasião, me pediram para escrever uma nota oficial declarando que também era alcoólatra. Recusei dizendo:

— Não quero criar constrangimento para meu marido.

O capitão Pursch retrucou:

— A senhora está tentando se esconder atrás de seu marido. Por que não lhe pergunta se ele se incomodaria que a senhora dissesse que é alcoólatra?

Comecei a chorar e Jerry segurou a minha mão.

— Isso não será motivo de constrangimento para mim — ele insistiu. —Vá em frente e diga o que deve ser dito. Chorei mais ainda. Quando Jerry me levou de volta para o quarto, eu chorava tanto que mal conseguia respirar. Espero nunca mais precisar chorar assim outra vez. Foi aterrorizante. Mas, quando terminou, senti um grande alívio.

Naquela noite, sentada na cama, fiz um outro texto para ser lido para o público: "Descobri que não estou apenas viciada nos remédios que venho tomando para a minha artrite, mas que também estou viciada em bebidas alcoólicas. Espero que este tratamento e a solidariedade que me cerca sejam uma solução para meus problemas. Estou fazendo isso não apenas por mim, mas por todas as pessoas que se encontram aqui." Dei um grande passo escrevendo aquilo, mas aquela foi apenas a primeira das muitas decisões que precisaria tomar.

A batalha das etapas

O motivo de eu ter rejeitado a ideia de que era alcoólatra foi o fato de meu vício não ser tão grave. A minha fala tinha se tornado lenta e eu me esquecia de alguns telefonemas. Certa vez, caí no banheiro e fraturei três costelas. Mas nunca bebia para aliviar uma ressaca e não tinha o hábito de beber sozinha. Nem escondera garrafas em lustres ou no armário do banheiro. Eu não tinha quebrado nenhuma promessa (Jerry nunca chegou perto de mim para dizer "Por favor, pare") nem dirigira embriagada.

Até Long Beach.

Eu amava meus companheiros de clínica. Enquanto lutávamos contra nossos vícios e dramas, estendíamos as mãos uns para os outros.

O despertador tocava às seis horas diariamente. Eu me levantava, arrumava a minha cama, preparava uma xícara de chá e respondia à chamada. A atribuição de tarefas vinha em seguida, e cada um recebia uma tarefa doméstica a ser cumprida. Muitas vezes havia uma "reunião de médicos" às oito horas. Era um período em que os pacientes interagiam com médicos visitantes, a maioria deles oficiais da Marinha. Esses médicos estavam sendo treinados para reconhecer o vício, e não para receitar remédios que solucionassem os problemas das pessoas.

Cordas de segurança

Nas manhãs em que não havia reunião com médicos eu tinha terapia de grupo às 8h45min e outra um pouco antes do almoço. Depois do almoço, uma palestra ou um filme e, logo após, outra sessão de terapia. Cada grupo era composto de seis ou sete pacientes e um conselheiro. Nos grupos, você começa a sentir o apoio, a solidariedade e o companheirismo que serão as cordas de segurança que o levarão de volta à sobriedade. No meu grupo havia um marinheiro de vinte anos, um mecânico de jatos que bebia desde os oito anos de idade, um jovem oficial casado e divorciado duas vezes e um religioso viciado em drogas e bebidas que vivia no limiar de sua capacidade de raciocinar.

No início eu abominava essas sessões. Sentia-me desconfortável e não me mostrava disposta a falar. Então, um dia, uma mulher afirmou que não achava que o fato de beber fosse um problema. Eu me levantei emocionada.

— Meu nome é Betty. Sou alcoólatra e sei que o fato de eu beber magoou muito minha família.

Eu tremia, sem acreditar que tivesse dito aquilo. Outra barreira se rompera.

As coisas ditas no grupo são absolutamente confidenciais. Por mais chocantes que sejam as suas revelações, seus companheiros de grupo simplesmente balançam as cabeças em assentimento, dizem que você não está sozinha e que poderia ser pior. O pior seria eximir-se da responsabilidade, culpando seus genes ou outra pessoa.

Tudo isso significa que você precisa assumir a responsabilidade por si mesmo. Não importam os traumas causados por seus pais na infância, não importa que sua esposa o tenha traído ou que seu marido seja omisso. Todo mundo tem desapontamentos, e qualquer pessoa é capaz de controlar suas próprias ações. Culpar os outros por seus problemas é pura perda de tempo.

Durante a internação, recebi flores e muitas cartas de pessoas que me desejavam sucesso. Tanta gente boa torcendo por mim! O Washington Post publicou um editorial lembrando que minha franqueza ao discutir a mastectomia tinha levado alento a "inúmeras outras pessoas e possíveis vítimas de câncer de mama". E o jornal me elogiou por eu ter revelado meu vício: "Qualquer que tenha sido a combinação de estresse emocional e psicológico e dor física que a tenha levado a isso, ela está determinada a superar a dependência. E não tem medo ou vergonha de revelar seu problema."

Agradeço ao Post, mas não mereço o elogio. Senti medo e vergonha. Senti solidão, depressão, raiva e desânimo. Aqui, por exemplo, está o que escrevi em 21 de abril no diário que mantive no hospital:

> *Agora é hora de ir para a cama. A droga desses cobertores de lã me pinicam. Quando me internei, não imaginava que ia ser tão duro, e não estou me referindo aos cobertores apenas. Este é um programa bom, mas um tanto puxado para uma pessoa que acaba de completar sessenta anos. Que diabos estou fazendo aqui? Poderia ir embora, mas não vou me permitir fazer isso. Quero demais me curar. Acho que vou apenas chorar.*

Sem retorno

Você começa a melhorar quando menos espera, quando não está nem mesmo tentando, quando está junto à máquina de café ou se intrometendo no jogo de cartas de dois marinheiros. Na minha vida normal eu jamais teria conhecido esses homens, mas nós nos ajudamos a curar uns aos outros.

Perto do final do meu mês em Long Beach tentei contar ao meu grupo — éramos o Grupo Seis e nos autodenominávamos de Os Seis Embrulhos — o que cada um tinha significado para mim, mas não consegui expressar em palavras o que sentia. Quando comecei a chorar, um dos meus companheiros me passou alguns lenços de papel e disse:

— Agora sabemos que você vai melhorar.

A serenidade é duramente alcançada, mas estou progredindo. Não quero beber mais, e parar foi um grande alívio. O Hospital Eisenhower, em Palm Springs, está planejando um programa para dependentes químicos, e espero participar para poder ajudar os outros, pois essa é a melhor terapia possível.

Existem muitas pessoas dependentes químicas como eu, mulheres que não reconhecem que bebem demais até a verdade lhes ser enfiada goela abaixo ou até sucumbirem. Ouvi histórias sobre mulheres muito bem-sucedidas e líderes em suas comunidades que precisavam misturar vodca no chá gelado ou no café para se manterem ativas. É extremamente importante perceber como é fácil cair na dependência de comprimidos ou de álcool. E é muito duro admitir essa dependência.

Sou muito agradecida ao capitão Pursch e a todos aqueles que acreditaram em mim por todos os seus cuidados. Sou muito agradecida a milhares de estranhos pela bondade que manifestaram e pelos incentivos.

Aprendi muito sobre mim mesma. Continuo a estudar, a aprender e a trabalhar para ser cada vez mais consciente, e tenho certeza de que receberei novas revelações. Espero ansiosamente por isso e pretendo conseguir!

Desde o tempo em que esteve internada em Long Beach, Betty Ford tem feito muito mais do que "pretender conseguir". Além de ter recuperado o controle sobre sua vida pessoal, ela não mede esforços para ajudar pessoas e famílias a combater diversos tipos de vícios. Suas campanhas para ajudar mulheres a enfrentar o câncer de mama se tornaram amplamente elogiadas e utilizadas em países do mundo inteiro. E a importante mensagem que ela leva consigo a todos os lugares onde vai é a mesma lição que aprendeu por si mesma enquanto estava na clínica: "Tudo isso significa apenas uma coisa: precisamos assumir a responsabilidade por nós mesmos." Não adianta jogar a culpa nos outros ou nas coisas que não podemos controlar. O que precisamos fazer é olhar para dentro de nós mesmos.

Comentários sobre a Responsabilidade

Toda culpa é uma perda de tempo. Não importa quanta responsabilidade você encontre no outro e não importa o quanto você o culpe, isso não mudará você. A única coisa que a culpa faz é manter o foco longe de você quando estiver procurando razões externas para explicar sua infelicidade ou frustração. Você pode sair-se bem fazendo o outro sentir-se culpado de algo ao acusá-lo, mas você não conseguirá mudar nada a respeito de si mesmo que o esteja fazendo infeliz.

– Wayne W. Dyer

A culpa não está em nossas estrelas, mas em nós mesmos.

– Shakespeare

Somente os fracos culpam seus pais, suas raças, suas épocas, a falta de sorte ou os caprichos do destino. Cada um de nós tem dentro de si a capacidade de dizer: eu sou isto hoje; eu serei aquilo amanhã.

– Louis L'amour

Aquele que não consegue dançar coloca a culpa no chão.

– Provérbio hindu

Eu a chamo de a Nova Obscenidade. Não é um palavrão, mas uma declaração frequentemente repetida que atinge o verdadeiro âmago da nossa humanidade. São quatro palavras: "Não consigo me controlar."

Essa filosofia vê o ser humano como um organismo atacado por forças biológicas e sociais em vez de considerá-lo um agente com livre-arbítrio.

Vê os ofensores não como pecadores ou criminosos, mas como "doentes".

Ao ignorar a ideia de que as pessoas enfrentam tentações que podem — e deveriam — ser repelidas, ela nega a verdadeira qualidade que nos distingue dos animais.

– WILLIAN WILBANKS

Um lamento que não consigo suportar é o deplorável e patético grito: "Bem, eu sou assim!" Poupe-me de seus discursos. Já os ouvi de muitas pessoas que queriam pecar e chamavam seus desejos de impulsos.

– JEFREY R. HOLLAND

Na vida de quase todas as pessoas extraordinárias é possível encontrar ótimas desculpas para que tivessem desistido: a cegueira de Milton, a surdez de Beethoven, a paralisia de Pasteur, a tuberculose de Robert Louis Stevenson, a loucura da adorada esposa de Thackeray. Ao ler uma biografia, acabamos concluindo que as coisas mais valiosas na vida humana começaram quando alguém teve a coragem de jogar fora uma boa desculpa.

– HARRY EMERSON FOSDICK

O discurso dos que se fazem de vítimas é a verdadeira causa da incapacidade das mentes e espíritos dos jovens. Ensinar-lhes que a vida delas é governada não por suas próprias ações, mas pelas forças socioeconômicas, pelas políticas econômicas do governo ou por outras forças misteriosas e diabólicas que não podem ser controladas significa ensinar a nossos filhos o negativismo, a resignação, a passividade e o desespero.

– LOUIS W. SULLIVAN

Reflexões

- Culpar os outros ou arrumar desculpas para os próprios problemas não ajudou em nada Betty Ford. Você já se pegou culpando os outros, a genética ou as circunstâncias por seus problemas? Se a resposta for afirmativa, o que você pode fazer no futuro para assumir mais responsabilidade por suas ações e atitudes?
- Não podemos controlar tudo aquilo que nos acontece na vida. Mas pouco adianta pensar sobre aquilo que não podemos controlar quando há tantas coisas que estão diretamente sob a nossa influência. Você se concentra mais nas coisas que estão fora do seu controle ou naquelas em que pode influir diretamente?
- Betty Ford fez mais do que vencer uma batalha pessoal. Ela usou sua experiência para ajudar outras pessoas a viver. Você costuma transformar seus erros em oportunidades que beneficiam os outros?

7
Iniciativa

O dever é uma coisa muito pessoal. Ele vem da aceitação da necessidade de agir e não apenas da necessidade de incitar os outros a fazerem alguma coisa.
– Madre Teresa

Um amigo íntimo do princípio da responsabilidade é o princípio da iniciativa. Enquanto a responsabilidade nos faz lembrar quem está no comando, é a iniciativa que nos empurra para a frente. Demonstrar iniciativa significa não permitir que circunstâncias governem nossa vida. Pelo contrário, é pegar o que recebemos e transformá-lo em oportunidades que nos permitam crescer, melhorar nossa vida e ajudar os outros.

Don Schoendorfer era um homem comum. Durante uma viagem, ele entrou em contato com um problema e uma necessidade. Essa necessidade o impactou durante anos. Por fim, ele parou de esperar que outra pessoa apresentasse uma solução e arregaçou as mangas para ver se ele mesmo poderia fazer aquilo acontecer. Enquanto estiver lendo esta história, veja aonde a iniciativa de Don o levou e quantas vidas ele transformou.

Rodas gratuitas
Janet Kinosian

Ainda sonolento, Don Schoendorfer pisou no cimento frio do chão da garagem de sua casa às quatro horas da manhã. Determinado a criar a cadeira de rodas mais barata do mundo, o engenheiro mecânico de Orange County, na Califórnia, acordava de madrugada e, antes de ir para o trabalho, passava três horas todos os dias labutando em uma mesa de trabalho montada na sua abarrotada garagem.

Primeiro ele tentou uma cadeira com um assento convencional de lona, mas riscou-a da lista por ser cara demais. Sabia que precisava de algo barato e durável, praticamente indestrutível. A cadeira deveria ser capaz de atravessar montanhas, pântanos e desertos, de suportar calor e frio com o mínimo de manutenção. Schoendorfer sabia que muitas pessoas no mundo viviam com menos de dois dólares por dia e não poderiam sequer sonhar em comprar uma cadeira de rodas que custasse centenas ou até milhares de dólares.

Finalmente ele descobriu o que precisava: a tradicional cadeira branca de plástico para jardins. Perfeita. Schoendorfer vasculhou liquidações e comprou cadeiras aos montes por três dólares a unidade. A seguir, percorreu corredores de lojas e supermercados em busca de pneus de bicicleta mais baratos e de parafusos com a melhor relação custo-benefício.

Durante toda essa busca, ele se lembrava da estrada no Marrocos por onde tinha passado quase trinta anos antes. Em 1977, ele e sua esposa, Laurie, no sufocante calor da tarde, em Tétouan, viram uma mulher deficiente arrastando-se pela estrada, quase como uma cobra, usando as mãos para se deslocar. Naquele país, os deficientes físicos eram considerados inferiores aos mendigos e tratados com supremo desprezo. Na estrada empoeirada do Marrocos, Schoendorfer decidiu ajudar.

Agora, enquanto colocava dois pneus de bicicleta na cadeira e soldava rodinhas de metal preto e suportes, o engenheiro formado pelo MIT sentiu as coisas se encaixando. Ao girar a simples cadeira, pensou: "Talvez seja exatamente isso."

—Você venceu, Don — o pastor da igreja de Schoendorfer declarou quando viu a pequena cadeira branca. Em nove meses, ele tinha construído cem cadeiras de rodas e sua garagem parecia um centro de reabilitação protética.

O pastor sugeriu que ele levasse as cadeiras para uma próxima missão médica da igreja na Índia. Mas quando Don foi à primeira reunião de planejamento os missionários do grupo não ficaram muito impressionados.

— Quanto você acha que o transporte dessas cadeiras irá custar? — um deles perguntou.

Apesar de deprimido e desanimado, Schoendorfer continuou comparecendo às reuniões. "Acho que eles imaginavam que se ignorassem aquele homem esquisito ele iria desistir", recorda com um sorriso.

Por fim, concordaram em deixá-lo levar quatro cadeiras para a Índia. Numa abarrotada enfermaria nos arredores de Chennai, Don viu um pai carregando o filho deficiente de onze anos. "Esse é o momento", pensou. Correu ao encontro dos dois com uma cadeira.

Assim que o menino, Emmanuel, se sentou, Schoendorfer soube que sua invenção tinha algum poder de cura. O jovem parecia surpreso e encantado. A mãe disse, traduzindo as palavras do filho:

— Deus abençoe você por essa carroça.

Quando Schoendorfer voltou para casa, a empresa onde ele trabalhava faliu. Decidiu então sustentar-se com a fabricação de cadeiras. O dinheiro começou a escassear, e Laurie foi trabalhar na Social Security Administration.

Desde aquela primeira doação, a ONG de Schoendorfer, Free Wheelchair Mission [Missão de Cadeiras de Rodas Gratuitas], já entregou gratuitamente mais de 600 mil cadeiras a pessoas que desejavam desesperadamente deslocar-se.

Atualmente, as cadeiras são produzidas em duas fábricas chinesas e podem ser entregues em qualquer lugar do mundo por apenas 72 dólares. Elas já foram enviadas para 86 países, entre os quais o Iraque. Com mais de 100 milhões de deficientes pobres vivendo em países em desenvolvimento, Schoendorfer sabe que seu trabalho está longe do fim.

A cada viagem para entregar mais cadeiras, o inventor vê o efeito da sua invenção na vida das pessoas. Indra, de Chennai, nunca tinha ido à escola, mas agora estuda para ser arquiteto. Uma jovem mãe angolana que teve as pernas arrancadas por uma mina terrestre hoje cuida de seus filhos pequenos. Um indiano de Cochin contou aos voluntários que rezou diariamente durante 52 anos para que alguém fosse bom para ele. Aquela cadeira foi a primeira manifestação de bondade em sua vida.

Os voluntários sempre fotografam as pessoas que manobram suas recém-adquiridas cadeiras pela primeira vez.

— É como se fosse o dia do casamento ou da formatura delas — conta Schoendorfer. — Sem sombra de dúvida, aquela é a data mais importante da vida delas, pois marca o momento em que recebem de volta sua dignidade.

Don Schoendorfer provavelmente nunca alcançará a fama de algumas pessoas destacadas neste livro. Mas ele alimentou seu desejo de ajudar os outros durante trinta anos e finalmente pôde concretizar seu sonho. Tomando a iniciativa, começou na garagem de sua casa um movimento que chegou às fábricas da China e supriu de cadeiras de rodas pessoas necessitadas no mundo inteiro. Seus olhos agora estão voltados para a sua meta de 20 milhões de cadeiras. Se ele continuar a mostrar o mesmo grau de iniciativa, tenho certeza de que conseguirá.

Comentários sobre a Iniciativa

As pessoas estão sempre culpando as circunstâncias pelo que são. Não acredito em circunstâncias. Aqueles que sobem na vida são os que se levantam e procuram as circunstâncias que desejam e, se não conseguem encontrá-las, as criam.

– George Bernard Shaw

Nós que estivemos em campos de concentração nos lembramos de homens que percorriam as barracas confortando os outros, dando seus últimos pedaços de pão. Talvez tenham sido poucos, mas são prova cabal de que tudo pode ser tirado de um ser humano, exceto uma coisa: a liberdade de escolher como agir em qualquer situação e de escolher seu próprio caminho.

– Viktor Frankl

As pessoas me dizem: "Você é um estrondoso sucesso. Como conseguiu isso?" Eu volto ao que meus pais me ensinaram. Aja. Adquira todo o conhecimento que puder e então, pelo amor de Deus, faça alguma coisa! Não fique aí parado, faça alguma coisa acontecer.

– Lee Iacocca

Não acredito que tudo o que acontece a uma pessoa seja causado por ela ou por culpa dela. Eu de fato acredito que a suprema qualidade da sua vida e da felicidade é determinada por escolhas e atitudes corajosas e éticas. Talvez você tenha recebido alguns tijolos defeituosos e vergalhões fracos, mas continua sendo o mestre de obras.

– Laura Schlessinger

Deus dá a cada pássaro a sua minhoca, mas ele não a joga dentro do ninho.

– Provérbio sueco

Para alcançar o porto do paraíso, às vezes somos obrigados a velejar a favor do vento e às vezes contra. Porém, é necessário velejar, e não flutuar ou ficar ancorados.

– Oliver Wendell Holmes

Eu não fico esperando ter disposição para fazer as coisas. Você não realizará nada se fizer isso. A sua mente precisa saber que é necessário trabalhar.

– Pearl S. Buck

Os tempos estão ruins. Muito bem, você está aí para fazê-los melhorar.

– Thomas Carlyle

A sorte é uma situação onde o planejamento encontra a oportunidade.

– Oprah Winfrey

Eu estava com dezesseis anos e tinha encontrado um emprego de empacotador num mercado em Gardena, um subúrbio de Los Angeles. Era a década de 1950, e naquela época os mercados usavam caixas para transportar as mercadorias mais pesadas.

Eu achava que estava me saindo bem, até que, ao final do primeiro dia, o gerente me disse para não retornar. Eu não empacotava rápido o suficiente.

Como eu era um adolescente muito tímido, fiquei surpreso ao me ouvir exclamar:

— Deixe-me voltar amanhã e tentar mais uma vez. Sei que farei melhor.

Falar em voz mais alta ia contra a minha própria natureza, mas funcionou. Consegui uma segunda chance, trabalhei mais rápido e nos dezoito meses seguintes empacotei mantimentos por 1,25 dólar por hora, das quatro da tarde às dez da noite nos dias úteis e, às vezes, o dia inteiro no sábado ou no domingo.

Aquele momento em que levantei a voz ficou marcado na minha memória, assim como a lição: se você quer realizar alguma coisa na vida, não pode apenas sentar e esperar que ela aconteça. Precisa fazê-la acontecer.

Eu não era um atleta inato quando comecei a aprender caratê, mas treinei com mais afinco do que qualquer outro e fui campeão mundial na categoria dos médios durante seis anos. Mais tarde, quando decidi me tornar ator, eu estava com 36 anos e não tinha nenhuma experiência. Havia talvez 16 mil atores desempregados em Hollywood, e eu estaria competindo com caras que já tinham trabalhado em filmes ou na televisão. Se eu tivesse pensado "Não tenho nenhuma chance", uma coisa é certa: eu não teria mesmo.

As pessoas se lamentam, dizendo: "Não me dei bem porque não tive oportunidades." É você quem cria as suas próprias oportunidades.

– Chuck Norris

Reflexões

- Quando as pessoas se deparam com um problema, em geral esperam que alguém ou o governo o solucione. Mas não Don Schoendorfer. Ele arregaçou as mangas e foi em busca de uma solução. Você espera que os outros resolvam os problemas — inclusive os seus — ou toma a iniciativa de tentar resolvê-los você mesmo?
- Alguns culpam as circunstâncias pela falta de sucesso na vida. As pessoas com iniciativa criam suas próprias circunstâncias e constroem suas oportunidades. O que você pode fazer hoje para melhorar as suas circunstâncias ou para criar as suas próprias oportunidades de sucesso?
- O ator de cinema e especialista em caratê Chuck Norris criou suas "próprias oportunidades" ao defender-se e prometer ao seu chefe que faria melhor no dia seguinte. Que grau de iniciativa você demonstra nos momentos difíceis?

8
Coragem

Coragem é estar apavorado — e montar no cavalo mesmo assim.
– John Wayne

Aqueles que conheceram o ator John Wayne podem imaginar sua postura e sua voz arrastada fazendo a declaração acima. Para vencer o medo de montar no cavalo, ele precisava de coragem para deixar sua zona de conforto e entrar em um terreno desconhecido.

Coragem não significa ausência de medo, mas a percepção de que algo é mais importante. A coragem tanto pode ser demonstrada em atos heroicos e visíveis quanto em atitudes discretas e particulares. Luba Gercak demonstrou coragem ao enfrentar seus captores nazistas para proteger um grupo de crianças.

Enquanto lê sobre a história de Luba, pense na coragem que você demonstra diariamente ao superar seus temores ou ao defender seus valores e princípios.

Uma heroína no inferno
Lawrence Elliott

Um bando de crianças maltrapilhas permanecia tremendo de frio, expostas ao vento de uma área aberta do campo de concentração de Bergen-Belsen. Era a primeira semana de dezembro de 1944. Após terem conseguido sobreviver a quatro anos de guerra e muitos meses de detenção, essas poucas crianças judias estavam agora desesperadamente sozinhas.

Elas tinham assistido, em silêncio, seus pais e irmãos mais velhos serem colocados num comboio de caminhões da SS e levados embora. Ninguém dissera para onde eles estavam indo, mas algumas tinham ouvido, sussurrados, os nomes dos campos da morte: Auschwitz, Treblinka, Chelmno.

Depois de levarem os homens, os caminhões vieram buscar as mulheres. Enquanto os caminhões partiam, as crianças mais velhas, agrupadas no vazio da escuridão, tentavam confortar os bebês que choravam.

Em uma barraca próxima, uma mulher chamada Luba Gercak sacudiu sua vizinha para acordá-la.

— Você está ouvindo isso? Uma criança chorando?

A resposta veio imediatamente:

— Não ouvi nada. Você está tendo pesadelos outra vez.

Luba fechou bem os olhos, tentando impedir terríveis recordações.

Ela tinha crescido em uma comunidade de judeus na Polônia. Ainda adolescente, casara-se com um fabricante de armários, Hersch Gercak, e tiveram um filho, Isaac. Ansiavam por mais filhos e por uma vida calma, mas a guerra começou e eles foram sugados em sua corrente mortal. Os nazistas colocaram os judeus da região em carroças puxadas por cavalos para uma viagem de horror para Auschwitz-Birkenau, o mais sinistro campo de concentração do sistema alemão.

Luba atravessou os portões segurando firmemente Isaac nos braços. Segundos depois, os guardas levaram a criança de três anos embora. Luba podia ouvir os gritos do filho, "Mamãe! Mamãe!", enquanto o jogavam num caminhão com outros que eram jovens demais ou velhos demais para trabalhar. Logo o caminhão se afastou em direção às câmaras de gás. Dias terríveis se seguiram até o momento em que ela viu um caminhão arrastando o corpo sem vida de seu marido. Luba sentiu que não queria mais viver.

Porém, uma força interna não a deixaria sucumbir. Talvez Deus tivesse algum propósito para sua vida. Com a cabeça raspada e o número 32.967 tatuado no braço, ela conseguiu um emprego no hospital de Auschwitz, um prédio onde os doentes eram deixados para morrer.

Dias infindáveis e noites fantasmagóricas se passaram. Luba aprendeu alemão e mantinha os ouvidos bem abertos. Um dia, ouviu que as enfermeiras iriam ser enviadas para um campo na Alemanha e se ofereceu para ir. Em dezembro de 1944 foi enviada para Bergen-

-Belsen. Não havia câmara de gás nesse campo, mas havia subnutrição, doenças e execuções sumárias feitas em um horrível e eficiente centro de extermínio.

Com as forças aliadas se aproximando e a disciplina se desintegrando, as condições, já péssimas, tinham piorado. Cada vez mais caminhões traziam pessoas famintas para os alojamentos infestados de vermes.

Virando-se na cama, Luba ouviu novamente o choro de uma criança. Correu para a porta e parou aturdida ao ver um bando de crianças amedrontadas e com frio. Fez sinal para que avançassem e algumas cautelosamente se aproximaram dela.

— O que aconteceu? — Luba sussurrou. — Quem deixou vocês aqui?

Falando um pouco de alemão, um dos meninos mais velhos chamado Jack Rodri explicou que os guardas os tinham trazido sem lhes dizer para onde estavam sendo levados. A mais velha das 54 crianças, Hetty Werkendam, tinha catorze anos e segurava Stella Degen, de dois anos. Outras eram ainda menores. Levando Jack pela mão, Luba fez um gesto para que a seguissem.

Algumas das mulheres tentaram impedi-la de levar as crianças para o alojamento. Sabiam que por muito pouco os nazistas enfiavam uma bala na cabeça de alguém.

Mas Luba estava convencida de que aquela era uma missão que devia cumprir. Deixou as mulheres envergonhadas ao perguntar-lhes:

— Se essas crianças fossem seus filhos, vocês as mandariam embora? Pois elas são filhos de alguém. — E levou o bando de maltrapilhos para dentro.

Na manhã seguinte, Jack Rodri contou a Luba a história do grupo. No início tinham sido poupados das piores atrocidades nazistas porque seus pais eram importantes trabalhadores na indústria de diamantes de Amsterdã, e os alemães precisavam deles para lapidar as pedras preciosas. Os lapidadores e suas famílias eram enviados para Bergen-Belsen, onde os alemães separavam as crianças dos pais e as abandonavam onde Luba as tinha encontrado.

O coração de Luba se encheu de gratidão a Deus por ter lhe trazido aquelas crianças, dando novo significado à sua vida. Ela iria salvá-las do trágico destino que sacrificara seu filho.

Sabendo que não poderia esconder dezenas de crianças, contou a um dos oficiais da SS o que tinha acontecido.

— Deixe-me cuidar delas — disse, colocando uma mão em seu braço. — Prometo que elas não causarão problemas.

— Você é uma enfermeira, o que quer com essa escória judia? — ele perguntou, irritado. Luba respondeu:

— Sou mãe também e perdi meu filho em Auschwitz.

De repente, ao se dar conta de que uma prisioneira segurava seu braço, o oficial da SS a esbofeteou com toda a força, derrubando-a ao chão. Luba se levantou com os lábios sangrando, mas não recuou.

— O senhor tem idade suficiente para ser avô — ela disse. — Por que quer prejudicar crianças inocentes? Bebês? Eles todos morrerão se ninguém cuidar deles.

Por alguma razão, o oficial se deixou convencer.

— Fique com elas, então, e que se danem!

Mas Luba não estava satisfeita.

— Elas precisam comer alguma coisa. Deixe-me dar-lhes um pouco de pão.

Mais uma vez ele cedeu e entregou-lhe um papel autorizando-a a pegar dois pães de forma. A busca por comida se tornou o objetivo de cada dia, criando uma incessante ansiedade. A ração estipulada — uma fatia de pão preto e meia tigela de sopa magra — mal dava para evitar a inanição. Por isso, todas as manhãs Luba partia para fazer suas rondas pelo depósito de comida, a cozinha, a padaria, implorando por um pouco mais. As crianças se aglomeravam na porta quando a viam ainda longe.

— Lá vem ela! E está trazendo comida para nós!

Elas transferiram para Luba o amor que tinham pelas mães, porque era ela quem providenciava os itens essenciais, tratava delas quando ficavam doentes e cantava canções de ninar durante as longas e tenebrosas noites. Algumas crianças não compreendiam suas palavras, mas compreendiam seu amor.

Semanas e meses se passaram. Os prisioneiros de Bergen-Belsen sabiam que os Aliados estavam se aproximando e viam os alemães tentando se livrar dos corpos que se amontoavam pelo campo. Mas era um batalha perdida. A disenteria se espalhava, deixando as crianças desidratadas, exauridas e vulneráveis à febre alta e às dores de cabeça causadas pelo tifo.

Em um alojamento próximo, uma outra criança de Amsterdã, Anne Frank, sucumbiu. Muitas crianças de Luba ficaram doentes. Ela ia de uma em uma, alimentando as que podiam comer, tocando suas testas com os lábios para ver se estavam com febre e distribuindo suas preciosas aspirinas às mais doentes. Orava para que um milagre as salvasse.

Esse milagre aconteceu no dia 15 de abril de 1945, um domingo, quando uma coluna de tanques ingleses entrou em Bergen-Belsen. Os alto-falantes gritavam em meia dúzia de idiomas:

— Vocês estão livres! Vocês estão livres!

Os Aliados trouxeram remédios e médicos, mas era tarde demais para muitos. Havia milhares de corpos não enterrados espalhados pelo campo, e quase um quarto dos mais de 60 mil prisioneiros morreu após a liberação.

Mas, do grupo formado pelas 54 crianças encontradas por Luba dezoito semanas antes, apenas duas não sobreviveram. Quando as sobreviventes estavam suficientemente fortes para viajar, um avião militar inglês levou-as para casa. Luba também estava a bordo e cuidou delas durante a viagem. Mais tarde, um oficial holandês escreveu: "Foi graças a essa mulher que as crianças sobreviveram. Nós, holandeses, lhe devemos muito pelo que fez."

As crianças foram alojadas provisoriamente em um abrigo temporário enquanto esperavam por suas mães, quase todas também sobreviventes. A pedido da Cruz Vermelha Internacional, Luba acompanhou quarenta órfãos de guerra de numerosos outros campos para a Suécia, onde recomeçariam suas vidas.

Luba também começou uma vida nova. Na Suécia, ela conheceu Sol Frederick, outro sobrevivente do Holocausto. Casaram-se e se mudaram para os Estados Unidos, onde tiveram dois filhos. Mas Luba nunca se esqueceu das "suas crianças".

Quase todas prosperaram. Jack Rodri tornou-se um bem-sucedido empresário em Los Angeles. Hetty Werkendam dedicou-se à carreira de corretora de imóveis na Austrália e foi eleita a mais bem-sucedida imigrante. Stella Degen-Fertig, anos depois, não se lembrava de Bergen-Belsen, mas sua mãe lhe contou o quanto ela devia a uma mulher chamada Luba.

Vários daquele grupo decidiram procurar Luba. Jack Rodri conseguiu localizá-la em Washington e, comovido, foi ao seu encontro. O mesmo fizeram muitos outros.

Numa radiosa tarde de abril de 1995, no 50º aniversário de suas liberações, cerca de trinta homens e mulheres, que tinham se visto pela última vez como crianças, reuniram-se na prefeitura de Amsterdã para prestar uma homenagem a Luba.

Com a voz embargada pela emoção, o prefeito da cidade, representando a Rainha Beatrix, entregou a Luba a Medalha de Prata por Serviços Humanitários.

Depois da cerimônia, Stella Degen-Fertig se aproximou e, lutando para manter a voz firme, falou:

— Penso em você todos os dias da minha vida. Minha mãe sempre me disse que tinha me posto no mundo, mas que eu devia a minha vida a uma mulher chamada Luba. E repetiu muitas vezes que eu não deveria jamais me esquecer disso. — Chorando copiosamente, abraçou Luba e reafirmou: — Eu nunca me esquecerei.

Abraçando-a, Luba olhou para os outros com os olhos cheios de lágrimas. Aquela era a sua verdadeira recompensa: estar com "suas crianças", sentir outra vez o amor que as salvara — e a ela também — da sombra dos campos da morte.

> Enquanto Luba via o medo nos olhos das crianças na noite em que as encontrou, as crianças descobriam uma fonte de esperança e abrigo nos corajosos olhos daquela que as acolhia. Porque Luba sabia quais eram os valores e os princípios que defendia e teve a coragem de se apegar a eles, mesmo arriscando a própria vida. É importante repetir que coragem não significa ausência de medo, mas a percepção de que existe algo mais importante que deve ser perseguido.

Comentários sobre a Coragem

A coragem não é simplesmente uma das virtudes, mas a forma que cada virtude assume nas horas cruciais.

– C. S. Lewis

A coragem é contagiante. Quando uma pessoa corajosa assume uma determinada postura, as outras também se erguem.

– Billy Graham

Coragem significa administrar o medo, e não ausência de medo.

– Rudy Giuliani

Não parei de sentir medo, mas parei de deixar que ele me controlasse.

Passei a aceitar o medo como uma parte da vida — sobretudo o medo de mudanças e o medo do desconhecido. E vou em frente apesar dos apelos do meu coração, que diz: "Volte, volte, não se arrisque, você vai morrer!"

– Erica Jong

Se a bravura é uma qualidade que desconhece o medo, nunca vi uma pessoa corajosa. Todos sentem medo. Quanto mais inteligentes são, mais medo sentem.

O ser corajoso é aquele que se obriga a seguir em frente, apesar do temor.

– George S. Patton, Jr.

O Visconde de Turenne, um grande general francês do século XVII, eraconhecido por marchar para a batalha à frente de suas tropas. Ao ser perguntado sobre isso, respondeu: "Eu me comporto como um homem corajoso, mas sinto medo o tempo todo. Não cedo ao medo, mas digo ao meu corpo: 'Trema, velha carcaça, mas caminhe!' E meu corpo me obedece."

– Edwin Kiester Jr. e Sally Valente Kiester

Precisamos constantemente construir diques de coragem para conter a inundação do medo.

– Martin Luther King

Reflexões

- Quais são os seus temores mais comuns? Em que sentido o exemplo de Luba Gercak pode ajudá-lo a superar esses medos?
- Pense numa situação atual que exige coragem. Visualize-se sendo corajoso nessa situação. Que palavras você se ouve dizendo ou que atitudes você se vê assumindo?
- Dissemos que coragem não significa ausência de medo, mas saber que há algo mais importante. O que é tão importante assim para você? Ou seja, em que batalhas você se dispõe corajosamente a lutar?

9
AUTOCONFIANÇA

Ninguém pode fazê-lo sentir-se inferior sem seu consentimento.
— ELEANOR ROOSEVELT

Uma das maiores fontes de oposição que enfrentamos ao procurar assumir o controle de nossa vida é simplesmente o nosso próprio eu. Na realidade, muitas pessoas travam guerras implacáveis e às vezes até brutais dentro delas mesmas, lutando incessantemente para se sentirem bem com o que são e com o que podem tornar-se. A única forma de derrotar o inimigo é desenvolvendo um sólido escudo de autoconfiança.

No início de sua carreira, a cantora de música country Reba McEntire travou enormes batalhas internas. Mudava de um estilo para outro, tentando ser uma pessoa diferente do que realmente era. Mas, como verão, a vida se transformou positivamente quando ela decidiu ser fiel ao seu próprio estilo.

UM ESTILO SÓ MEU
Reba McEntire, como relatado a Alanna Nash

Em 17 de setembro de 1977, eu me encontrava nos bastidores do Grand Ole Opry, o principal templo da música country em Nashville, pronta para cantar duas canções na minha primeira apresentação. Estava com 22 anos e sonhava ser uma estrela desde minha infância em Oklahoma. Por ter crescido na fazenda de gado de minha família, eu tinha competido em rodeios e cantado com meu irmão mais velho, Pake, e minha irmã menor, Susie.

Eu vestia uma saia de retalhos, uma camisa jeans e um lenço amarrado no pescoço. E, embora estivesse nervosa, me sentia pronta. Foi então que um homem se aproximou de mim e disse:

— Reba, vamos precisar encurtar a sua apresentação para somente uma única canção.

— Por quê? — perguntei.

— Porque a Dolly acabou de chegar de surpresa.

Meus joelhos tremeram.

— Dolly Parton está aqui? — perguntei.

Naquele exato momento ela passou por nós vestindo um lindo terninho preto com borboletas de pedras e o cabelo todo arrepiado. Estava exatamente como eu imaginava que uma estrela deveria estar. Depois disso, cantar ou não era irrelevante. Eu acabara de ver Dolly Parton em pessoa. Ela não era apenas a rainha de Nashville — era a minha heroína.

Dizem que a imitação é a principal forma de bajulação, e eu não tinha o menor pudor quando se tratava da Dolly. Eu a estudava. Tentava imitar seus trinados e a maneira como tocava a guitarra! Ela diversificara sua carreira entrando para o cinema e fazendo trabalhos para a televisão. Ao olhar para trás, vejo que era um modelo para mim.

Creio ser possível dizer que eu vivia e respirava Dolly Parton. Porém, mais cedo ou mais tarde, eu precisaria parar de copiá-la e aprender a ser Reba. Isso foi a coisa mais difícil.

Na escola tínhamos um conjunto que tocava música country e minha mãe sempre repetia:

— Reba, só existe uma Dolly Parton. Você precisa encontrar o seu próprio estilo de cantar. Tenho certeza de que Dolly seria a primeira a lhe dizer isso.

Minha mãe tinha razão. Se você ouvir meus primeiros discos, vai perceber o esforço que fiz para imitar Dolly. Foi preciso trabalhar bastante para encontrar meu próprio estilo. Eu a copiava até na maneira de me vestir. Como sempre a ouvia dizer que queria roupas que brilhassem, desejei roupas iguais. Até contratei seu estilista, Tony Chase, para criar meus vestidos totalmente cobertos por pedras e lantejoulas, bordados do pescoço aos pés. E sabe o que aconteceu? Não funcionou. Aquela não era eu. Como disse minha mãe, Dolly não usaria uma roupa em que ela não se sentisse confortável.

Levei algum tempo fazendo inúmeras tentativas e cometendo vários erros até descobrir o que me caía bem. Tive que fechar os ouvidos aos palpites dos outros para escutar o que eu mesma queria. E a melhor forma de saber isso foi perceber que eu fico inibida quando não me sinto à vontade, quando deixo de ser eu mesma. Em contrapartida, se visto roupas em que me sinto insolente e atrevida, a verdadeira Reba vem à tona. E então dou o melhor de mim.

Finalmente sei qual é meu estilo e do que gosto. E, imitando um pouco a Dolly — dessa vez assumidamente —, transformei meu estilo num negócio, uma linha de roupas chamada Reba.

Voltando a Dolly, a primeira vez que lhe telefonei, ela perguntou:

—Você é mesmo a Reba McEntire ou alguma louca que imagina ser a Reba McEntire?

— Sou a verdadeira Reba. Mesmo que tenha demorado um pouco, finalmente descobri quem sou. O que não impede que eu continue sendo a sua maior fã.

> Quando lhe perguntaram o que faria se seu status de superestrela de repente desaparecesse, Dolly Parton disse:
>
> — Eu sempre receberia aplauso e atenção onde quer que estivesse. Se fosse garçonete em um restaurante ou recepcionista em um hotel, seria logo promovida, pois trataria as pessoas da melhor maneira possível e me empenharia em fazê-las felizes. Tenho certeza de que, mesmo que tivesse de vir lá de baixo, eu logo me destacaria.
>
> Ela diz isso rindo, sem nenhuma arrogância, com a confiança e segurança de quem conhece os próprios talentos e sabe que irá investir neles. Da mesma forma, ao desenvolver um estilo próprio, aprender a confiar em si mesma e aceitar quem era, Reba pôde sair da sombra de Dolly e criar uma sólida autoconfiança.

Comentários sobre a Autoconfiança

Nem sempre são os outros que nos escravizam. Às vezes deixamos as circunstâncias nos escravizarem; às vezes deixamos a rotina nos escravizar; às vezes deixamos coisas nos escravizarem: às vezes, por não sabermos nos impor, nos escravizamos.

– Richard L. Evans

Aquele que consegue vencer os outros é forte, mas aquele que vence a si mesmo é muito poderoso.

– Lao-Tsé

Não deixe o que você não pode fazer interferir naquilo que você pode fazer.

– John Wooden

Raramente penso em minhas limitações, e elas nunca me deixam triste. Talvez haja apenas um sinal de compaixão às vezes; mas ele é leve como uma brisa entre as flores. O vento passa e as flores ficam contentes.

– Helen Keller

Confie em si mesmo.

– Ralph Waldo Emerson

Alguns têm mais temores do que outros, mas o receio de que todos precisamos nos proteger é o medo de nós mesmos.

– John McCain

Mesmo quando estava no orfanato, ou quando percorria as ruas tentando achar o que comer, eu me considerava o maior ator do mundo. Eu precisava sentir o entusiasmo que procede da total confiança em si mesmo. Sem ele, você caminha para a derrota.

– Charlie Chaplin

Entre todos os mentirosos do mundo, às vezes os piores são seus próprios temores.

– Rudyard Kipling

Reflexões

- Reba não tinha autoconfiança até desenvolver um estilo próprio. Você já desenvolveu seu próprio estilo?
- É fácil demais dar importância às nossas fraquezas ou usá-las para derrubar nossa autoestima. Você dá mais importância às suas fraquezas ou aos seus pontos fortes, a seus fracassos ou a seus sucessos?
- No início, o estilo de Reba era determinado por suas roupas. Mas aos poucos ela aprendeu que era mais seguro basear seu estilo naquilo que ela vestia por dentro — na sua personalidade. A confiança que você tem em si mesmo provém da sua aparência externa ou a sua autoconfiança e serenidade provêm do que você veste por dentro?

10
Disciplina

A vida exige toneladas de disciplina.
– Robert Frost

Assumir o controle da própria vida exige disciplina. Sim, toneladas dela. Mas a disciplina não é prontamente alcançada nem facilmente mantida. Ela requer força mental para superar hábitos nocivos e paixões infrutíferas. Ela necessita de firmeza para resistir aos apelos tentadores de assuntos secundários e sem importância. Sobretudo, ela exige uma implacável concentração naquilo que é realmente fundamental.

Joe Paterno é indiscutivelmente um dos mais talentosos treinadores no mundo dos esportes. A disciplina que exige de suas equipes dentro e fora dos estádios é bem conhecida. Talvez menos conhecida seja a disciplina que ele exige de si mesmo, como é revelado no livro *The Man Who Said No to $1 Million* [O homem que disse "não" a um milhão de dólares]. Enquanto estiver lendo, procure descobrir quais são os valores e sonhos que fariam você recusar uma oferta tão tentadora. Avalie se suas ações diárias refletem a disciplina necessária para manter-se fiel a seus ideais.

O homem que disse "não" a um milhão de dólares

Joe Paterno, com Bernard Asbell

Lembro-me do dia em que fui forçado a decidir quem sou. Eu tinha ficado acordado a noite inteira lutando com meu passado, tentando encontrar um sentido para o meu futuro. Foi em dezembro de 1972.

Eu era o treinador da equipe de futebol americano da Universidade Estadual da Pensilvânia havia quase sete anos, e me considerava satisfeito.

Então recebi um telefonema inesperado — uma oferta que me deixaria rico se eu deixasse a universidade que amava. O homem no telefone era Bill Sullivan, ex-presidente e principal dono do New England Patriots.

— Quero me encontrar com você para convidá-lo a vir treinar a minha equipe — ele disse.

Respondi que tinha recebido outras ofertas e que não estava muito interessado nas propostas. Foi então que ele me impactou com sua proposta — 1,3 milhão de dólares, mais copropriedade da franquia e um bônus de 100 mil dólares na assinatura do contrato.

Na Penn State, meu salário anual chegava a 35 mil dólares. O dinheiro sempre fora suficiente para sustentar minha família com conforto — mas a proposta de Sullivan me abalou. Por fim, anunciei à minha esposa:

— Preciso aceitar a oferta.

— Joe, o que você decidir estará bom para mim — Sue respondeu.

Telefonei para Sullivan e aceitei. Quando Sue e eu fomos para a cama aquela noite, eu disse:

— Bem, querida, esta noite você vai dormir com um milionário.

Acordei às duas da manhã e vi Sue sentada em sua cadeira de balanço amamentando nosso bebê. Ela não percebeu que eu estava acordado. Em nenhum momento dissera que não queria ir para Boston. Mas, agora, lágrimas desciam por seu rosto.

Permaneci deitado, pensando na vida que estaria deixando para trás. Vi a escola onde conheci minha esposa, a casa em que morava com nossos cinco filhos. Vi os alunos, a estátua de granito da nossa mascote — o Nittany Lion — e meus queridos e esforçados jogadores de futebol.

O que me tinha feito aceitar a proposta de Sullivan? Sim, Boston era uma ótima cidade. Aquele era um novo desafio. Porém, o que tinha mesmo me atraído... era o *dinheiro*.

De repente, eu soube o que precisava fazer, o que *queria* fazer.

Na manhã seguinte, assim que nos levantamos, eu disse a Sue:

— Você foi para a cama com um milionário, mas acordou comigo. Decidi não ir.

Ela sorriu silenciosa e mais tarde me contou que exclamou internamente: "Graças a Deus!"

A revelação que tive durante aquela noite foi que o futebol profissional jamais poderia significar para mim o que o futebol universitário significava. É claro que adoro vencer jogos, mas sei que há algo que conta mais do que a vitória ou a derrota. Eu vejo meus jogadores crescerem — em sua disciplina pessoal, em seu desenvolvimento educacional e como seres humanos. É uma recompensa cuja profundidade eu nunca encontraria no esporte profissional.

Muita coisa aconteceu desde daquela escolha de 1972.Muitos jogadores chegaram e partiram, muitos campeonatos foram vencidos... e perdidos. E, sem dúvida, os salários dos treinadores das universidades subiram muito. Porém, durante todo esse tempo, Joe Paterno permaneceu firme no leme dos Nittany Lions da Universidade da Pensilvânia, fazendo aquilo que mais ama — ajudar os jogadores a alcançar sucesso no jogo da vida. Ano após ano, seus jogadores apresentam uma das mais altas taxas de desempenho nos estudos entre atletas universitários. E, embora diversos alunos de Joe tenham ido para equipes de futebol profissional, um número muito maior alcançou sucesso em cargos executivos, em carreiras ligadas à educação e no serviço público. Eles atribuem a Joe e às lições de vida que ele lhes ensinou um bom crédito por suas realizações. Tudo isso é consequência de um extraordinário investimento em disciplina para atingir um objetivo. Joe e Sue foram um exemplo vivo no silêncio daquela noite enluarada e em suas rotinas diárias nos anos seguintes. É muito mais fácil dizer NÃO a apelos tentadores ou a escolhas menos significativas quando temos um SIM intenso brilhando dentro de nós.

Comentários sobre a Disciplina

Algumas pessoas veem a disciplina como uma tarefa. Para mim, ela é um tipo de ordem que me deixa livre para voar.

– Julie Andrews

Nenhum vapor ou gás consegue mover alguma coisa até estar confinado.

Nenhuma queda-d'água se transforma em luz e energia até ser canalizada.

E nenhuma vida cresce até estar concentrada, dedicada e disciplinada.

– Harry Emerson Fosdick

Aquele que vive sem disciplina morre sem dignidade.

– Provérbio islandês

O autorrespeito é fruto da disciplina: o senso de dignidade cresce com a capacidade de dizer não a si mesmo.

– Abraham Joshua Heschel

Sir Rabindranath Tagore, vencedor do Prêmio Nobel de Poesia, uma vez disse: "Tenho em cima da minha mesa uma corda de violino. Ela está livre. Eu torço uma de suas extremidades e ela responde. Ela está livre. Mas não está livre para fazer o que uma corda de violino deve fazer: produzir música. Por isso, eu a pego, prendo-a no meu violino e a aperto até ela ficar esticada. Só então ela estará livre para ser uma corda de violino." Da mesma forma, estamos livres quando nossas vidas estão comprometidas com aquilo que estamos destinados a ser. A verdadeira liberdade não consiste em libertar-se de, mas libertar-se para.

– Robert W. Youngs

Nenhum homem é livre se não for dono de si mesmo.

– Epiteto

Assim que o jantar foi servido, a mulher sentada ao meu lado no avião despejou sal e pimenta sobre a sobremesa — uma maravilhosa fatia de torta de chocolate. Um tanto desconcertada, a aeromoça lhe explicou que não era preciso fazer aquilo. "Ah, é sim", a mulher respondeu, sorrindo. "Isso me impedirá de comê-la."

– Jackie Trotta

A arte de viver consiste em saber qual é o impulso que devemos obedecer e qual somos forçados a obedecer.

– Sydney J. Harris

Maturidade significa agir de acordo com sua idade em vez de agir segundo seu impulso.

– Frank Tyger

Na minha infância, eu frequentemente começava uma tarefa cheio de entusiasmo, mas logo ficava desanimado. Um belo dia de verão, meu pai me mostrou uma experiência com uma lente de aumento e um jornal. Enquanto ele movia a lente de um lado para o outro sobre o jornal, nada acontecia.Mas quando a mantinha imóvel sobre um determinado lugar, direcionando os raios de sol, um buraco logo aparecia.

Fiquei fascinado, mas não entendi o significado do procedimento. Meu pai me explicou que o mesmo princípio se aplicava a tudo que fazemos: para que nossas vidas sejam um sucesso, precisamos aprender a concentrar todos os nossos esforços naquilo que estamos fazendo até concluir a tarefa.

— John Louis Feliciello

REFLEXÕES

- Joe Paterno tinha seus pensamentos concentrados em uma coisa que, para ele, significava mais do que um milhão de dólares. Quais são as metas e valores que você considera tão importantes que não deixaria escapar — mesmo que lhe oferecessem um milhão de razões tentadoras?
- As lágrimas de Sue no silêncio da noite fizeram com que Joe refletisse e reconsiderasse. Há, perto de você, uma pessoa que de tempos em tempos o ajuda a lembrar o que é mais importante? Você compartilha seus sentimentos ou confia bastante nela? Você é esse tipo de amigo e confidente para outros?
- Ao revermos esta seção do livro, percebemos que Betty Ford, Don Schoendorfer, Luba Gercak, Reba McEntire e Joe Paterno encheram suas vidas de significado ao *assumirem o controle* de suas escolhas diárias, com todas as suas consequências. Se também quisermos encher nossa vida de significado, precisamos nos dispor a assumir o controle de nossos dias e destinos. Isso exige várias atitudes: ser responsáveis por nossas ações ou omissões em vez de arranjar desculpas ou culpar os outros; demonstrar iniciativa ao criar nossas circunstâncias; exibir coragem e autoconfiança ao enfrentar desafios, tanto grandes quanto pequenos; e exercer disciplina mantendo-nos fiéis ao rumo desejado. Portanto, o que você está fazendo com a sua vida? Você está assumindo o controle dela ou é a vida que está lhe controlando?

Começar de dentro

Até você aceitar quem é, nunca ficará satisfeito com o que tem.
– Doris Mortman

Uma das maiores lições da vida é que, para alcançar sucesso no mundo que nos cerca — nossa comunidade, local de trabalho, a casa em que moramos e assim por diante —, precisamos antes de tudo ser bem-sucedidos dentro de nós mesmos. Porque o elemento mais importante que colocamos em qualquer objetivo ou relacionamento significativo não é o que dizemos, fazemos ou temos, mas quem nós somos.

Os princípios que reforçam nossa capacidade de desenvolvimento interior são:

- Integridade
- Honestidade
- Humildade
- Gratidão
- Felicidade

11
INTEGRIDADE

Ser verdadeiramente íntegro é fazer a coisa certa,
tendo consciência de que ninguém irá saber
se você a fez ou não.
– OPRAH WINFREY

A integridade é o denominador comum que sustenta todos os outros princípios da grandeza de cada dia. Por exemplo, uma pessoa muito corajosa mas que não é íntegra passa a ser temida e evitada. Ou uma pessoa que faz doações de caridade mas é conhecida por ser antiética acaba sendo tachada de manipuladora, egoísta e é olhada com desconfiança. Portanto, sem a integridade, o poder de todos os outros princípios diminui consideravelmente.

Pessoas íntegras são aquelas cujas palavras correspondem às ações e cujos comportamentos refletem seus valores. Pode-se acreditar plenamente no caráter dessas pessoas. Elas honram seus compromissos. Elas são confiáveis. Elas são conhecidas por fazerem aquilo que é certo, pelas razões certas, nas horas certas. A jovem da história que vamos contar era tão íntegra e sentia tanto amor por seus irmãos que estava disposta a oferecer sua vida, caso fosse necessário, para fazer o que acreditava ser correto.

A MENINA CONTRA UMA NEVASCA
Helen Rezatto

A manhã de 15 de março estava agradável e ensolarada no momento em que William Miner, um fazendeiro que vivia perto de Center, na Dakota do Norte, concluía suas tarefas. Havia ocorrido um degelo e a neve nos campos estava irregular.

— A neve deverá ter desaparecido até a noite — ele disse com otimismo para sua esposa, ao entrar em casa ao meio-dia. Depois de um almoço tranquilo, olhou pela janela da cozinha e exclamou: — Meu Deus!

A noroeste, uma nuvem negra surgira no horizonte e se espalhava sobre o céu. Blanche Miner falou com o seguro instinto de uma fazendeira:

— Uma tempestade de primavera!

Eles observaram o avanço da massa monstruosa. De repente, William disse:

— Recolha os animais. Vou até a escola pegar as crianças. Não estou gostando da aparência daquilo.

Encilhou Kit, seu melhor cavalo, e começou a percorrer a lamacenta estrada que levava à escola, a quatro quilômetros de distância. Naquele momento, a aparição já tinha crescido e se espalhado, encobrindo o sol. De repente, uma avalanche de neve ofuscante e de vento atingiu cavalo e cavaleiro. Miner lutou para chegar ao estábulo da escola, amarrou Kit junto a outros cavalos irrequietos e correu para o prédio principal.

A professora e os alunos tinham observado a aproximação da nevasca, mas permaneciam concentrados em suas lições. Embora muitas crianças tivessem seus próprios cavalos e trenós no estábulo da escola, a norma adotada em caso de nevasca era que nenhum aluno saísse a não ser que fosse chamado por seu pai ou sua mãe.

— Oi, papai! — exclamou a jovem de quinze anos, Hazel Miner. Virou-se para seu irmão Emmet, de onze anos, e sua irmã Myrdith, de oito, e disse: — Acho que alguém não confia em nós para levar a velha Maude para casa!

Seu pai deu um breve sorriso.

— Rápido! Peguem seus casacos e vamos embora.

Hazel abaixou-se para amarrar as botas de neve de sua irmã enquanto dizia a Emmet:

— Não se esqueça do seu livro de história.

Hazel era muito confiável, o pai pensou. Ela sempre superava em muito as suas expectativas.

Ele carregou Myrdith para o trenó caseiro com sua cobertura de lona, instalou as duas crianças na palha que forrava o fundo e cobriu-as com dois cobertores e um velho manto de pele. A seguir, Hazel ocupou o assento do motorista enquanto seu pai atrelava Maude ao trenó. Lutando contra o forte vento, ele gritou para Hazel:

— Fique exatamente aqui! Vou pegar Kit e ir na frente, abrindo caminho.

Maude estava virada para o portão norte, o que ficava na direção da casa. Ela sempre fora um animal calmo e dócil, mas naquele momento uma trovoada a assustou; virando-se, ela saiu em disparada pelo portão sul. Hazel se desequilibrou e, mal conseguindo ver através do turbilhão de neve, não percebeu logo que Maude estava indo na direção errada. Por isso gritou para os irmãos:

— Não se preocupem, chegaremos em casa antes de papai e Kit! Maude conhece o caminho.

Hazel não podia fazer nada para controlar a égua, porque as rédeas tinham caído debaixo dos tirantes. Finalmente, Maude diminuiu a velocidade, passou a andar e finalmente parou ofegante. Emmet perguntou:

— Estamos em casa? Ganhamos do papai?

Hazel pulou na neve. A atordoante escuridão a impedia de ver se estavam numa estrada ou num campo. Tudo tinha se tornado um mar revolto que ameaçava engoli-los. Com a respiração ofegante, ela engatinhou e subiu de volta para o assento do motorista onde se encontravam as rédeas.

— Não, não chegamos ainda, mas acho que estamos perto. Agora que a Maude se acalmou, ela saberá o caminho.

Maude começou a caminhar penosamente pela crescente escuridão. Sem ver, entrou num buraco cheio da água proveniente dos degelos da primavera e entupido de gelo e neve recém-caídos. Um dos tirantes se soltou, e Hazel desceu na lama congelada, enfiou as mãos na água e, tateando, procurou o tirante e o amarrou de volta. Quando finalmente conseguiu puxar Maude, estava encharcada até a cintura e suas roupas se tornaram uma pesada armadura.

Então, bem perto, Hazel viu o topo da estaca de uma cerca surgindo através da neve. Cavou até localizar o arame farpado da cerca, acreditando que tinham chegado à segurança de uma fazenda.

Emmet desceu para ver o que a irmã estava fazendo e juntos quebraram a máscara transparente que tinha se formado sobre a cara da Maude. Agarraram o freio da égua para mantê-la junto à linha da cerca, mas um enorme monte de neve obstruía o caminho, obrigando-os a se desviar do curso.

Freneticamente tentando voltar, Emmet e Hazel cavaram a cerca em busca de arame ou de outra estaca para guiá-los, mas não conseguiram encontrar nenhum dos dois. (O portão enterrado no enorme monte de neve era a entrada de uma fazenda distante apenas sessenta metros.)

Quase sufocados pela força do vento e da neve, os dois voltaram para o trenó. Obstinadamente, Maude continuou, até o trenó virar de lado sobre um obstáculo escondido, arremessando as crianças contra o teto de lona.

Mais uma vez Hazel e Emmet saíram do trenó. Às cegas, tentaram empurrá-lo, erguê-lo e puxá-lo, mas, emperrado na neve, o trenó estava pesado demais para que pudessem movê-lo.

Na escuridão uivante, Hazel percebeu que precisava pensar — a responsabilidade era dela, a mais velha. De repente, teve uma ideia:

— Vejam — ela disse —, estamos numa pequena caverna. Vamos deixá-la agradável e aconchegante.

De fato, a posição do trenó transformava-o numa espécie de barraca afunilada. Na escuridão,Hazel encontrou os cobertores e a manta. Apesar de estar com as mãos enrijecidas, colocou dois cobertores no "chão" de lona. Seguindo suas instruções, Emmet e Myrdith se deitaram abraçados. O vento uivava através da abertura norte e Hazel tentou improvisar uma cortina com a manta de pele. Depois de várias tentativas, conseguiu enrolar a manta em volta dos irmãos.

O vento infernal rasgou em tiras o teto de lona. Só havia uma maneira de manter as tiras no lugar — jogar-se por cima delas. Agora, com exceção de alguns pedaços de pano voando pela estrutura de madeira, não havia nada entre as três crianças e a nevasca.

A neve caía incessantemente. Três pontos humanos permaneciam imóveis, suas mentes e seus corpos entorpecidos, paralisados por forças aterrorizantes e avassaladoras. Hazel despertou.

— Emmet! Myrdith! — gritou. — Vocês não podem fechar os olhos. Batam um no outro! Vou contar até cem. Mexam suas pernas para cima e para baixo como se estivessem correndo. Comecem! Um, dois, três... — Ela podia sentir os pequenos membros dos irmãos se movendo embaixo dela. Tentou mexer as próprias pernas, sem saber ao certo se estava conseguindo.

— Estou cansada. Podemos parar? — implorou a voz abafada da Myrdith.

— Não! — foi a dura resposta. — Ainda estamos no 71. — A seguir, Hazel ordenou: — Abram e fechem os dedos cem vezes dentro de suas luvas.

Emmet botou a cabeça para fora da manta.

— Venha, Hazel, entre aqui. Vamos nos espremer para abrir lugar.

Ela respondeu:

— Não, não posso. O vento está levando tudo. Preciso segurar as coisas. Além disso, não estou com muito frio. Vamos cantar *America the Beautiful* como nos exercícios da escola desta manhã.

De sob a manta vieram as vozes fracas e infantis e as palavras que tinham cantado naquela mesma manhã — pareciam séculos. Cantaram todos os quatro versos, em seguida todas as orações que conheciam.

Durante a infinita noite, Hazel os dirigiu — com exercícios, histórias, canções e orações. Diversas vezes ela se sentou na neve que não parava de cair e obrigou seus dedos quase paralisados a quebrar as crostas que se formavam em volta das pernas de Myrdith e Emmet. Repetia seguidamente:

— Lembrem-se, vocês não podem dormir, mesmo que eu durma. Prometam que vocês não vão dormir, mesmo que estejam com muito sono. *Um precisa manter o outro acordado!* Prometem? — Elas prometeram.

Mais de uma vez Myrdith perguntou:

— Por que papai não nos acha?

Quando William Miner descobriu que seus filhos tinham desaparecido do pátio da escola, voltou imediatamente para casa, lutando para contornar os montes de neve que se formavam com incrível velocidade. Sua esposa o recebeu à porta. Os dois se olharam aflitos. Imediatamente, ele deu o alarme através das linhas rurais. Quase quarenta homens, arriscando suas vidas, logo se moviam lenta e persistentemente pelos campos e pelas estradas que ficavam entre a fazenda de Miner e a escola. Mas não encontraram nada.

O vento atingiu cem quilômetros por hora, a temperatura caiu para zero, o cinza se tornou negro e a neve continuava caindo alucinadamente. Os homens tiveram de desistir e esperar até o amanhecer.

Na manhã seguinte, um grupo de homens falou sobre a existência de sulcos feitos por um pequeno trenó e um cavalo que iam em direção sul a partir do portão da escola. Rapidamente, a busca foi reorganizada. Homens com cavalos e trenós, homens a cavalo e homens a pé se espalharam por um raio de um quilômetro. Para a frente e para trás, eles se obrigavam a vasculhar a terra encoberta.

Às duas da tarde da terça-feira, 25 horas após o desaparecimento das crianças da família Miner, os homens viram alguma coisa num pasto distante três quilômetros da escola. Era um trenó virado. Junto a ele, como uma sentinela, um cavalo fantasmagórico permanecia imóvel, porém ainda vivo. Havia um volumoso monte de neve sob o arco de ripas da armação descoberta.

Lá estava o corpo enrijecido de uma menina deitada de bruços com seu casaco totalmente desabotoado. Seus braços estavam estendidos sobre os irmãos, abrigando-os e abraçando-os na morte como fizera durante a vida.

Delicadamente, os homens a ergueram e, a seguir, lentamente removeram a manta enrolada e as tiras de lona que ela tinha segurado com o corpo. Embaixo estavam Myrdith e Emmet, entorpecidos e parcialmente congelados, porém vivos. Eles tinham prometido não cair no fatídico sono do qual Hazel sabia que talvez nunca acordassem.

Atualmente, na sede do fórum da cidade de Center, estas palavras estão esculpidas num monumento de granito que se ergue, como um desafio, acima das planícies:

Em
memória de
Hazel Miner.
11 de abril de 1904
16 de março de 1920
Para a morta, um tributo.
Para os vivos, uma memória.
Para a posteridade, uma inspiração.
A história de sua vida e de sua trágica
morte está guardada nos arquivos do
condado de Oliver.
Forasteiro, leia-o.

A palavra *integridade* significa, basicamente, "integrado em torno de princípios". Ela implica totalidade, unidade e continuidade. Exprime uma escolha diária, uma maneira de viver dia após dia. Os pensamentos e as ações de Hazel eram continuamente integrados com seus princípios. Dedicada à proteção de seus irmãos menores, nunca teve qualquer dúvida sobre o que fazer naquelas condições extremas. Seu heroísmo nos faz refletir sobre como agiríamos para manter nossa integridade e não nos desviarmos dos valores que abraçamos.

Comentários sobre a Integridade

Na matemática, um inteiro é um número que não está dividido em frações. Da mesma maneira, uma pessoa íntegra não fica dividida contra si mesma. Ela não pensa uma coisa e diz outra — por conseguinte, não entra em conflito com seus próprios princípios.

– Arthur Gordon

Não pode haver felicidade se as coisas em que acreditamos diferem das coisas que fazemos.

– Freya Stark

Certifique-se de colocar os pés no lugar certo e então permanecer firme.

– Abraham Lincoln

Integridade significa fazer o que se faz porque é correto, e não por ser um mero modismo ou politicamente correto. Uma vida de princípios, que não sucumbe às sedutoras tentações de uma fácil moralidade, sempre prevalecerá.

– Denis Waltley

O caminho para obter uma boa reputação é procurar ser o que você deseja aparentar.

– Sócrates

Não existe travesseiro mais macio do que uma consciência tranquila.

– Provérbio francês

Nunca "em nome da paz e da tranquilidade" negue sua experiência ou suas próprias convicções.

– Dag HammarSkjöld

Mede-se um ser humano não por suas posições em momentos de conforto e conveniência, mas pela forma como ele se posiciona em tempos de desafios e de controvérsias.

– Martin Luther King, Jr.

O único tirano que aceito nesse mundo é a "pequena e serena voz" dentro de mim.

– Mahatma Gandhi

Há alguns anos, na área rural do sul da Califórnia, uma mãe mexicana morreu deixando uma família de oito crianças. A menina mais velha, que ainda não tinha completado dezessete anos, era minúscula. Sobre seus frágeis ombros foi depositado o pesado fardo de cuidar dos irmãos. Assumindo a tarefa com coragem, ela manteve as crianças limpas, bem alimentadas e na escola.

Um dia, ao ser cumprimentada por sua façanha, ela respondeu:

— Não posso receber elogios por ter cumprido a minha obrigação.

— Mas, minha querida, você não precisa. Você poderia se livrar disso.

Ela parou por um momento e respondeu:

— Sim, isso é verdade. Mas o que é que eu faria com o *precisa* que está dentro de mim?

– VERNA RALLINGS

Saber o que é correto e não fazê-lo é a pior covardia.

– CONFÚCIO

REFLEXÕES

- A jovem Hazel se entregou por completo ao que considerava certo. Até que ponto você se dispõe a agir em defesa de seus valores?
- A integridade ocorre quando os atos de um indivíduo correspondem às suas palavras, quando suas ações correspondem a seus valores. Ou seja, quando ele se comporta de acordo com sua crença. Até que ponto a sua integridade está de acordo com esses padrões?
- As pessoas íntegras honram compromissos. Elas fazem aquilo que dizem que irão fazer. Elas são confiáveis. Você é uma pessoa que cumpre suas promessas? Você é uma pessoa em quem se pode confiar?

12
Honestidade

O valor perfeito é fazer sem testemunhas o que se faria diante de todo mundo.

— La Rochefoucauld

Quando se pergunta às pessoas quais são os traços que elas mais desejam encontrar num líder ou num amigo, a honestidade é geralmente a resposta mais comum. Ser honesto significa ser sincero. Ser direto, transparente. A honestidade é certamente o principal ingrediente para a construção da confiança. É um tipo de adesivo que mantém unido qualquer relacionamento. Quando uma pessoa é desonesta uma vez, as outras nunca mais a verão com os mesmos olhos.

Embora numerosos relatos sobre a honestidade ocorram em ambientes públicos, à vista de todos, creio que os exemplos mais significativos aconteçam na quietude de um momento de privacidade — quando ninguém está olhando. Esse é o caso encontrado em uma única chance, onde os vínculos de confiança entre pai e filho se fundem de um modo que o filho jamais esquecerá.

Uma única chance

James P. Lenfesty

Ele tinha onze anos e, sempre que podia, ia pescar no cais da cabana da sua família, numa ilha no meio de um lago de New Hampshire.

Na véspera da abertura da temporada de pesca da perca, o menino e seu pai foram até o lago no início da noite e pescaram vários outros tipos de peixes usando minhocas como isca. A seguir, ele amarrou uma pequena isca prateada e praticou arremesso de linha. A isca bateu na água e produziu coloridas ondulações ao pôr do sol e, mais tarde, ondulações prateadas quando a lua se ergueu sobre o lago.

Quando sua vara envergou, ele soube que algo enorme estava na outra extremidade. O pai observou com admiração enquanto o menino habilmente puxava o peixe ao longo do cais. Por fim, ele puxou o exausto peixe para fora da água com todo o cuidado. Era o maior que ele já vira, mas era uma perca.

O menino e seu pai olharam para o belo peixe com as guelras se mexendo para a frente e para trás à luz da lua. O pai acendeu um fósforo e consultou o relógio. Eram dez da noite — duas horas antes da abertura da temporada. Ele olhou para o peixe e, a seguir, para o menino.

— Você terá que jogá-lo de volta na água, filho — o pai disse.

— Papai! — exclamou o menino.

— Haverá outros peixes — o pai voltou a falar.

— Não tão grande quanto este — argumentou o menino.

Os dois olharam em torno. Não havia outros pescadores nem barcos por perto naquela noite enluarada. O filho voltou a olhar para o pai. Embora ninguém os tivesse visto, nem pudesse saber a que horas ele tinha pescado o peixe, o menino podia perceber, pela firmeza da voz de seu pai, que a decisão não era negociável. Então, soltou lentamente o anzol da boca da enorme perca e a devolveu para a água escura.

O peixe sacudiu seu forte corpo e desapareceu. O menino suspeitava que jamais veria outro tão grande em sua vida.

Isso aconteceu há 34 anos. A cabana ainda está na ilha no meio do lago, e hoje o menino é um bem-sucedido arquiteto em Nova York. Agora é ele quem leva os filhos para pescar no mesmo cais.

Ele estava certo. Nunca mais pescou um peixe tão magnífico quanto aquele. Mas o peixe aparece em sua mente repetidamente todas as vezes que enfrenta uma questão de ética.

Porque, como seu pai lhe ensinou, a ética é uma simples questão de certo ou errado. O difícil é a prática da ética. Não fazemos o que é correto quando ninguém está olhando? Passamos na frente dos outros usando artifícios? Subornamos o guarda de trânsito para evitar uma multa? Usamos informações confidenciais para nos beneficiar na compra de ações?

Não faríamos nada disso se tivéssemos aprendido a colocar o peixe de volta na água quando éramos jovens. Porque teríamos aprendido o valor da verdade. E contaríamos essa história a nossos amigos e netos com alegria e orgulho, sabendo que crescemos e nos fortalecemos a cada ato como esse.

> Ninguém teria sabido do peixe se pai e filho tivessem concordado em ficar com ele ou simplesmente tivessem mentido sobre a hora em que o pescaram. Provavelmente ninguém teria se importado com a hora se o feito tivesse se tornado público. Portanto, naquela noite, as únicas verdadeiras pressões que governaram a decisão do pai e do filho eram internas. Pressões vindas da fidelidade aos próprios valores e da confiança que um depositava no outro. Eles escolheram o caminho mais nobre da honestidade, convictos de que ela é a verdadeira fonte de segurança pessoal e de tranquilidade emocional.

Comentários sobre a Honestidade

Um dia, quando tinha cerca de cinco anos, contei uma mentira para meu avô. Não era uma mentira escabrosa. Vovô pediu a nosso jardineiro que trouxesse uma escada comprida e a colocasse apoiada na frente do telhado. Quando a escada estava firmemente apoiada, ele disse para o jardineiro:

— Nosso menino começou a pular dos telhados das casas. A escada é para ele usar quando estiver com vontade.

Eu soube imediatamente o que aquilo significava, porque um dos provérbios na nossa região era: "Mentir equivale a pular do telhado de uma casa."

E refleti em silêncio. Era vergonhoso ter a escada diante da porta da frente. Comecei a temer que ela ficaria ali para sempre se eu não fizesse alguma coisa. Encontrei meu avô lendo um livro, aproximei-me silenciosamente e enterrei meu rosto no seu colo.

— Vovô — eu disse —, não precisamos mais da escada. — Ele pareceu ficar muito feliz. Em seguida, chamou o jardineiro e disse:

— Leve a escada embora imediatamente. Nosso menino não pula mais dos telhados.

Nunca me esquecerei daquele momento.

– Li Yung Ku

Uma meia-verdade é uma total mentira.

– Provérbio ídiche

Há quase dois séculos, a família do Velho Ben era muito respeitada por construir bons muros. O Velho Ben era o último da linhagem. Tínhamos cavado uma vala larga e profunda para que as grandes pedras da fundação ficassem abaixo da linha de congelamento do solo. Lentamente, o muro foi subindo. O velho era muito específico sobre o lugar de cada pedra e cada encaixe. Para um jovem impaciente, o velho artesão era excessivamente lento. A ideia de encaixar pedras abaixo da superfície do solo parecia especialmente enfadonha.

— Quem irá saber se estão encaixadas ou não? — foi a pergunta do menino.

A surpresa do velho foi genuína. Olhando o menino por cima das lentes de seus óculos, respondeu:

— Ora, eu saberei... e você saberá também.

– Haydn Pearson

Em um campeonato de tênis na cidade de Nova York em 1982, os famosos tenistas profissionais Vitas Gerulaitis e Eliot Teltscher se enfrentaram nas semifinais. Eles dividiram os dois primeiros sets. No oitavo game do decisivo terceiro set, Gerulaitis conseguiu chegar ao *match point*. Após uma de suas vigorosas rebatidas, Gerulaitis bateu uma bola que tocou o topo da rede e tombou para o que parecia ser o ponto da vitória. Mas Teltscher veio correndo até a rede, mergulhou em direção à bola e milagrosamente conseguiu atirá-la por cima da cabeça de Gerulaitis. Surpreso, Gerulaitis recuou tardiamente e rebateu mal a bola. A multidão enlouqueceu. Tudo indicava que Teltscher tinha sobrevivido ao *match point*. Quando os aplausos cessaram, Teltscher informou que no arremesso para a última jogada ele tinha tocado na rede — uma violação. O fato de o juiz não ter visto ou de muito dinheiro estar em jogo era irrelevante. Para Teltscher, nada disso mudava as regras do jogo ou o código de ética em que acreditava. Ele cumprimentou Gerulaitis, acenou para a multidão e saiu da quadra — um vencedor na derrota.

– LAURENCE SHAMES

A honestidade é abandonada tanto pelo roubo de dez centavos quanto pelo de um dólar.

– LEONARD E. READ

Aprendemos razoavelmente tarde na vida a admitir que não sabemos aquilo que não sabemos e que não lemos os livros que não lemos. Mas, quando decidimos admitir isso, sentimos um imenso alívio!

– ANDRÉ MAUROIS

REFLEXÕES

- O pai e o filho sentiram uma satisfação interna mais profunda do que qualquer troféu poderia proporcionar. Como a sua honestidade se posicionaria em tal situação, quando ninguém mais pudesse conhecer a verdade?
- Os pescadores são frequentemente acusados de exagerar o tamanho dos peixes que pescam, especialmente quando descrevem aquele que "escapou". E você? Você enfeita suas histórias? Você procura ser cem por cento honesto com os outros?
- Alguns dos mais tristes relatos de desonestidade ocorrem quando as pessoas não são honestas com elas mesmas. Elas procuram se enganar buscando acreditar que o que estão fazendo é correto e fiel a seus valores. Mas, lá no fundo, sabem que estão mentindo. Até que ponto você é honesto consigo mesmo?

13
Humildade

Homens e mulheres verdadeiramente excepcionais não são nunca amedrontadores. A humildade deles deixa os outros à vontade.
– Elizabeth Goudge

É fundamental ter autoconfiança e autoestima. No entanto, há um ponto em que esses traços de personalidade deixam de ser virtudes. É quando uma pessoa se sente mais importante do que as outras ou acima de quaisquer críticas. É aquela que sabe tudo e sente uma constante necessidade de se vangloriar. Em resumo, é o ponto em que as pessoas deixam de ser humildes.

Sempre fico intrigado quando peço às plateias para identificar um grande líder, pois quase inevitavelmente o nome de Abraham Lincoln é um dos primeiros a serem mencionados. Por quê? Além de ser conhecido como Honest Abe [Honesto Abe], um outro motivo para que o escolham com tanta frequência é que ele poderia muito bem ser chamado de Humble Abe [Humilde Abe].

A primeira grande remuneração de Abe Lincoln

Mitchell Wilson

Uma certa tarde em 1855, um bem-vestido advogado da Filadélfia chegou à cidade de Springfield, em Illinois, e indagou como poderia chegar à casa do senhor Lincoln. Foi encontrá-lo em uma casa de madeira simples.

Um homem desajeitado, vestindo uma camisa de manga curta e parecendo inacreditavelmente alto, abriu a porta. Suas pernas e braços eram surpreendentemente longos; os ombros, estreitos e curvados, e os pés e as mãos, extraordinariamente grandes. Os ásperos cabelos pretos pareciam nunca ter visto um pente. O único traço que impressionou o visitante foram os olhos: fundos, tristes e sábios.

O advogado da Filadélfia disse:

— Meu nome é P. H. Watson. Sou consultor de um grupo de fabricantes que estabeleceu um fundo conjunto para ajudar um homem que você talvez conheça: J. H. Manny, de Rockford, Illinois.

A expressão de Lincoln demonstrou seu interesse:

— O caso McCormick-Manny? — perguntou. Watson balançou a cabeça afirmativamente.

O caso McCormick-Manny era uma das mais importantes batalhas legais da época. Ao verem o enorme sucesso de Cyrus McCormick, muitas fábricas pequenas começaram a fabricar colheitadeiras, porém nenhuma delas estava pagando royalties a McCormick; todas argumentavam que suas máquinas eram diferentes das dele. McCormick tinha contratado os mais renomados advogados do país e estava processando o mais forte concorrente: J. H. Manny & Son.

Os outros fabricantes perceberam que ficariam arruinados se Manny perdesse seu negócio, e Watson aconselhou seus clientes:

— O caso estará sendo apresentado para ser julgado perante o juiz Drummond no Distrito Norte de Illinois, provavelmente em Springfield. Seria aconselhável obter apoio popular para vocês. Escolham um homem local que seja um bom amigo do juiz.

Era por isso que Watson estava sentado naquela casa em Springfield conversando com o advogado alto e provinciano. Ele deu a Lincoln seu mais convincente argumento: um adiantamento de quinhentos dólares e a promessa da maior remuneração que Lincoln jamais recebera. Lincoln nunca tratara de um caso que envolvesse mais do que algumas centenas de dólares, e naquela época seu nome era desconhecido fora de seu município.

Havia, no entanto, alguns fatos sobre o caso que Watson não contou a Lincoln.

Quando Watson foi embora, Lincoln permaneceu sentado, estupefato. Tinha 46 anos, estava muito endividado e atormentado por uma sensação de fracasso. Agora, repentinamente, surgia uma oportunidade de conquistar fama nacional como advogado.

Ele não sabia nada sobre a lei de patentes ou sobre a mecânica das colheitadeiras, mas obstinadamente foi aprender tudo de que precisava saber. Mesmo assim continuava preocupado: na sala do tribunal ele precisaria equiparar sua argúcia à dos cultos advogados da costa leste que tinham a experiência e a cultura que ele não possuía.

Durante esse período de intensa preparação, Lincoln recebeu apenas algumas poucas cartas em que Watson lhe dava carta branca, o que aumentou sua confiança. Um dia ele foi informado de que o julgamento estava sendo transferido, com o consentimento de ambas as partes, de Springfield para Cincinnati, e seria presidido por um juiz que ele não conhecia. Lincoln achou que deveria ter sido consultado sobre isso, mas sacudiu os ombros e disse a si mesmo que Watson o estava poupando de todos os detalhes.

Por isso foi para Cincinnati conhecer seus clientes, certo de que eles respeitavam sua capacidade e contavam com ele. Em seu bolso estava o resumo ao qual tinha se dedicado com tanto afinco e do qual seu futuro dependia.

Lincoln se vestira com esmero para a ocasião e se movia com dignidade. No entanto, seus colegas da costa leste o viam como um matuto desajeitado, usando roupas ordinárias e mal cortadas. As calças ficavam acima dos tornozelos, e o guarda-pó tinha manchas de suor.

Sua decepção começou quando ele descobriu que um outro advogado, Edwin M. Stanton, tinha sido escolhido desde o início para defender o caso. Levado por Manny ao quarto de hotel onde estava Stanton, Lincoln parou em frente da porta aberta e ficou esperando. Stanton, baixo e truculento, olhou-o e disse em voz alta:

— O que ele está fazendo aqui? Livre-se dele. Não quero estar associado a um gorila desajeitado como esse! Se não puder ter comigo um homem com excelente aparência, abandonarei o caso.

Lincoln permaneceu em silêncio. O insulto fora intencional, mas ele decidiu fingir que não tinha ouvido. Mantendo a cabeça erguida apesar da humilhação, desceu e foi apresentado a George Harding, um outro advogado envolvido no caso. A seguir, todos os integrantes do grupo se dirigiram para o Palácio de Justiça.

Lá, os advogados de ambos os lados se cumprimentaram, demonstrando que já tinham se encontrado antes. Mas Lincoln não foi apresentado a nenhum deles e permaneceu sozinho junto à mesa do réu, numa situação desconfortável.

O costume era haver apenas duas apresentações feitas por cada lado. Pelo que ouviu falar durante o caminho, Lincoln ficara sabendo que tinha sido contratado alguns dias antes de Stanton ser trazido para o caso. Por isso, assumiu que tinha prioridade e que faria a apresentação.

O advogado de McCormick, Reverdy Johnson, levantou-se e disse delicadamente:

— Estamos vendo que os réus estão sendo representados por três advogados. Nós aceitamos que todos sejam ouvidos, mas pedimos que meu companheiro Edward Dickerson receba permissão para falar duas vezes, se assim o desejarmos.

Lincoln viu Stanton e Harding trocarem olhares como se tivessem algum tipo de acordo. Naquele momento sentiu-se um intruso.

— Não queremos nenhum favor de nossos oponentes. Só pretendemos fazer duas apresentações no nosso lado. Não pensaríamos em violar o hábito da corte — Stanton disse.

Ao ouvir isso, Lincoln franziu a testa. Nesse caso, o que era esperado dele? Disse calmamente:

— Estou com meu resumo preparado.

Stanton olhou-o e sacudiu os ombros em sinal de desprezo.

— Bem, obviamente o senhor tem direito de ser o primeiro — disse.

Lincoln, com instintiva cortesia, respondeu:

— Talvez o senhor Stanton preferisse falar no meu lugar.

Stanton aceitou imediatamente a oferta de Lincoln como se o estivesse excluindo do caso. Harding permaneceu em silêncio. Percebendo que não havia nada mais a fazer, exceto recuar, Lincoln se levantou e silenciosamente deixou a sala do tribunal.

Permaneceu sozinho nos degraus do Palácio de Justiça, magoado, zangado e envergonhado. Entretanto, tinha sido pago para preparar uma apresentação e se sentia obrigado a entregar a seus clientes aquilo pelo qual tinham pago. Por isso, voltou à sala do tribunal e sentou-se entre os espectadores, depois de entregar a Watson seu resumo.

— Gastei muito tempo nisso, e talvez Harding possa usá-lo — disse.

Watson entregou o resumo a Harding, que o jogou em cima da mesa. Não o olhou uma única vez e o deixou abandonado sobre a mesa. Durante a semana do julgamento, os advogados de ambos os lados jantaram juntos várias vezes e uma vez foram recebidos na casa do juiz. Apenas uma pessoa não era convidada: o homem alto e desajeitado de Springfield.

O julgamento se aproximava do clímax. O renomado advogado de McCormick, Johnson, fez uma eloquente defesa dos direitos do grande inventor. O homem que o enfrentasse com sucesso ficaria famoso, e era naquele momento que Lincoln deveria ter falado. Em vez disso, Stanton — o advogado que o tinha posto de lado — se levantou.

Stanton não tentou minimizar a descoberta de McCormick, mas rebateu ponto por ponto os argumentos de Johnson, e Lincoln ficou fascinado com a brilhante lógica dele, esquecendo-se de seu orgulho ferido.

Naquela noite Lincoln foi dar uma volta com um amigo.

— A argumentação de Stanton foi uma revelação para mim — disse. — Eu nunca ouvi algo tão perfeito e cuidadosamente preparado. — Em seguida, exclamou: — Não chego aos pés de nenhum desses advogados. Não sei falar nem me comportar como eles!

Entretanto havia nele a determinação de um homem que não se deixava vencer.

— Vou para casa estudar Direito outra vez — disse. — Há muitos da costa leste vindo para a nossa região e preciso estar pronto para enfrentá-los com suas próprias armas.

O ótimo discurso de Stanton deu a vitória a Manny. Watson enviou a Lincoln um cheque no valor de 2 mil dólares. Embora o dinheiro representasse uma pequena fortuna, ele devolveu o cheque dizendo que achava que não deveria recebê-lo, já que não tinha participado do caso.

Watson, aparentemente constrangido com o que fizera, enviou o cheque outra vez. Como o dinheiro chegou quando Lincoln estava enfrentando grandes dificuldades financeiras, aceitou-o e deu metade para seu sócio, Herndon.

Lincoln não conseguiria remover a mágoa — a lembrança daquele episódio permaneceria com ele para sempre —, mas poderia operar mudanças em si mesmo para nunca mais ser humilhado pelo mesmo motivo. Seus modos se tornaram mais elegantes e seus discursos ficaram mais elaborados e profundos.

A seguir, ele se atirou na busca de seu primeiro e mais intenso amor: a política. Por ironia, os honorários que recebeu lhe trouxeram a liberdade financeira necessária para se envolver na campanha política que lhe trouxe a fama que não tinha conseguido conquistar no caso McCormick-Manny.

Pouco tempo depois ele se tornou presidente dos Estados Unidos. Entre seus mais mordazes críticos estava Stanton. Mas Lincoln jamais se esquecera da diferença entre o Stanton das palavras brutais e o Stanton da mente brilhante e, na hora de selecionar um homem para o crucial cargo de Ministro da Defesa, escolheu Edwin M. Stanton.

Apenas um homem com o caráter de Lincoln poderia ter superado o insulto de Stanton, e apenas um homem com a sua generosidade não guardaria rancor.

Após anos servindo no governo de Lincoln, Stanton aprendeu a admirá-lo profundamente. Enquanto Lincoln estava à beira da morte, Stanton permaneceu a seu lado, tomado por uma dor inconsolável. Quando os olhos de Lincoln finalmente se fecharam, o homem que o tinha magoado tanto lhe prestou um tributo imortal: "Agora ele pertence à história!"

Muitos advogados dedicados teriam se sentido muito ofendidos pelo desprezo e esnobismo. Mas não Lincoln. Em vez de ficar ofendido, ele teve humildade para reconhecer suas limitações e firmeza para superálas. Essa humildade o acompanhou durante toda a sua carreira. Mesmo quando alcançou o auge da vida política, ao se tornar presidente dos Estados Unidos, ele continuou a demonstrar humildade ao promover Stanton a uma posição de grande prestígio. Embora a humildade seja um elemento essencial na liderança efetiva ou em qualquer outro relacionamento significativo, ela está nitidamente ausente em muitos currículos de executivos.

Comentários sobre a Humildade

Todos têm alguma razão para serem modestos.

– Provérbio irlandês

Não se considere tão grande a ponto de as outras pessoas parecerem pequenas.

– Confúcio

Nunca pareça mais instruído do que as pessoas que o cercam. Use a sua cultura como um relógio de bolso que você mantém escondido. Não o puxe para ver as horas, mas diga que horas são quando lhe perguntarem.

– Lord Chesterfield

Nós dizemos que as pessoas sentem orgulho de serem ricas, inteligentes ou bonitas, mas isso não é verdade. Elas sentem orgulho de serem mais ricas, mais inteligentes ou mais bonitas do que as outras. É a comparação que faz uma pessoa sentir orgulho: o prazer de estar acima dos demais. Quase todos os pecados que as pessoas atribuem à ganância ou ao egoísmo na realidade são cometidos muito mais por causa do orgulho.

– C. S. Lewis

Quando o jogo termina, o rei e o peão são colocados de volta na mesma caixa.

– Provérbio italiano

Heróis são pessoas que fazem o que precisa ser feito numa determinada ocasião e depois se retiram, despercebidas.

– Tom Brokaw

Uma grande quantidade de caridade pode ser feita no mundo se aqueles que a fazem não estiverem muito preocupados com quem leva o crédito.

– Lema dos jesuítas

No escritório do autor de *Raízes*, Alex Haley, há um quadro com uma tartaruga em uma cerca. Quando Haley olha para o quadro, ele se lembra de uma lição que lhe foi ensinada por seu amigo John Gaines: "Se você vir uma tartaruga no topo da estaca de uma cerca, com certeza ela recebeu alguma ajuda."

Certa vez Haley disse:

— Todas as vezes que começo a pensar "Uau, que coisa maravilhosa eu fiz!", olho para o quadro e me lembro de como aquela tartaruga, que no fundo sou eu, chegou ali.

– Associated Press

Reflexões

- Como líder, Lincoln era bastante humilde. Na sua opinião, quais são os traços que definem a humildade de um líder? Até que ponto você é um bom exemplo desses traços?
- Algumas pessoas, inclusive líderes, orgulhosamente creditam a si mesmas todo o mérito por tudo aquilo que dá certo. E você? Atribui o crédito a quem realmente merece ou procura atrair toda a glória para si?
- A humildade é a chave que destranca nossa mente e abre nossa curiosidade para aprender com os outros. Você sente necessidade de ter todas as respostas e ser o mais inteligente ou você geralmente está aberto a outras percepções e informações?

14
Gratidão

A gratidão imediata é a mais doce.
– Provérbio grego

A gratidão é companheira da humildade. Ela leva a humildade a dizer "Obrigada, eu não poderia ter feito isso sem você". Ela faz a humildade reconhecer o quanto somos abençoados por coisas que consideramos normais — nossa saúde, o ar que respiramos, uma rosa desabrochando. Às vezes ela até leva a humildade a aceitar manifestações de gratidão dos outros. Portanto, faz sentido que a gratidão venha logo depois da humildade em nossa breve lista de princípios.

A gratidão pode ser expressa de muitas maneiras. Como uma comemoração, uma festa ou uma cerimônia de premiação. Ela pode chegar através de um telefonema inesperado, de um bilhete simpático ou de um vigoroso tapa nas costas. Ou, como em *Um legado do senhor Ditto,* pode aparecer de maneiras muito discretas em nosso cotidiano. Qualquer que seja a sua forma, a capacidade de manifestar e receber gratidão é uma qualidade presente em todos os relacionamentos significativos e é um ingrediente essencial à grandeza de cada dia.

Um legado do senhor Ditto
Doris Cheney Whitehouse

Permaneci ao lado da cama do senhor Ditto na hora da sua morte. Ele parecia um pequeno boneco preto contra a brancura dos lençóis, sua velha cabeça quase enterrada nas fundas dobras do travesseiro. Seu pulso estava quase imperceptível, e, ao observar bem de perto, senti uma transformação ocorrer, como se pudesse ver seu espírito voar como uma borboleta emergindo do casulo murcho que estava deitado diante de mim.

Por fim, ouvi o tênue começo da sua última inspiração. Ele não lutou, mesmo na morte, e por isso, quando ela chegou, tudo foi delicado, tranquilo, envolto em um certo contentamento.

O reverendo William Howard, um capelão negro, estava sentado ao lado da cama com uma Bíblia aberta apoiada na palma de sua mão enorme. Ele a fechou silenciosamente, baixou a cabeça e murmurou:

— Em tuas mãos, ó misericordioso Salvador, confiamos a alma de teu servo.

Após um momento, ele tocou meu ombro delicadamente, como se compreendesse o peso no meu coração.

— Alegre-se, fique muito feliz — ele disse. A seguir, virou-se e saiu do quarto, fechando a porta suavemente atrás de si.

Após sua saída, fiz as coisas que uma enfermeira precisa fazer quando um paciente morre. Abri a gaveta da mesa de cabeceira e comecei a reunir todos os pertences do senhor Ditto — um par de óculos velhos irremediavelmente retorcidos, uma navalha com uma lâmina enferrujada, uma Bíblia gasta pelos muitos anos de uso. E lá encontrei a moedinha que eu sabia que tinha lhe trazido tanta alegria. Era o seu maior tesouro, e eu a segurei em minha mão por um longo tempo, me lembrando...

O senhor Ditto foi um dos primeiros pacientes de quem cuidei naquele inverno de 1947 quando assumi minhas tarefas na enfermaria de tuberculosos do Hospital de Veteranos em Louisville. Senhor Ditto era o seu verdadeiro nome, ele nunca fora conhecido por qualquer outro. Um negro americano filho de pais escravos em Nova Orleans na época da Guerra Civil, tinha ficado órfão cedo e, com a emancipação, fora jogado no mundo. Com exceção do seu serviço na guerra hispano-americana, tinha vivido um dia de cada vez, fazendo biscates para qualquer pessoa que o contratasse, morando sozinho em um casebre cedido pelos antigos proprietários. Alguns anos antes, viera para Louisville. Quando foi admitido no hospital, estava com tuberculose pélvica avançada. Um abscesso grande tinha se rompido, drenando uma secreção purulenta.

O horrível cheiro me atingiu quando entrei em seu quarto naquele primeiro dia. Eu quis me virar e fugir, e teria feito isso se alguma coisa em seus olhos não tivesse me alcançado e me segurado.

— Bom dia, senhor Ditto — falei. — O senhor está pronto para as atividades matinais?

— Não sei do que se trata — ele respondeu. — Mas, se a senhora acha que preciso delas, então estou pronto. Comecei dando um banho e mudando os lençóis. O minúsculo corpo estava tão emaciado que pesava pouquíssimo quando delicadamente o virei de lado. Os olhos do senhor Ditto se arregalaram de dor, mas ele não emitiu um único som. Eu me lembro da náusea que senti quando removi o curativo, porém uma voz frágil me salvou.

— Não sei como a senhora consegue suportar! Eu mesmo quase não aguento! — E ele franziu o rosto fazendo uma tal careta que caí na risada. Ao ouvir a minha risada, ele riu também. Nós nos olhamos abertamente, presos numa onda de jovialidade irracional, e de repente o ar pareceu ficar mais fresco e o ferimento menos ofensivo. A visão daquele ferimento nunca mais me incomodou.

Quando finalmente estendi o lençol branco limpo e o dobrei por cima de seu peito, seu rosto ainda irradiava alegria.

— Eu fico muito agradecido, senhora — ele disse. — Estou me sentindo muito melhor, essa é a verdade.

Em seguida, estendendo uma mão descarnada, fraca e trêmula, apalpou o interior da gaveta de sua mesa de cabeceira e, lá de dentro, trouxe uma moedinha brilhante e a estendeu para mim.

— Não é muito para toda a sua bondade — falou. — Mas hoje está fazendo muito frio e acho que uma boa xícara de café quente vai lhe trazer conforto.

A gaveta estava aberta e eu podia ver algumas moedinhas, talvez vinte, espalhadas entre seus pertences. Aquele era todo o dinheiro que ele tinha no mundo. Eu deveria ter aceitado sua oferta imediatamente, mas, em vez disso, reagi num impulso.

— Oh, não, não, senhor — eu disse. — Não posso aceitar isso! Guarde-a para uma necessidade.

Vi o brilho fugir de seus olhos e toda a tristeza se espalhar como uma sombra por seu rosto.

— Não vai haver uma necessidade maior agora — ele disse.

Ao ouvir o melancólico desespero em sua voz, eu me dei conta do que tinha feito. Eu o reduzira a um homem muito velho, sem nada mais para dar, sem nada para realizar, exceto morrer. Rapidamente eu disse:

— Sabe, senhor Ditto, acho que o senhor tem razão. Não consigo imaginar nada melhor do que uma boa xícara de café. — Tirei a moedinha de sua mão e vi a alegria voltar ao seu rosto.

Nos dias que se seguiram, o senhor Ditto foi ficando cada vez mais fraco. Todas as manhãs, quando o submetia à mesma exaustiva rotina, ele a aceitava estoicamente. De alguma maneira, sempre conseguíamos conversar um pouco, nos divertíamos e ríamos, e por isso eu aguardava com prazer a hora que ia passar com ele. E todas as manhãs, antes que eu saísse do quarto, sua velha mão pegava uma outra moedinha e ele dizia:

— Isso não é muito para toda a sua bondade.

Enquanto via a pequena pilha de moedinhas lentamente diminuir, eu orava para que ele não sobrevivesse ao término de seu tesouro. Embora não tivesse praticamente mais forças, o senhor Ditto nunca se esquecia de seu presente para mim, mesmo quando não conseguia erguer a mão sem a minha ajuda.

Um dia vi que ele estava procurando a última moedinha na gaveta. Guiei sua mão até ela, tentando conter as lágrimas. Observei seu rosto em busca de qualquer sinal de constatação de que era a última moedinha, mas ele não notou nada. Estendeu a moeda para mim, com o mesmo doce sorriso, murmurando as mesmas palavras de gratidão. Então notei que ele estava envolvido naquela delicada meia-percepção que embala os que se aproximam da morte. Ele tinha consciência apenas da alegria de dar, e eu soube com repentina alegria que ele deixara para trás qualquer outra consciência. Silenciosamente, coloquei a moedinha de volta no canto da gaveta.

O senhor Ditto viveu por mais duas semanas depois disso. Todos os dias, após deixá-lo limpo e confortável, ele murmurava:

— A senhora é um anjo, a senhora com certeza é um anjo.

Então, eu sabia que estava na hora de pegar sua mão e guiá-la até o canto da gaveta. Todos os dias ele me dava a moedinha. E todos os dias eu a colocava de volta.

No último dia, pedi para chamarem o senhor Howard, o capelão. Ele veio e leu baixinho, como se fosse para uma criança que estivesse adormecendo, sua voz pronunciando suavemente o lindo trecho das bem-aventuranças:

— E, vendo a multidão, ele foi para o alto da montanha. Ao sentar-se, aproximaram-se dele os seus discípulos. E pôs-se a falar e os ensinava, dizendo: "Felizes os pobres de espírito, porque deles é o Reino dos Céus. Felizes os aflitos, porque serão consolados. Felizes os humildes, porque herdarão a terra."

Pensei que o senhor Ditto tinha sido, de fato, o mais pobre e o mais humilde dos homens; ele aceitara um terrível sofrimento sem se queixar. Mas agora, no seu último momento de vida, ele não podia ouvir mais uma vez a promessa da eterna alegria. De repente, senti meu coração se rebelar. Senhor Ditto. Qual teria sido o propósito da sua presença no mundo? Qual seria o possível significado de sua vida paciente e vã?

Depois que o capelão saiu, permaneci um longo tempo com a última preciosa moedinha na minha mão. Finalmente, coloquei-a com o restante das coisas do senhor Ditto, juntei-as todas em um melancólico pequeno pacote que identifiquei com o nome dele. Levei-o para a sala da administração e sugeri que fosse entregue ao senhor Howard.

Mais tarde, pouco antes de largar o meu turno, o reverendo Howard apareceu na enfermaria. Olhou para mim e sorriu.

— Parece que o senhor Ditto deixou um pequeno legado — ele disse. — Acho que ele gostaria que você o recebesse. — Tirou a moedinha do bolso e a colocou na minha mão.

Dessa vez a aceitei imediatamente. Porque, ao me lembrar da luz nos olhos do senhor Ditto, de repente entendi o significado do seu presente. Inúmeras vezes eu o recebera com tristeza, considerando-o uma marca da sua pobreza. Agora, pela primeira vez, eu via a moedinha como ela realmente era: um brilhante símbolo de uma riqueza ilimitada que eu jamais sonhara existir. Naquele momento iluminado, toda a tristeza se dissipou, toda a pena desapareceu. O meu pobre senhor Ditto tinha sido incrivelmente rico. Em seu vasto legado estava toda a paciência, toda a lealdade e todo o amor que um coração humano pode conter dentro de si.

Fui para a cantina do hospital e comprei uma xícara de café. Sentei-me a uma mesa vazia junto à janela. Estava quase escuro. Uma minúscula estrela vespertina brilhava prematuramente no céu. Levei a fumegante xícara de café aos lábios e propus um silencioso brinde:

— Ao senhor Ditto, que herdará a terra. — Depois, bebi todo o conteúdo da xícara.

Ao ler essa história, você pode visualizar o quarto do senhor Ditto em absoluto silêncio. Um silêncio apenas interrompido nas ocasiões em que a enfermeira entrava. Mas, mesmo então, o som mais forte era o da silenciosa gratidão sendo trocada. De fato, muitas das mais profundas manifestações de gratidão são ditas com delicadeza ou são silenciosamente escritas num bilhete. A grandeza de cada dia é cheia de gratidão, e, como muitos já descobriram, a melhor pílula para dormir é contar as bênçãos recebidas, citando-as uma a uma.

Comentários sobre a Gratidão

Sentir gratidão e não manifestá-la equivale a embrulhar um presente e não dá-lo.

– William Arthur Ward

Chorei porque não tinha sapatos até ver um homem que não tinha pés.

– Antigo ditado persa

Quando comer uma fruta, pense na pessoa que plantou a árvore.

– Provérbio vietnamita

Nunca hesite em estender sua mão; nunca hesite em aceitar a mão que lhe está sendo estendida.

– Papa João XXIII

Receber um presente com educação e alegria, mesmo quando não se tem nada para dar, equivale à melhor das retribuições.

– Leigh Hunt

Receber com gratidão é valorizar o outro. É colocar os dois no mesmo nível de troca, o único capaz de sustentar o verdadeiro companheirismo. Isso transforma uma das coisas mais feias do mundo — a condescendência — em uma das mais enriquecedoras — a amizade.

– HALFORD E. LUCCOK

Uma vez conheci uma jovem estagiária que recebeu a incumbência de ensinar uma turma de alunos durante uma semana. Entusiasticamente ela planejou diversas atividades.Mas a semana foi um completo desastre. Choveu durante quatro dos cinco dias, e os alunos eram desordeiros e indiferentes. No final da semana, quando as crianças estavam se preparando para deixar a escola, a jovem veio me procurar chorando.

— Agora eu tenho certeza — ela disse. — Não poderei nunca trabalhar com crianças. Simplesmente não fui feita para isso.

Que lástima! Mas eu sabia que não conseguiria mudar sua opinião.

Então, enquanto as crianças subiam no ônibus, uma menina deixou-se ficar para trás e, aproximando-se da estagiária, disse:

— Eu quero agradecer por esta semana e pelas coisas que você nos ensinou. Sabe, eu nunca tinha prestado atenção ao som do vento nas árvores. É lindo, e eu não vou esquecer. Aqui está uma poesia que escrevi para você.

Após ler as poucas linhas escritas a lápis, a estagiária levantou a cabeça com lágrimas de emoção e felicidade nos olhos. Murmurei uma oração de agradecimento a essa criança. Eu sabia que por causa de seu gesto inúmeras outras crianças iriam usufruir o afeto e a orientação de uma excelente professora.

– JANE LINDSTROM

O dr.William L. Stidger sentou-se e escreveu uma carta de agradecimento a uma professora por tê-lo incentivado muito quando fora seu aluno trinta anos antes. Na semana seguinte, ele recebeu uma resposta escrita por uma mão muito trêmula. A carta dizia:

"Meu querido Willie: quero que você saiba o que a sua carta significou para mim. Sou uma velha solitária, com mais de oitenta anos, vivendo sozinha num pequeno quarto, preparando minhas próprias refeições e parecendo a última folha de uma árvore. Acho que você gostaria de saber, Willie, que ensinei durante cinquenta anos, e a sua foi a primeira carta de agradecimento que recebi. Ela chegou numa manhã fria e triste e alegrou meu solitário e velho coração como nada o fizera em muitos anos."

– Martin Buxbaum

A aritmética mais difícil de ser aprendida é a que nos capacita a contar nossas bênçãos.

– Eric Hoffer

Reflexões

- Cada uma das moedinhas do senhor Ditto representava um sincero "Obrigado". Quantas moedinhas você deu recentemente?
- A enfermeira do senhor Ditto fazia-o sentir-se apreciado ao educadamente receber suas moedinhas. O ato de aceitar um presente ou um elogio de outra pessoa pode, às vezes, ser uma experiência desconfortável ou constrangedora. Houve situações passadas em que você poderia ter aceitado as "moedinhas" de alguém com mais gentileza? Como você lidaria com a situação se tivesse uma nova oportunidade no futuro?
- Oprah Winfrey uma vez sugeriu na Reader's Digest que todos tivéssemos um "diário de agradecimentos". Em outras palavras, que mantivéssemos um pequeno caderno onde, ao final de cada dia, anotássemos as coisas boas que tinham nos acontecido ou os nomes das pessoas que tivessem sido generosas. Se você possuísse um tal diário, o que anotaria na página de hoje? Com que frequência você conta suas bênçãos?

15
FELICIDADE

A felicidade não é uma estação aonde você chega,
mas uma maneira de viajar.
– Margaret Lee Runbeck

Talvez você já tenha ouvido falar sobre a mulher que, ao partir para o trabalho no início de uma manhã, foi cumprimentada por um vizinho, que lhe disse:

— Tenha um bom dia!

— Obrigada, mas tenho outros planos — respondeu a mulher mal-humorada.

A felicidade é muitas vezes vista como um resultado final. Mas, na perspectiva da grandeza de cada dia, significa uma maneira de viver. Ela fala de uma atitude de otimismo e de um espírito de alegria que a torna mais um meio do que um fim. Por isso, as pessoas genuinamente felizes apreciam tanto a jornada quanto a chegada. Elas veem beleza em qualquer nuvem, ao contrário das cronicamente infelizes que pressentem uma tempestade em qualquer pôr do sol. E como Gontran de Poncins aprendeu em *A lição de um esquimó*, as pessoas verdadeiramente felizes possuem a capacidade de apreciar o valor de cada momento.

A lição de um esquimó
Gontran de Poncins

Estávamos na trilha havia trinta dias — eu e a família de esquimós com quem eu estava viajando. Por causa do vento, do frio — fazia cinquenta graus abaixo de zero — e da mentalidade dos esquimós, aquela foi a viagem mais dura que já fiz.

Eu me sentia como se o destino estivesse propositadamente trabalhando para nos atrasar. Num dia a nevasca nos mantinha acocorados num iglu. No outro, embora o tempo estivesse bom, meus companheiros decidiam parar e construir um novo iglu, em vez de seguir em frente.

Foram inúmeras as vezes em que perguntei ao velho da família:

— Quantos dias faltam para chegar a King William Land?

Ele nunca respondia diretamente. Os esquimós não gostam de perguntas. Eles as consideram rudes. Apenas um homem branco perguntaria uma coisa dessas. Além disso, os esquimós não gostam de se comprometer. "Como estará o tempo amanhã?", você pergunta. O esquimó sabe, mas responderá educadamente: *Mauna* — "Não sei" — e fingirá estar ocupado com os cachorros, como se dissesse: "Por que eu deveria responder? Se a minha resposta estiver correta, não receberei nenhum crédito; se estiver errada, parecerei um tolo!"

Durante todo o dia avançávamos sobre o mar congelado, parando apenas para desembaraçar os tirantes dos cachorros ou acender um cachimbo. Avistamos terra. Talvez a alcançássemos. Então, quando podíamos vislumbrar a esperança, começou a ventar e a terra foi encoberta por redemoinhos de neve, perdida no que, para mim, era o triste desespero do nada.

Paramos outra vez. Lentamente, sem a mínima pressa e com aquela perfeita afabilidade com que os esquimós aceitam a vida e o destino, Ohudlerk, o velho, conversava com sua esposa e sua filhinha. Em casa, na França, um camponês pararia com a mesma fleuma durante uma tempestade para inspecionar seu arado.

Mal conseguindo controlar minha preocupação, repeti minhas perguntas ao velho.

— Quando você acha que chegaremos a King William Land?

Se a paciência dele estava no fim, ou se estava realmente preocupado, jamais saberei. Ele virou-se para sua esposa e os dois se entreolharam em silêncio.

Em seguida, Ohudlerk veio até mim e me olhou. Falou naquela maneira suave, quase descuidada que os nativos usam quando estão sendo prudentes e temerosos ao mesmo tempo:

— Os cachorros não estão indo tão bem quanto o senhor gostaria?

Houve um silêncio. Os cachorros tinham virado as cabeças como fazem quando param e olhavam para mim. A mulher e a criança fingiram estar ocupadas, mas eu sabia que também me observavam. Naquele instante, tudo parecia ter parado. Os esquimós transmitem essa sensação em seus momentos tensos com sua maneira de deixar o silêncio mais pesado. Será que eu tinha extrapolado? Por fim, como se não conseguisse se livrar de suas dúvidas, o velho perguntou:

— Este trenó não é bom? O senhor não está contente porque a neve que cobre o mar se manteve firme durante a nossa jornada?

Ele continuou me olhando com olhos profundamente perturbados. A Idade da Pedra com a sua simplicidade e o Oriente com a sua sabedoria estavam me olhando, tentando compreender — ou talvez tentando fazer com que eu os compreendesse. Então, de repente, vi o que os olhos do velho estavam dizendo.

— Por que a pressa? — eles perguntavam. — E aonde é que você está sempre querendo ir? Por que se preocupar com o futuro quando o presente é tão magnífico?

Naquele dia, o velho me ensinou uma lição que não esqueci. Na minha frenética preocupação com o amanhã, eu não conseguia admirar o hoje. Ele me fez lembrar do que alguém me dissera: "Pensar sobre o passado é lamentá-lo; pensar sobre o futuro é temê-lo." Mas o presente! Não é esta a única realidade compreensível?

O mundo é aquilo que a nossa mente faz dele. Para mim, o Ártico tinha sido traumático; para os esquimós, era um grande império onde eles reinavam. Para mim, a neve tinha sido repugnante; para eles, uma bênção e um presente sagrado. Entre as mil facetas da vida, temos liberdade para escolher entre o pesar e a esperança.

Percorremos apressados as estradas da vida e ignoramos a paisagem. Quem foi que disse "luxo é ter tempo de sobra" — tempo para parar e pensar? Os esquimós param quando sentem vontade, como se o amanhã guardasse para eles, assim como guarda para nós, a eterna possibilidade da fome e da morte. Por isso, quando a morte chega, ela os encontra ainda felizes no presente, e eles partem sem arrependimentos.

Aprendi, desde que Ohudlerk falou para mim com seus olhos, como eu tinha sido pobre de espírito enquanto estava no Ártico. Aprendi com ele a construir a riqueza de cada dia, como se não houvesse o amanhã. Nada que o futuro possa me fazer é capaz de mudar o que possuo agora.

Em Vancouver, quando a longa jornada acabou, eu me surpreendi correndo para o hotel, como se não houvesse tempo a perder. De repente, parei no meio do trânsito. O som das buzinas vinha de todas as direções, mas eu não as ouvia. Era como se Ohudlerk estivesse parado na rua diante de mim, me observando com aqueles olhos sábios, velhos, curiosos e preocupados, me perguntando se os cachorros não eram mesmo bons e se a neve não era de fato um presente do céu.

E me vi rindo. Como somos tolos!, pensei. E ainda penso assim.

Não importa a latitude ou a longitude onde vivemos, todos nós passamos por períodos de tempestades — indiferença afetiva, pouco dinheiro ou colegas pouco solidários. No entanto, as pessoas que vivem a grandeza de cada dia possuem uma fantástica capacidade de atravessar tempestades e encontrar porções de alegria e significado em quase qualquer circunstância. Elas escolhem a alegria e optam por apreciar o hoje pelo hoje. Por agirem assim, fazem com que a felicidade seja uma parte de seu cotidiano e não um destino futuro.

Comentários sobre a Felicidade

Muitas pessoas perdem suas porções de felicidade não porque nunca as tenham encontrado, mas porque não pararam para apreciá-las.

– William Feather

A felicidade não depende das condições externas, e sim das internas.

– Dale Carnegie

Muitas canções populares tocadas no rádio transmitem a mensagem "Você me faz feliz; eu estaria perdido sem você; você é o meu mundo". Essa maneira de pensar tira de nós a responsabilidade pela própria felicidade e a entrega a outra. Além de tudo, é um imenso fardo para ser jogado em outra pessoa.

– Richard e Kristine Carlson

No início de um dia sombrio, você precisa perceber que é o dia que está sombrio e não você. Se você também quiser ficar sombrio, tudo bem, mas não é obrigatório.

– Nora Gallagher

Se decidirmos que este é um universo monótono e inútil, ele será assim e nada mais. Por outro lado, se acreditarmos que o mundo é nosso e que o sol e a lua estão pendurados no céu para nosso deleite, haverá alegria, porque estaremos glorificando a criação.

– Helen Keller

Como é estranha a nossa pequena progressão na vida! A criança diz: "Quando eu for um menino grande." O menino grande diz: "Quando eu for adulto." E quando se torna adulto diz: "Quando eu me casar." Mas, depois do casamento, pensa: "Quando puder me aposentar." E então, quando a aposentadoria chega, ele olha para trás e vê a paisagem percorrida; um vento frio parece varrê-la; de alguma forma, ele deixou de apreciá-la e ela não existe mais. Nós aprendemos tarde demais que a vida consiste em viver intensamente no emaranhado de cada dia e de cada hora.

– Stephen Leacock

De vez em quando é bom parar de buscar a felicidade e apenas ser feliz.

– The Cockle Bur

As pessoas que não conseguem enfrentar o estresse e as preocupações da vida são muitas vezes aquelas que nunca aprenderam a apreciar o que os franceses chamam de *le petit bonheur* — a pequena felicidade — quando ela surge. Isso é muito ruim, porque na maioria das vidas existem poucas experiências dramáticas e esmagadoras. Mas todos os dias têm a sua cota de *le petit bonheur.*

– Ardis Whitman

Reflexões

- Você encontra felicidade no seu presente ou está sempre esperando algo de bom no futuro? O que você pode fazer exatamente hoje para ficar mais alegre?
- Você permite que as condições externas ditem suas atitudes, suas decisões e sua felicidade, ou geralmente se deixa conduzir pelas condições internas?
- De modo geral, são poucos os grandes acontecimentos que provocam muita felicidade. Por isso, as pessoas genuinamente felizes todos os dias são aquelas que encontram felicidade nos pequenos acontecimentos e nas pequenas alegrias cotidianas. Elas até descobrem prazeres em momentos de tédio e beleza durante as tempestades. Com que frequência você é genuinamente feliz?

Criar o sonho

Quando o amor e a habilidade trabalham juntos,
produzem uma obra de arte.
– John Ruskin

Quando lhe perguntavam por que as pessoas inventam, Mark Twain respondia: "Para gerar uma ideia — descobrir um ótimo pensamento —, uma pepita intelectual debaixo da poeira de um campo que muitos lavradores do cérebro já tinham arado antes. Ser o primeiro — essa é a questão."Na verdade, uma das maiores alegrias na vida é ser criativo, dedicar-se a algo inovador e útil. Mas o processo da criação pode ser uma montanha-russa — de êxtases e desesperos — antes de chegar à recompensa.

Os princípios que possibilitam a arte da criação incluem:

- Visão
- Criatividade
- Aprendizado
- Qualidade
- Trabalho

16
Visão

Determine que a coisa pode e deve ser feita,
e então descobriremos como.
– Abraham Lincoln

Todas as coisas são criadas duas vezes. Todas as coisas. A visão é a primeira criação. Quando se trata de uma casa, a visão é chamada de projeto. Para uma vida, é chamada de missão. Para um dia, de meta ou plano. Para um pai, é chamada de crença no potencial não visível de um filho. Para todos, é a criação mental que sempre precede a criação física, que é a segunda criação.

A visão não apenas nos ajuda a detectar oportunidades que existem onde outros talvez não as vejam como também nos direciona para o futuro e nos inspira a perguntar: "Onde quero estar daqui a cinco anos? Daqui a dez anos?" Responder a essas perguntas leva tempo — e é preciso sonhar um pouco. Um mestre entre os mestres da visão e dos sonhos foi Walt Disney. Seu gênio criativo e seu senso de visão o ajudaram a descobrir possibilidades invisíveis aos olhos dos outros e a olhar para futuras oportunidades, como está retratado em *Peça a uma estrela*.

Peça a uma estrela
Richard Collier

Em um dia radioso de outubro de 1965, a Walt Disney Productions tinha acabado de comprar, a 25 quilômetros de Orlando, na Flórida, uma vasta extensão de terra despovoada. Onde o observador comum via apenas pântanos e bosques, Disney já podia visualizar o atraente futuro — um incomparável parque de diversões chamado Walt Disney World. E aquele seria apenas o começo. Pois ele tinha um sonho que ultrapassaria até mesmo essa realização.

— Não seria ótimo — Disney perguntou — se pudéssemos construir aqui uma comunidade experimental do amanhã, onde as pessoas vivessem sem trânsito, poluição ou favelas?

— Mas, Walt — alegou Joe Potter, um vice-presidente da Disney —, isso custaria centenas de milhões de dólares!

Os olhos castanhos de Disney brilharam.

— Joe — ele pediu —, será que você não pode se concentrar nesse assunto e deixar de pensar em coisas secundárias?

Aquele era um comentário típico. Durante toda a sua vida, Walter Elias Disney tinha alimentado esses sonhos. Ele era uma fábrica de sonhos completa.

O PRIMEIRO REINO

Quando Walt estava com quatro anos, seu pai, Elias Disney, tomou uma decisão que seria fundamental para a formação do menino. Marceneiro por ofício, Elias Disney era um homem digno, religioso e um rígido observador do dia sabático. Quando abriram três tabernas perto da sua casa, ele se sentiu ultrajado.

— A cidade não é um lugar para criar nossos filhos — disse para sua esposa Flora. Pouco tempo depois, comprou uma propriedade conhecida como Fazenda Crane, a 160 quilômetros de distância.

Além de Walt e seus pais, havia quatro outros Disneys: Herbert, de dezessete anos; Raymond, quinze; Roy, doze; e Ruth, dois. Como não tinha companheiros para brincar, Walt passou a buscar a companhia dos animais da fazenda. Criou jogos que obedeciam a regras inventadas por ele e jogava como se seus companheiros respondessem e compreendessem. Skiny, o porquinho, berrava de excitação durante a brincadeira de esconde-esconde; Pete, o terrier da família, provou ser bom no cabo de guerra. E o velho Charley, o cavalo que puxava a charrete, inventou seu próprio jogo — disparava para o pomar de dois hectares todas as vezes que Walt o montava. Os animais eram os brinquedos e os amigos que Walt Disney nunca tivera, e a fazenda foi o primeiro dos seus reinos mágicos.

Como a maioria dos fazendeiros, Elias guardava a água da chuva em barris recobertos de piche. Um dia, Walt notou que o piche em um deles estava derretendo sob o sol. Bem perto, no chiqueiro, a velha porca que ele muitas vezes montara roncava feliz. Parecia um tema perfeito para um quadro, e, pegando um pincel, Walt o mergulhou no piche e começou a pintar, usando a lateral da casa como tela.

Arrastado para o celeiro por seu pai, o menino aprendeu que a família não admirava a sua genialidade. Mas a tia Margaret admirou o talento da pintura e comprou para Walt um bloco de papel e uma caixa de lápis de cor. Logo o menino estava desenhando tudo o que via no quintal da fazenda.

"Vou ser artista"

Walt estava sempre desenhando. As margens de seus livros escolares formavam uma verdadeira moldura de animais: esquilos, bodes, porcos, seus amigos da Fazenda Crane, providos de estranhas qualidades humanas. Quando uma professora mandou a turma pintar um vaso de flores da primavera, as de Walt possuíam vida própria: as tulipas faziam beicinho com lábios de pétalas e tinham expressivas pestanas. As conversas dos narcisos enchiam os balões de diálogo, e as hastes e as folhas formavam braços e pernas.

Em 1917, Elias voltou para Chicago. Walt cursou o ensino médio na Escola McKinley. Como só estava interessado em desenhar, foi matriculado na Chicago Academy of Fine Arts, onde tinha aulas três noites por semana com um cartunista profissional. A seguir, passou quase um ano na França, dirigindo uma ambulância da Cruz Vermelha. Voltou com seiscentos dólares de economia e uma determinação: "Vou ser artista."

Em seu primeiro emprego numa pequena agência de propaganda, onde recebia cinquenta dólares por mês, conheceu um outro jovem artista, Ub Iwerks. Logo os dois se tornaram sócios e começaram a fazer anúncios por conta própria. No primeiro mês faturaram 135 dólares; no mês seguinte quase passaram fome.

A seguir, ambos conseguiram emprego na Kansas City Slide Company, uma empresa que fazia comerciais de um minuto para serem exibidos nos cinemas locais. Era o ingresso de Disney no mundo do desenho animado, uma arte que dava seus primeiros passos naquela época com movimentos desordenados e inexatos.

Walt começou a fazer experimentos. Aos poucos, desenvolveu um método que, apesar de dispendioso e lento, melhorava a ilusão de movimento que ele buscava. Para produzir a imagem de um menino chutando uma bola, fez vinte desenhos em que a ação avançava ligeiramente em cada um.

Com Ub, Walt completou uma série, que chamou de *Laugh-O-Grams,* para uma cadeia de cinemas locais. Eram filmetes destinados a promover produtos, e o gerente do cinema ficou favoravelmente impressionado.

— Quanto custam? — perguntou.

— Posso fazê-los por trinta centavos cada trinta centímetros de filmagem — Walt lhe assegurou. O gerente concordou em comprar todos.

A caminho da empresa para entregar seu pedido de demissão, Walt parou arrasado no meio da calçada. Dera-se conta de que trinta centavos por trinta centímetros era o custo de produção. Tinha esquecido de incluir seu lucro.

— Mas isso financiará mais experimentos — ele explicou para Ub. Durante toda a vida, esse foi muitas vezes seu único critério para qualquer novo empreendimento.

Com o passar do tempo, a Laugh-O-Grams foi à falência. Expulso da pensão onde morava, Disney precisou dormir em seu escritório sobre as almofadas das cadeiras.

Atraídos por restos de biscoito, ratos começaram a aparecer no escritório. Em vez de matá-los, Walt conseguiu prendê-los em uma gaiola onde os alimentava e conversava com eles. Havia um ratinho em particular, de olhos brilhantes e espertos, que o observava com muita atenção, e Walt o apelidou de Mortimer. Ficaram amigos. No dia em que teve que deixar o escritório, abriu a porta da gaiola e todos os ratos fugiram rapidamente. Todos, com exceção de Mortimer, que durante algum tempo ficou parado olhando para o amigo de quem se despedia.

Em sua luta para se manter em atividade, Walt decidiu que Hollywood era o único lugar onde um homem predestinado ao sucesso poderia ver seus sonhos se concretizarem. Economizou o suficiente para comprar uma passagem de trem, fez as malas e partiu.

O PERFECCIONISTA

Antes de deixar Kansas City, Disney tinha começado a trabalhar em uma nova série chamada *Alice in Cartoonland* [Alice na terra dos desenhos animados]. A ideia era filmar uma menina contra um fundo branco e cercá-la de animais desenhados cujos movimentos seriam sincronizados aos dela. Enviou o filme a Winkler Corp., uma distribuidora de desenhos animados em Nova York. Algumas semanas depois, desempregado em Hollywood, recebeu a informação de que a Winkler queria doze filmes.

Inicialmente um sucesso, a série *Alice* acabou se transformando num fracasso. Disney ordenou que todas as cenas, uma após outra, fossem redesenhadas e regravadas, engolindo cada centavo do seu lucro. No final, produziu 57 dessas aventuras, mas a 16ª foi a última a dar lucro.

Os animadores que trabalhavam para ele podiam exigir 120 dólares por semana, mas o próprio Walt tirava um máximo de cinquenta, e quando as coisas estavam difíceis diminuía sua retirada para quinze. Um membro da equipe ganhava menos ainda: Lillian Bounds, uma moreninha. Roy, irmão de Walt, começou a notar a atração dele por ela.

Imerso em sua criação de um mundo de fantasia, Walt nunca se interessara por garotas. Mas, por algum motivo, aquela era diferente. Uma noite, de repente, ele se inclinou sobre sua mesa de trabalho e beijou-a. A proposta de casamento não demorou a acontecer. No início de 1928, as possibilidades de *Alice in Cartoonland* se esgotaram, e Walt e sua equipe começaram a trabalhar em uma série de desenhos animados chamados *Oswald the Lucky Rabbit* [Oswald, o coelho sortudo]. Embora Oswald se tornasse um personagem popular, o perfeccionismo de Walt estava levando o estúdio à falência. Para Walt, a solução era simples: mais crédito e mais dinheiro. Todavia, a Winkler Corp. não parecia muito disposta a cooperar. Decidido a ter um confronto pessoal, ele foi para Nova York com Lilly.

As reuniões não surtiram resultado, e a relação com a companhia acabou. Zangado, Walt voltou para o hotel, onde Lilly o esperava.

— Estou desempregado mas contente! — ele disse, desafiador. — Enquanto viver, nunca mais trabalharei para outra pessoa.

A seguir, com o incorrigível otimismo que lhe era inerente, telegrafou para Roy: TUDO BEM. VOLTANDO PARA A CASA. De alguma maneira ele estava convencido de que encontraria um personagem para substituir Oswald.

"Conseguimos!"

Em 16 de março de 1928, Walt e Lilly entraram num trem para a viagem de volta. Assim que chegaram à cabine, ele começou a rabiscar furiosamente — rasgando folha após folha, amassando-as, rabiscando outra vez. Às vezes ele fitava o espaço. Estava sonhando com um rato — um rato chamado Mortimer.

Seguiu-se uma noite sem dormir. Então, no dia seguinte, enquanto prosseguiam para o oeste após passarem por Chicago, a estrela de Walt nasceu: um rato travesso e altivo, vestindo calças de veludo vermelho com botões de pérolas. Um rato que penteava os cabelos como Charles Lindbergh e era estimulado pelo exemplo do grande aviador a construir seu próprio avião doméstico. Era isso! *Plane Crazy* [Louco por avião], estrelado pelo rato Mortimer.

Sem conseguir se controlar, ele discorreu sobre os detalhes do seu cenário para Lilly, que imediatamente interveio.

— Mortimer é um nome *horrível* para um rato! — ela exclamou.

— Bem, então que tal Mickey? — Walt perguntou. — Mickey Mouse soa bem!

Aos poucos Mickey foi se tornando real. Sua cabeça era um círculo fácil de desenhar, o corpo tinha o formato de uma pera, o rabo era afilado e as pernas finas enfiadas em sapatos enormes. E como quatro dedos cobertos por luvas eram mais fáceis e mais baratos de desenhar do que cinco, Mickey viveria toda a sua existência com menos um dedo em cada mão.

Walt voltou rapidamente para Nova York, mas seu entusiasmo esbarrou em um muro de apatia. Sua estrela foi rejeitada, causando um dos maiores momentos de abatimento em sua vida. Após um mês inteiro em Nova York, não conseguiu interessar ninguém. Walt teve uma última e desesperada inspiração. Um ano antes, em outubro de 1927, os filmes apresentaram diálogos falados pela primeira vez. Desde então, mais de mil salas de cinema tinham sido adaptadas para receber som, e o número de espectadores subira para 95 milhões por semana.

— Vamos refazer o Mickey Mouse com som — decidiu.

Aquilo nunca fora feito antes. A técnica para gravar sons em filmes funcionava bem quando atores vivos falavam, mas como poderia a criação de um cartunista ser sincronizada com sons produzidos depois da conclusão dos desenhos? Roy e Walt montaram um teste que durava apenas 30 segundos. Reuniram pessoas para fazer barulho, compraram bolas de encher, apitos e até mesmo uma tábua de passar roupa. O próprio Walt, com os dedos tampando o nariz, falou por Mickey com uma voz esganiçada (um papel que assumiria durante dezoito anos).

Rindo entusiasmado, repetiu o teste inúmeras vezes em busca de uma melhor sincronização.

— É isso — ele exclamava. — Conseguimos!

Um fluxo de criatividade

Da noite para o dia, Mickey Mouse se tornou uma sensação mundial. O sucesso de Mickey desencadeou um fluxo de criatividade, e um bando de novos personagens começou a sair dos estúdios da Disney. Pluto, Pateta, Horácio e Clarabela, todos baseados nos amigos que Walt tivera na fazenda.

O Pato Donald nasceu quando Walt e alguns de seus animadores ouviram um imitador chamado Clarence Nash.

— É um pato grasnando! — Walt disse, e logo Nash foi incluído na folha de pagamento. — Faça esse pato um tanto arrogante — Walt sugeriu ao animador Fred Spencer. — E como ele é um pato e gosta de água, que tal lhe dar um paletó curto e um chapéu de marinheiro?

Simples e descomplicados, todos os filmes de Disney apontavam para uma delicada mas inescapável moral. A coragem e a virtude venciam a maldade e o medo, o esforço triunfava sobre a preguiça, a falsa ambição produzia apenas derrota. Nas próprias palavras de Walt, eles apelavam para "o Mickey que existe dentro de nós — essa coisa preciosa e imutável presente em todos os seres humanos que nos faz rir de bobagens, cantar no chuveiro e sonhar".

Quando os filhos de Disney eram pequenos, os sábados eram sempre "o dia do papai", e Walt frequentemente passava a tarde com eles em um parque de diversões do bairro.

— Aqueles foram alguns dos dias mais felizes da minha vida — ele disse mais tarde. — Eles andavam no carrossel enquanto eu ficava sentado num banco comendo amendoins. E, enquanto estava lá sozinho, senti que deveria se construir um tipo de parque de diversões onde pais e filhos pudessem se divertir juntos.

Ele visualizou seu próprio parque, baseado nas histórias e personagens da Disney. O seu plano era ter uma única entrada, de onde se estenderiam quatro áreas separadas: A Terra da Aventura, A Terra da Fronteira, A Terra da Fantasia e A Terra do Futuro — os mundos imaginados na infância, onde sempre seria primavera ou verão. À frente ficaria o Castelo da Bela Adormecida e, circundando o parque, uma ferrovia com uma locomotiva a vapor e seu fantasmagórico apito. Mickey Mouse seria o primeiro a dar boas-vindas aos visitantes do mundo do seu criador.

Disney começou comprando uma fazenda de plantação de laranjas de cem hectares ao sul de Los Angeles. Um repórter perguntou-lhe quando o projeto estaria concluído. A resposta foi simples:

— Nunca! Não enquanto houver imaginação no mundo!

A cidade de Disney

Havia anos Lilly vinha pedindo a Walt para se aposentar e viver com mais tranquilidade. Certamente a situação financeira não era motivo para continuar trabalhando. Mas ele sempre resistia aos apelos da mulher.

— Eu morreria se não pudesse sair e conquistar novos mundos — afirmava.

Ele pôs sua equipe de funcionários para trabalhar, comprando uma extensão de mil hectares de terra perto de Orlando, na Flórida. Chegou certa manhã aos escritórios de sua organização com os planos para uma nova cidade rabiscados num guardanapo. Ele a chamou de EPCOT — abreviatura de Experimental Prototype Community of Tomorrow [Protótipo experimental para a comunidade do futuro].

Todos esses planos ainda estavam inacabados sobre a prancheta quando, no outono de 1966, Walt, sentindo dores constantes, finalmente concordou em fazer um raio X. O resultado revelou um tumor maligno. Em 7 de novembro, os médicos removeram seu pulmão esquerdo, e duas semanas depois, irritado com a indesejada inatividade, ele tentou retomar sua antiga rotina. Mas alguma centelha vital tinha sido apagada. Em 30 de novembro, Walt Disney foi levado para o hospital outra vez. Por volta das nove horas da manhã de 15 de dezembro seu irrequieto coração parou de bater.

Na tarde daquele dia, às cinco horas, ocorreu algo que os que testemunharam jamais esqueceriam. Na Disneylândia, na praça junto ao City Hall, a banda formada por dezesseis músicos entrou marchando. Os tambores rufaram, ouviu-se o som de um clarim e a bandeira dos Estados Unidos foi arriada. Então, com lágrimas escorrendo pelo rosto, o dirigente da banda, o coronel Vesey Walker, de 73 anos, mais uma vez levantou sua batuta. E, na tarde de inverno, ouviram-se as notas de uma melodia de *Pinóquio* que parecia simbolizar a vida de Walt Disney:

Quando você pede a uma estrela,
Não importa onde esteja,
Aquilo que seu coração deseja
Virá para você...

Walt Disney era um sonhador — um visionário. Nas plantas, nos animais, nos playgrounds e na tecnologia ele via mundos que outros nem cogitavam imaginar. Manteve sua visão constantemente voltada para o futuro enquanto perseguia suas metas cena por cena. Seu irmão Roy comentou:

— Eu o visitei no hospital na noite anterior à sua morte. Embora desesperadamente doente, Walt continuava cheio de planos para o futuro, como sempre estivera toda a sua vida. Até hoje, décadas após a sua morte, a visão dele continua a crescer, ampliando a herança que criou.

Comentários sobre a Visão

Os sonhos são extremamente importantes. Você não poderá realizá-los se não puder imaginá-los.

– George Lucas

Muitos sonhos nossos parecem impossíveis, depois improváveis, depois inevitáveis.

– Christopher Reeve

Os empregados de alta performance querem mais do que simplesmente vencer o próximo jogo. Eles veem o campeonato por completo. têm uma meta de longo prazo que inspira comprometimento e ação.

– Charles A. Garfield, Peak performer

O problema com a falta de uma meta é que você pode passar a vida correndo para cima e para baixo no campo e nunca fazer um gol.

– Bill Copeland

De modo geral, a realização é produto de uma constante elevação do nível de aspiração e expectativa.

– Jack Nicklaus

Comemore o que você realizou, mas levante um pouco mais a barreira cada vez que for bem-sucedido.

– Mia Hamm

Para ser um realista, você precisa acreditar em milagres.

– David Ben-Gurion

Nenhum pessimista descobriu os segredos das estrelas, velejou para terras que não constavam dos mapas ou abriu um novo horizonte para o espírito humano.

– Helen Keller

O começo é a parte mais importante do trabalho.

– Platão

Reflexões

- Disney estava sempre sonhando com o futuro. Quais são seus sonhos para o futuro? Onde você se vê daqui a cinco anos? Você reserva um tempo da sua ocupada agenda para sonhar um pouco ou fazer um pedido a uma estrela?
- A visão concretiza um propósito. O que você vai concretizar, quando e como? Que planos específicos você tem para o seu futuro? Eles estão anotados em algum lugar?
- Uma das mais importantes visões que podemos ter é a de nós mesmos. A maneira como nos vemos forma nossos hábitos. Portanto, eu o incentivo a acreditar sempre em si mesmo. As visões de Disney tendiam a alcançar as estrelas, mas baseavam-se na realidade.
- As visões e expectativas que você tem para si estão colocadas em patamares suficientemente altos?

17
CRIATIVIDADE

A imaginação é mais importante do que o conhecimento.
– ALBERT EINSTEIN

Dizem que o matemático grego Arquimedes solucionou um problema particularmente irritante enquanto tomava banho. A sua alegria foi tanta que ele saiu correndo nu pelas ruas da antiga Siracusa exclamando "Eureca!" — Descobri!

A criatividade é capaz de gerar muitas emoções. Pode trazer agonia, sofrimento, lágrimas e exaustão. Mas também tem o poder de trazer ótimas emoções, prazeres e alegrias — mesmo que não faça alguém sair correndo nu por seu local de trabalho. No entanto, a inovação tem um preço. Muitas das emoções e dos árduos esforços associados à criatividade estão exemplificados num conto de Charles Dickens, como é relembrado em *The Second Greatest Christmas Story Ever Told* [A segunda maior história de Natal já contada].

A SEGUNDA MAIOR HISTÓRIA DE NATAL JÁ CONTADA

Thomas J. Burns

No início de uma noite de outubro de 1843, Charles Dickens saiu da casa onde morava, perto do Regent's Park, em Londres. O ar fresco do crepúsculo era um alívio para a umidade do dia no momento em que o autor começou sua caminhada pelo que ele chamava de "as ruas negras" da cidade.

Dickens, um homem bonito, de cabelos castanhos e olhos normalmente brilhantes, estava profundamente perturbado. Com 31 anos, pai de quatro filhos, sentira-se no auge da sua carreira. *As Aventuras do Sr. Pickwick, Oliver Twist* e *Nicholas Nickleby* tinham feito grande sucesso, e *Martin Chuzzlewit*, que ele considerava seu melhor romance, vinha sendo publicado em fascículos mensais. Mas agora o famoso escritor estava enfrentando sérios problemas financeiros.

Alguns meses antes, seu editor lhe revelara que as vendas do novo romance não atingiram o resultado esperado e que talvez fosse necessário reduzir drasticamente os adiantamentos mensais.

A notícia chocara o autor. Era como se o seu talento estivesse sendo questionado. Lembranças da pobreza na infância voltaram à tona. As despesas com a família superavam suas possibilidades. Seu pai e seus irmãos pediam empréstimos. Sua esposa Kate estava esperando o quinto filho.

Durante todo o verão, Dickens tinha se preocupado com suas dívidas crescentes, principalmente com a hipoteca de sua casa. Em uma cidade de veraneio, onde passou algum tempo, não conseguindo dormir, caminhou pelos despenhadeiros junto ao mar durante horas. Sabia que precisava ter rapidamente uma ideia que o fizesse ganhar muito dinheiro. Mas, tomado pela depressão, encontrava dificuldades para escrever. Ao retornar a Londres, esperava que o reinício de suas caminhadas noturnas ajudassem a despertar sua imaginação.

O brilho amarelo das lâmpadas a gás iluminava seu caminho pelos melhores bairros de Londres. E então, gradativamente, enquanto se aproximava do rio Tâmisa, somente a luz embaçada que vinha das janelas dos prédios mais pobres passaram a iluminar as ruas cobertas de lixo e com esgoto a céu aberto. As elegantes senhoras e os bem-vestidos cavalheiros do bairro de Dickens tinham sido substituídos por vulgares prostitutas, batedores de carteira, ladrões e mendigos.

A cena o fazia lembrar um pesadelo que frequentemente perturbava seu sono: *Um menino de doze anos, sentado a uma mesa de trabalho cheia de latas de graxa preta, durante doze horas por dia, seis dias por semana, colava rótulos em uma infindável carreira de latas para ganhar os seis xelins que o manteriam vivo.*

O menino, no sonho, olha através das frestas do chão podre do armazém para o porão e vê bandos de ratos passarem apressados. Em seguida, ergue os olhos para a janela suja onde escorrem gotículas de vapor formadas pelo frio do inverno de Londres. A claridade do dia vai caindo, e com ela as esperanças do menino. Seu pai está na prisão, e ele tem apenas uma hora de aula durante o intervalo de jantar no armazém. Sente-se impotente e abandonado. Talvez nunca mais haja uma comemoração, uma alegria ou uma esperança...

Aquela não era uma cena da imaginação de Dickens. Aquele fora um período do início da sua vida. Felizmente, seu pai herdara algum dinheiro, o que lhe permitiu saldar as dívidas pelas quais estava preso, sendo então libertado. Assim, seu filho escapou de um triste destino.

Agora, o medo de não conseguir pagar as próprias dívidas atormentava Dickens. Exausto, começou seu longo percurso de volta para casa ainda sem nenhuma ideia para o conto "alegre e radiante" que desejava escrever quando saíra para caminhar.

No entanto, ao se aproximar de casa, teve um lampejo de inspiração. Que tal um conto natalino? Ele o escreveria para as muitas pessoas com quem cruzava nas ruas escuras de Londres. Pessoas que viviam e enfrentavam os mesmos temores e anseios que ele sentira, pessoas que necessitavam de um pouco de alegria e de esperança.

Porém, faltavam menos de três meses para o Natal! Como poderia dar conta de uma tarefa tão grande em tão pouco tempo? O livro precisaria ser curto e entregue ao editor até o final de novembro para poder ser impresso e distribuído em tempo de aproveitar as vendas de Natal. Para ir mais rápido, Dickens teve a ideia de adaptar a história de um duende natalino que constava de um capítulo de *As aventuras do Sr. Pickwick*.

Ele rechearia a história com as cenas e os personagens que seus leitores amavam. Haveria uma criança pequena e doente; o pai dela, um homem honesto, mas inútil; e, no centro da peça, um velho, vilão e egoísta, com um nariz pontudo e bochechas enrugadas. Enquanto os dias amenos de outubro davam lugar ao frio de novembro, o manuscrito crescia, página por página, e a história ganhava vida. O enredo básico era suficientemente simples para as crianças compreenderem, mas evocava temas que trariam prazerosas recordações e emoções a um coração adulto.

Após ir sozinho para seu frio e vazio apartamento na noite de Natal, Ebenezer Scrooge, um avarento empresário londrino, é visitado pelo espírito de seu falecido sócio, Jacob Marley. Este fora condenado por sua ganância e sua insensibilidade enquanto estava vivo, e, como fantasma, vagueia pelo mundo preso a correntes confeccionadas com sua própria indiferença. Ele alerta Scrooge, dizendo que, se ele não mudar, sofrerá o mesmo destino. Os fantasmas do Natal passado, do Natal atual e do Natal que ainda está para chegar aparecem e mostram a Scrooge cenas pungentes da sua vida e o que acontecerá se ele não mudar seu modo de agir. Tomado de remorso, Scrooge renuncia ao egoísmo e se torna uma pessoa boa, generosa e amorosa que, por fim, entendeu o verdadeiro significado do espírito de Natal.

Aos poucos, enquanto escrevia o livro, uma coisa surpreendente aconteceu a Dickens. O que tinha começado como um desesperado e calculado plano para se livrar de dívidas logo começou a produzir uma mudança no autor. Enquanto escrevia sobre o tipo de Natal que adorava — festas de família alegres, com guirlandas penduradas no teto, festivas canções natalinas, jogos, danças e presentes diante de uma lareira acesa —, a alegria da temporada que ele amava começou a aliviar sua depressão.

Canção de Natal conquistou seu coração e sua alma, tornando-se um trabalho inspirado pelo amor. Cada vez que mergulhava a pena no tinteiro, os personagens pareciam magicamente ganhar vida: Tiny Tim com suas muletas, Scrooge tremendo de medo diante dos fantasmas, Bob Cratchit sorvendo a alegria de Natal na pobreza.

A cada manhã, Dickens ficava mais excitado e impaciente para retomar seu trabalho.

— O pequeno livro me tocou profundamente — ele confidenciou mais tarde para um jornalista —, e eu relutava em colocá-lo de lado por um momento sequer.

Dickens contou como tinha "chorado e rido e chorado outra vez" enquanto escrevia. Cuidou até do projeto gráfico, escolhendo cada detalhe. Para tornar o livro acessível ao maior número de pessoas possível, estipulou o preço em apenas cinco xelins.

Por fim, em 2 de dezembro, o manuscrito foi para composição e impressão. Em 17 de dezembro, os exemplares foram entregues ao autor, que ficou encantado. Ele nunca duvidara que *Canção de Natal* seria popular. Mas nem ele nem seu editor estavam preparados para a avassaladora reação. A primeira edição de 6 mil exemplares já se esgotara na noite de Natal, e Dickens recebia, "em cada entrega do correio, inúmeras cartas de todos os tipos de desconhecidos sobre suas casas e lareiras, e de como a *Canção* era lida em voz alta e mantida em um lugar especial". O romancista William Makepeace Thackeray disse sobre ela:

— A *Canção de Natal* me parece um presente para o país e um gesto de bondade para cada homem ou mulher que a lê.

Apesar da enorme aceitação, o livro não se tornou o sucesso financeiro imediato que Dickens esperara por causa da qualidade de produção que ele exigira e do baixo preço que estipulara. Mas ele ganhou o suficiente para acertar sua vida, e a enorme popularidade de *Canção de Natal* reconquistou seu público para os romances que vieram depois, dando uma vigorosa direção à vida e à carreira do autor.

Embora Dickens tenha escrito muitos outros livros igualmente bem-recebidos e financeiramente lucrativos — *David Copperfield, Um conto de duas cidades, Grandes esperanças* —, nada se igualou à satisfação que teve com seu universalmente amado pequeno romance. Na sua morte, em 1870, uma criança pobre em Londres foi ouvida perguntando:

— Dickens morreu? Então o Natal vai morrer também?

De uma maneira muito real, Dickens popularizou muitos aspectos do Natal que comemoramos atualmente, entre eles as grandes reuniões de família, as bebidas e pratos característicos dessa data e o hábito de dar presentes. A expressão "Feliz Natal!" ganhou uso mais amplo após a publicação da história.

Em meio à insegurança e ao desamparo, as pessoas às vezes produzem seus melhores trabalhos. Da tempestade de tribulações chega um presente. Um pequeno romance de Natal trouxe para Charles Dickens uma recém-descoberta fé em si mesmo e na redentora alegria dessa festa.

> Temendo que sua carreira estivesse declinando, enfrentando a ruína financeira, Dickens caminhava melancólico pelas ruas escuras da cidade, tentando desesperadamente descobrir um lampejo de inspiração. E foi naquele lugar que ele entrou em contato com seu público de leitores, quando as visões e os odores trouxeram de volta suas recordações da infância. Sua criatividade ressurgiu, e a cada manhã ficava "mais excitado e impaciente para retomar seu trabalho". A experiência de Dickens nos lembra como pode ser difícil o processo de inovação e enfatiza que o ressurgimento da criatividade decorre muitas vezes da exploração do próprio ambiente, quando temos os olhos e os ouvidos bem abertos.

Comentários sobre a Criatividade

As oportunidades do homem são limitadas somente por sua própria imaginação. Mas poucos têm a imaginação de que haja 10 mil rabequistas para um compositor.

– Charles F. Kettering

Descobrir consiste em ver o que todo mundo já viu e pensar o que ninguém ainda pensou.

– Albert Szent-Gyorgyi

A criatividade muitas vezes consiste em meramente olhar com outros olhos o que está na nossa frente. Você sabia que a ideia de vender sapatos para o pé direito e o esquerdo foi concebida há pouco mais de um século?

– Bernice Fitz-Gibbon

Não fique sempre na estrada principal, indo apenas para onde os outros já foram. De vez em quando, saia da estrada e penetre no bosque. Você certamente verá alguma coisa que nunca tinha visto antes. Talvez seja uma coisa pequena, mas não a ignore. Siga-a, explore tudo ao seu redor. Uma descoberta levará a outra e, antes de você perceber, terá algo de valor sobre o qual pensar.

– Alexander Graham Bell

É extremamente importante não ter a vida totalmente bloqueada, não ter dias e semanas completamente organizados. É essencial deixar brechas e intervalos para a ação espontânea, porque é muitas vezes na espontaneidade e no inesperado que nos abrimos a ilimitadas oportunidades e a novas situações trazidas pelo acaso a nossas vidas.

– Jean Hersey

O médico mais atencioso que conheço segura a língua de uma criança com um pirulito quando precisa examinar uma pequena garganta.

– Elizabeth Metcalf

Quando eu era menino, ia de loja em loja — lojas de máquinas, lojas de barcos e muitas outras — em busca de conhecimento. Em algumas eu me encrencava. O número de lugares dos quais fui expulso era igual ao dos que me receberam bem. Essas lojas foram a minha escola. Passeando por elas e investigando o que via, obtive todo o conhecimento possível sobre o que tinha sido inventado na mecânica.

– Henry Ford

Reflexões

- A criatividade cobra um preço. Charles Dickens dedicou um enorme esforço — principalmente emocional — para produzir o que por fim se tornou um livro bem pequeno. Quando está trabalhando em projetos, você costuma pagar o preço da criatividade?
- A criatividade de Dickens só despertou quando ele se afastou de seu local de trabalho e foi andar pelas ruas escuras. Lá, seus pensamentos e sentidos se alinharam com os de seus leitores. Ao tentar ser criativo, você sai de onde está, tenta novas experiências, observa tudo, faz inúmeras perguntas e explora várias coisas?
- A criatividade exige paciência para conduzir uma ideia do nascimento à maturidade. Um trabalho constante. Mas tudo começa com uma necessidade — com um propósito. Sem um propósito claro e significativo, a criatividade perde a vitalidade e tende a definhar. Quando tenta ser criativo, você se detém para refletir sobre os propósitos que deseja perseguir e sobre as pessoas que eles beneficiarão?

18
APRENDIZADO

Talvez a imaginação seja apenas a inteligência se divertindo.
– GEORGE SCIALABBA

Certas pessoas parecem ter aptidão para serem criativas. Mas, se observá-las durante algum tempo, você irá perceber que seus poderes de inovação não aparecem por mágica ou sorte. Na realidade, fica muito claro que as pessoas inovadoras são em geral incansáveis aprendizes — elas buscam com determinação a sabedoria em torno dos assuntos mais amplos.

Esse era inegavelmente o caso de Leonardo da Vinci, que alguns consideram o homem mais talentoso que já existiu. A engenharia, a matemática, a fisiologia, a astronomia, a geologia e a botânica eram alguns dos muitos interesses que estimulavam sua mente. Enquanto lê sobre esse gênio, pense no investimento que você está fazendo para desenvolver seus próprios talentos e sua capacidade intelectual. Você está investindo o suficiente? Qual é o retorno de seus esforços?

O HOMEM MAIS TALENTOSO QUE JÁ EXISTIU
Leo Rosten

Ele podia desenhar tanto uma folha quanto uma mão, uma samambaia ou uma pedra de maneira extraordinária. Ninguém jamais igualou a luz e a sombra de suas pinturas, ou seu gênio para cobrir uma superfície plana com uma cena de tocante mistério. No entanto, o talento artístico do criador da *Mona Lisa* e da *Última ceia* era apenas um dos seus incríveis dons.

Leonardo da Vinci era fascinado por tudo: o sorriso de um bebê, o voo dos pássaros, o esplendor dos planetas. Ele amava o rosto e a forma humana e desenhava uma cativante coleção de guerreiros, de velhos e de corpos com a pele removida para revelar a estrutura dos ligamentos e dos músculos.

Mas Leonardo era muito, muito mais do que um artista. Era um engenheiro, um músico, um arquiteto, um cartógrafo, um matemático, um astrônomo, um botânico, um zoólogo, um geólogo, um fisiologista. Foi o primeiro homem a fazer impressões de cera do interior do cérebro, a usar modelos de vidro ou de cerâmica para que os mecanismos do coração e do olho pudessem ser compreendidos. Foi o primeiro a desenhar uma precisa representação de um útero aberto (com um embrião dentro) e o primeiro a investigar por que as folhas são arrumadas de uma determinada maneira em torno do caule.

Em um de seus muitos cadernos, ele desenhou uma figura masculina em um quadrado dentro de um círculo, com as pernas juntas, depois separadas, os braços na horizontal e depois formando um ângulo de 45 graus.

— A extensão dos braços estendidos de um homem é igual à sua altura — ele revelou. — O centro do círculo formado pelas extremidades dos membros estendidos será o umbigo. O espaço entre as pernas formará um triângulo equilátero.

Foi o primeiro pensador e cientista moderno, porque buscava descobrir as causas das coisas através da observação direta e de experimentos. Sustentava que a ciência é "o conhecimento de todas as coisas possíveis" e era obcecado pelo que chamava de *saper veder* ("saber como ver").

Uma das coisas mais notáveis sobre Leonardo é que ele partia do princípio de que era possível compreender qualquer coisa. Sua ágil inteligência percorria o universo inteiro, da asa de uma libélula à origem da Terra.

Antes de Copérnico, ele notara que o Sol não se move ao redor da Terra e que a Terra é "uma estrela, como a Lua". Antes de Galileu, ele disse que objetos em queda aceleram sua velocidade com a distância e sugeriu que "uma lente de aumento grande" deveria ser usada para estudar a superfície da Lua. Foi um pioneiro no estudo da ótica, da hidráulica, da física do som e da natureza da luz. Notou que o som se move em ondas — motivo pelo qual as badaladas simultâneas dos sinos de duas igrejas distantes uma da outra são ouvidas separadamente. E, ao perceber um intervalo entre um raio e um trovão, concluiu que a luz viaja mais depressa do que o som. Ao investigar sobre a circulação do sangue, descreveu a arteriosclerose, que atribuiu à falta de exercício!

Mas isso não é tudo. Muito antes da Revolução Industrial, num mundo onde não havia ainda nem chaves de fenda, ele criou a chave inglesa, cremalheiras, macacos, manivelas, o torno mecânico e um guindaste capaz de levantar uma igreja inteira. Projetou um pistão movido por pressão gerada por vapor e uma corrente articulada com uma roda dentada que não deslizaria. Inventou a transmissão diferencial que permitiria a uma carroça fazer a curva com a roda interna se movendo mais lentamente do que a externa.

Desenhou inúmeras variedades de roldanas, molas, pontes portáteis, ruas de dois andares; um aparelho para medir mudanças no tempo; um "alimentador" automático para impressão. Inventou uma tesoura que abria e fechava com o movimento da mão e esquis infláveis para caminhar sobre a água.

Foi o primeiro a recomendar o aproveitamento do ar como fonte de energia. Descreveu um motor de combustão interna, um aparelho de ar condicionado, um pedômetro, um odômetro, um higrômetro. Chegou a enumerar os benefícios do custo da produção em massa.

Esse artista supremo que chamava a guerra de "uma loucura bestial" serviu como engenheiro militar para Cesar Borgia. Inventou a metralhadora, o tanque, o submarino. Criou uma vestimenta de mergulho, o tubo de respiração, um navio de guerra com o casco duplo, que permitia que a embarcação se mantivesse flutuando após o casco externo ter sido perfurado.

Leonardo sempre fora fascinado pela água: pelas marés do oceano, pelas quedas-d'água batendo contra as pedras, por uma tranquila poça, um riacho. Descreveu coisas que nenhuma outra pessoa tinha observado antes: que, apesar de a superfície de uma poça ser agitada pelo vento, o fundo permanece intocado; que os rios correm mais rápido junto à superfície do que no fundo; que a água nunca se move espontaneamente, exceto quando está descendo. Projetou e supervisionou a construção de canais ao redor da cidade de Milão, uma façanha elogiada até hoje por engenheiros.

Em nenhum campo Leonardo foi mais ousado e original do que na aerodinâmica:

— Uma ave funciona de acordo com a lei da matemática, e isso o homem tem condições de reproduzir.

Soltava pássaros confinados em gaiolas para estudar como eles alçavam voo com as asas abertas. A sua visão era fenomenal, porque ele via e desenhava coisas que não eram visíveis para a maioria das pessoas até que a fotografia de alta velocidade "congelasse" o movimento.

No século 15, inventou o planador. E o paraquedas. E o helicóptero. Descreveu a importância de trens de aterrissagem e de rodas retráteis...

Leonardo nasceu em Vinci, perto de Florença, em 1452, filho ilegítimo de um tabelião e de uma jovem camponesa. Foi criado pelo pai e pelo avô paterno. Ainda muito jovem demonstrou extraordinária curiosidade e excepcional habilidade na música, na geometria e no desenho. Aos quinze anos foi ser aprendiz do famoso pintor Verrocchio, a quem surpreendeu com sua excepcional habilidade para desenhar e com a beleza luminosa de sua pintura.

"Ele era alto, atraente e muito forte", elogiava seu contemporâneo, o artista Giorgio Vasari. Era também bom esgrimista e excelente cavaleiro. Improvisava poemas que cantava com voz melodiosa, acompanhado por um alaúde que ele mesmo projetara. Aos 28 anos, Leonardo foi reconhecido como o maior pintor de seu tempo — um período que incluía Michelangelo, Rafael e Botticelli.

Porém, havia um lado escuro e secreto nele. Era irrequieto, taciturno e temia multidões. Nunca ficava satisfeito com o próprio trabalho e sempre se culpava por não realizar o suficiente. Entretanto, interrompia as sucessivas encomendas em que estava engajado para começar algum novo e atraente projeto, que, por sua vez, permanecia inacabado. "Quero fazer milagres", ele escreveu em sua juventude. Mais tarde, frequentemente lamentava ter "desperdiçado" tantos dias de sua vida.

Os famosos cadernos de Leonardo eram uma miscelânea de páginas de vários tamanhos, soltas ou amarradas em pequenos montes. Sua ortografia era tão rebelde quanto sua gramática; e ele aprendeu sozinho a escrever de trás para a frente, numa espécie de código. Cerca de 6 mil dessas páginas foram descobertas em coleções por toda a Europa. São certamente o mais notável registro de criatividade já produzido por um ser humano.

Leonardo morreu perto de Amboise, na França, quando trabalhava na corte de Francisco I. Estava com 67 anos, uma idade avançada para aquela época.

Ninguém consegue defini-lo. A palavra "gênio" é insuficiente para o fenomenal âmbito e originalidade de seu trabalho. Em toda a história, não há um nome que possa ser colocado ao lado do dele. Ou seja, Leonardo da Vinci permanece como o mais talentoso ser humano que já existiu.

> Leonardo da Vinci foi uma das pessoas mais cultas e completas que já existiram. O universo inteiro — da asa de uma libélula à origem da Terra — era alvo de sua curiosa inteligência. Ele certamente tinha uma mente incomum e uma extraordinária capacidade de ver o que outros não viam. No entanto, as 6 mil páginas de anotações detalhadas e de desenhos comprovam a indiscutível diligência e curiosidade de um estudante buscando arduamente a sabedoria — constantemente explorando, questionando e testando. Expandir a mente é a essência da criatividade. Investir num aprendizado constante é um dos maiores presentes que você pode se dar.

Comentários sobre o Aprendizado

O aprendizado não é obtido por acaso. Ele precisa ser buscado com ardor e cuidado com diligência.

– Abigail Adams

Se você não está aprendendo enquanto está ganhando, está roubando de si mesmo a melhor parte da sua recompensa.

– Napoleon Hill

Em tempos de mudanças drásticas, são os estudiosos que herdarão o futuro. Os incultos ficam apenas equipados para viver num mundo que não existe mais.

– Eric Hoffer

A maioria das pessoas está disposta a pagar mais para se divertir do que para aprender.

– Robert C. Savage

Se na ocasião do nascimento de uma criança uma mãe pudesse pedir a uma fada madrinha para dotá-la do mais útil dos presentes, este presente seria a curiosidade.

– Eleanor Roosevelt

Aquele que tem medo de perguntar está com vergonha de aprender.

– Provérbio dinamarquês

Tento reservar um tempo para ler todas as noites. Além dos jornais e revistas usuais, obrigo-me a ler pelo menos uma revista semanal do começo ao fim. Se lesse apenas o que me atrai — por exemplo, as seções de ciência e negócios —, eu acabaria a leitura exatamente igual à pessoa que era quando comecei. Por isso, eu leio tudo.

– Bill Gates

Um ser humano deveria ser capaz de mudar uma fralda, planejar uma invasão, matar um porco, pilotar um navio, projetar um prédio, escrever um soneto, equilibrar contas, construir um muro, engessar uma fratura, confortar os que estão morrendo, receber ordens, dar ordens, cooperar, agir sozinho, espalhar estrume, solucionar equações, analisar um novo problema, programar um computador, preparar uma refeição gostosa, lutar com eficiência e morrer galantemente. A especialização é para os insetos.

– Robert A. Heinlein

A leitura é para a mente o que o exercício é para o corpo.

– Joseph Addison

Ler sem refletir é como comer sem digerir.

– Edmund Burke

Nenhum homem foi sábio por acaso.

– Sêneca

Reflexões

- Leonardo da Vinci era uma pessoa curiosa, persistente e instruída que conseguia ver as coisas a partir de múltiplas perspectivas. Seu conhecimento era o mais abrangente possível. Até que ponto seus interesses e estudos são abrangentes e refletem a sua curiosidade?
- Na economia global atual, um dos investimentos mais sábios que uma pessoa pode fazer é na própria mente. Todavia, a maioria das pessoas gasta mais dinheiro com diversão do que com educação. Você investe tempo e recursos suficientes para aprender o que precisa saber para ser capaz de realizar seus sonhos e alcançar seus objetivos?
- Leonardo era impaciente consigo mesmo e crítico de seu próprio trabalho. Ao se esforçar para aprender e se desenvolver, você é paciente consigo mesmo?

19
QUALIDADE

Na corrida pela qualidade não existe linha de chegada.
— DAVID T. KEARNS

Quem não gosta de qualidade? Seja na forma de um carro bem-acabado, de uma peça de roupa feita com um ótimo tecido, de um prédio imponente, de uma refeição deliciosa, de um complexo aparelho eletrônico, de uma precisa execução musical, de um harmonioso trabalho de equipe ou de uma sólida peça de mobília, a qualidade é muito atraente.

Talvez nenhuma outra palavra tenha se tornado sinônimo de qualidade como o nome "Ritz". Quando ouvem frases como "ele vivia num padrão Ritz" ou "este lugar é caro e famoso como o Ritz", as pessoas quase automaticamente evocam imagens de ótima qualidade e superioridade. Essa associação tem como origem, é claro, a impecável atenção a detalhes, característica do hoteleiro Cesar Ritz. Como o nome Ritz passou a ser associado à qualidade — a minúsculos detalhes —, ele é relembrado em *The Word for Elegance* [A palavra para elegância].

A PALAVRA PARA ELEGÂNCIA
George Kent

Quando usa o nome Ritz para traduzir excelência de qualidade, você está pagando tributo a um camponês suíço cuja educação formal nunca o levou além da aritmética básica. Hoje seu nome se tornou um sinônimo de luxo. A história de Cesar Ritz é a de um gênio que se dedicou a transformar a hotelaria numa arte. Atualmente você encontrará sua marca em todos os continentes sempre que um hotel for extraordinário na cortesia, no conforto e no incrível bom gosto.

Ritz viveu na virada do século 19 para o 20, quando as mulheres estavam começando a exigir igualdade. Ele as incentivou e as ajudou a sair de seus claustros vitorianos. Quando chegou a Londres, no final da década de 1890, nenhuma mulher de boa família ousaria ser vista jantando em público. Ele persuadiu algumas grandes damas — como a Duquesa de Devonshire e Lady Dudley — a irem jantar em seu hotel. Outras as seguiram, e logo jantar no Savoy ou no Carlton tornou-se um programa obrigatório.

Ritz introduziu a iluminação suave para favorecer a aparência das mulheres e realçar seus vestidos. Planejou os restaurantes de seus hotéis para que, após subirem um pequeno lance de escadas, as mulheres pudessem fazer uma "entrada triunfal". Confabulou com seu famoso chef, Auguste Escoffier, para criar inúmeros pratos que agradassem principalmente às mulheres. E introduziu música durante o jantar — pela primeira vez em Londres. Sempre perfeccionista, escolheu a orquestra de Johann Strauss para encantar seus hóspedes.

Cesar Ritz nasceu no vilarejo suíço de Niederwald, e aos dezesseis anos foi trabalhar no restaurante de um hotel na cidade de Brieg. Alguns meses depois foi despedido.

— No setor hoteleiro — comentou seu patrão — é preciso ter aptidão, instinto. Você não tem nenhum traço disso.

Ritz empregou-se novamente como garçom — e mais uma vez foi demitido. Mudou-se para Paris, onde conseguiu — e perdeu — mais dois empregos. Sua carreira realmente começou com o quinto emprego em um pequeno e elegante restaurante perto da Madeleine. Ali progrediu de ajudante de garçom para garçom e depois para gerente. Tinha apenas dezenove anos quando o patrão o convidou para ser seu sócio. Para qualquer outro jovem aquela poderia ter sido uma maravilhosa oportunidade. Mas Ritz já sabia o que queria: o mundo dos grandes nomes, dos banquetes gastronômicos.

Enchendo-se de coragem, dirigiu-se ao restaurante número um da época, o Voisin's, e recomeçou como ajudante de garçom. Observou e aprendeu como preparar um pato, como cortar a carne, como decantar um vinho da Borgonha, como servir uma comida que agradasse tanto os olhos quanto o paladar.

Em 1871 deixou Paris e durante três anos trabalhou em famosos restaurantes em locais de férias da Alemanha e da Suíça. Era gerente do restaurante do Rigi-Kulm, um hotel alpino renomado pela vista que tinha e por sua cozinha, quando um dia a central de aquecimento quebrou quase ao mesmo tempo em que chegava uma mensagem: quarenta americanos ricos estavam a caminho para almoçar!

A temperatura da sala de jantar era quase congelante. Vestindo um sobretudo, Ritz ordenou que a mesa de almoço fosse colocada na sala de estar, que tinha cortinas vermelhas e *parecia* mais quente. Em quatro enormes urnas de cobre, até então usadas para sustentar plantas ornamentais, despejou álcool e ateou fogo. Tijolos foram colocados nos fornos.

Quando os clientes chegaram, a sala estava suficientemente aquecida e debaixo dos pés de cada americano foi colocado um tijolo quente embrulhado em flanela.A refeição foi uma obra de arte para tempo frio, começando com um apimentado e fervente caldo de carne e acabando com flamejantes crepes suzette.

O pequeno milagre das soluções rápidas, que passou a ser comentado todas as vezes que hoteleiros se reuniam, finalmente chegou aos ouvidos do proprietário de um grande hotel em Lucerna, que perdia dinheiro constantemente. Ele convidou Ritz para se tornar gerente-geral. Em dois anos o antigo camponês, agora com 27 anos, fez do hotel um sucesso.

Para Ritz, nenhum detalhe era demasiadamente insignificante e nenhuma ação demasiadamente exaustiva se ela significava dar felicidade a um hóspede.

— As pessoas gostam de ser servidas — ele costumava dizer —, mas de forma invisível.

As normas que elaborou são os quatro mandamentos de um bom administrador de hotéis hoje em dia: ver tudo sem olhar; ouvir tudo sem escutar; ser atencioso sem ser servil; antecipar sem ser presunçoso.

Se um hóspede reclamava do valor de uma conta, ele sorria gentilmente, levava-a embora e se esquecia de trazê-la de volta. Se quem estava comendo não gostava da carne ou do vinho, aquilo era rapidamente retirado da mesa. Ritz tinha uma memória fantástica. Lembrava-se de quem gostava de uma certa marca de cigarros turcos, de quem adorava chutney, e quando essas pessoas chegavam, seus itens preferidos estavam esperando por elas.

Ritz também cuidava de seus hóspedes mais permanentes. O homem alto encontrava uma cama de dois metros e meio de comprimento em seu quarto. A senhora Smith, que não suportava flores, nunca se aborrecia com elas, mas a senhora Jones, que adorava gardênias, sempre encontrava um vaso cheio delas em sua mesa no café da manhã.

Em 1892, Ritz foi para Londres assumir o financeiramente cambaleante Hotel Savoy. O hotel saiu do vermelho em um período de tempo surpreendentemente curto. Indo de quarto em quarto, ele refazia as camas para se certificar de que estavam benfeitas. Certa vez, ao inspecionar o restaurante e sentir cheiro de sabão em um copo, mandou lavar de novo centenas de copos.

Estava um dia refazendo a decoração de uma suíte nupcial e não gostou da luminária de bronze pendurada no teto. Enquanto procurava uma maneira de iluminar o quarto mais suavemente, as cornijas lhe deram uma ideia. Colocou as luzes atrás delas — e assim a iluminação indireta foi introduzida.

Ao organizar uma festa para Alfred Beit, o rei do diamante sul-africano, Ritz inundou o salão de festas do Savoy e o transformou em uma miniatura de Veneza. Os convidados foram servidos reclinados em gôndolas.

A era dourada de Ritz no Savoy acabou em uma briga com os donos. Ele voltou para a sua amada Paris e realizou um sonho que cultivava há anos: estabeleceu na Place Vendôme o mais imponente de todos os hotéis Ritz. Para desestimular os curiosos, projetou um lobby pequeno. Para incentivar as conversas enquanto as pessoas tomavam chá ou café, planejou um jardim. Para garantir a limpeza, mandou pintar as paredes com tinta lavável em vez de cobri-las com papel ou tecido. Para o mobiliário, foi a Versalhes e a Fontainebleau buscar inspiração.As combinações de cores foram copiadas de um quadro de Van Dyck.

Uma inovação foi o número de quartos equipados com banheiros privativos. No dia da inauguração, as pessoas percorriam os corredores como se estivessem num museu, em boa parte para inspecionar os banheiros.

O sucesso do Ritz de Paris nunca foi questionado. Em um cardápio de jantar preservado por um antigo funcionário do Ritz estão os autógrafos de quatro reis, sete príncipes e inúmeros nobres. A todos Ritz dedicava sua extraordinária atenção, sensível que era aos mínimos detalhes.

Na virada do século, Ritz construiu e abriu o Carlton Hotel em Londres e, alguns anos depois, o hotel que ostenta seu nome em Piccadilly. Este último foi a primeira construção na Inglaterra a ter estruturas de aço que Ritz, apaixonado pela Torre Eiffel, insistiu em usar. Um grupo de financistas se uniu a ele para criar a Ritz Hotel Development Corporation, que produziu a maioria dos hotéis Ritz espalhados pelo mundo.

Quando estava morrendo, em outubro de 1918, achando que sua esposa se encontrava a seu lado, murmurou: "Cuide da nossa filha." Ele só tinha dois filhos homens, mas, entre ele e a mulher, "filha" era o termo usado para se referirem ao hotel Ritz de Paris.

> Até hoje, as pessoas no mundo inteiro associam qualidade ao nome de Ritz. Isso porque ela estava presente em cada aspecto das atividades diárias de Cesar Ritz. Refeição após refeição, quarto após quarto, ele pagava um preço para produzir qualidade, e, em contrapartida, os hóspedes se mostravam dispostos a pagar o que fosse para usufruí-la. A atenção à qualidade e aos detalhes se expressa em nosso modo de falar, de vestir, de trabalhar, de entreter e de comer. Ela afeta nosso modo de andar, de criar, de ensinar, de ouvir, de fazer exercícios, de aprender e de jogar. É um princípio que se entremeia em toda a tessitura da vida, tocando tudo o que somos e fazemos.

Comentários sobre a Qualidade

Fazer o melhor que pudermos no momento atual nos coloca no melhor lugar possível no próximo momento.

– Oprah Winfrey

Esteja você sobrevoando o Atlântico, vendendo salsichas, construindo um arranha-céu, dirigindo um caminhão ou pintando um quadro, o seu maior poder provém do fato de empenhar-se para fazer essa coisa da melhor maneira possível. E uma coisa bem-feita em geral funciona tanto para o benefício dos outros quanto para o nosso. Isso se aplica aos esportes, aos negócios, à amizade. A tudo.

– Amelia Earhart

A qualidade da vida de um ser humano é proporcionalmente associada a seu compromisso com a excelência, independentemente de seu campo de ação.

– Vince Lombardi

O trabalho engrandece o homem.

– Provérbio irlandês

O poder frequentemente está nos detalhes, e a busca tenaz dessas ocultas alavancas é capaz de trazer imensos benefícios. Embora você não queira ser conhecido como um meticuloso obsessivo, é importante preocupar-se com detalhes.Você pode se considerar o maior orador do mundo, mas, se o sistema de som do auditório estiver chiando, é melhor esquecer o discurso.

– Tom Peters

Os momentos de estresse, confusão e cansaço são exatamente aqueles em que os erros acontecem. Quando todos os outros estão desatentos, o líder precisa redobrar a atenção. "Sempre verificar as pequenas coisas" é uma das minhas regras.

– Colin Powell e Joseph E. Persico

Cuidado com o homem que não quer se incomodar com detalhes.

– William, Feather, Sr.

Xsta máquina dx xscrxvxr x xxcxlxntx xxcxto por uma txcla. As 25 outras lxtras funcionam bxm; mas apxnas uma lxtrinha xstraga todo o trabalho.

– William D. Xllis

Um profissional é alguém que pode fazer seu melhor trabalho mesmo quando não está com vontade.

– Alistair Cooke

Um excelente bombeiro é infinitamente mais admirável do que um filósofo incompetente. A sociedade que despreza a excelência nas conexões hidráulicas por considerá-la inferior e tolera a falsa filosofia porque a vê como uma atividade superior não terá nem um bom encanamento nem uma boa filosofia.

– John W. Gardner

Walt Disney se envolvia em tudo. Durante uma reunião de contadores de histórias no Mickey Mouse Club TV Show, o contador disse às crianças:

— Agora, quando você sobe na sua bicicleta…

Walt interrompeu-o:

— Mude *sua* bicicleta para *uma* bicicleta. Lembre-se de que nem toda criança tem dinheiro suficiente para ter a própria bicicleta.

– Roy Disney

Reflexões

- O nome Cesar Ritz aos poucos virou sinônimo de qualidade. As pessoas esperam uma elegância requintada quando entram em seus hotéis e restaurantes. Você facilmente se contenta com a mediocridade, ou o seu nome e a sua reputação são sinônimos de qualidade?
- A atenção de Ritz a detalhes estava presente em todas as coisas — na iluminação, na comida, na música, nos odores — em todo o ambiente. Em outras palavras, ele pensava na "totalidade" da experiência que seus clientes estariam tendo, e não apenas em uma parte. Quando se trata de qualidade, você pensa holisticamente ou tende a se concentrar em um ou dois aspectos, negligenciando os outros?
- Alguns dizem que, em vez de se incomodar com detalhes, os líderes deveriam delegá-los. É verdade que um líder deve confiar certos detalhes a outras pessoas, principalmente quando elas são mais competentes.Mas isso em hipótese alguma significa que eles não devam se preocupar com eles nem que qualquer produção não os deva ter. Até que ponto você se preocupa com detalhes?

20
Trabalho

O mundo está cheio de pessoas dispostas;
algumas estão dispostas a trabalhar; as demais,
a deixar as outras trabalhar.
— Robert Frost

Quando se tenta criar um sonho, uma das questões mais importantes é o TRABALHO. Na realidade, os princípios já citados nesta seção do livro — visão, criatividade, aprendizado e qualidade — perdem potência sem o princípio do trabalho. E isso geralmente significa algumas longas horas, uma árdua dedicação e, na maioria dos casos, uma generosa porção de esforço.

Durante trinta anos, Johnny Carson deleitou enormes plateias de televisão durante shows transmitidos ao vivo e retransmitidos regularmente no mundo inteiro. Seu sorriso e sua risada eram absolutamente contagiantes, e, noite após noite, ele aliviava os ouvintes do estresse do dia. Mas, embora passasse a impressão de fazer isso com facilidade, em *Aqui está Johnny* ficamos sabendo como ele se esforçou para alcançar e manter seu longo domínio sobre as plateias.

Aqui está Johnny!
Ed McMahon

Quase 5 mil vezes durante trinta anos Johnny Carson atravessou as cortinas do *The Tonight Show* depois de eu anunciá-lo com três palavras: "Aqui está Johnny!" Quase 5 mil vezes ele entrou ao som de uma canção que ajudara a compor, com seu estilo exclusivo que exalava jovialidade e ostentando um sorriso, mostrando a milhões de americanos a maneira mais feliz de terminar o dia.

A minha primeira audição com Johnny durou ao todo seis minutos. Era para o show de jogos diurno *Em quem você confia?*, do qual ele era o apresentador em 1958. Por uma rua de Times Square, entrei no camarim de Johnny.

— Estou contente por você ter vindo, Ed — ele disse enquanto calorosamente sacudia minha mão.

Duas das janelas do camarim de Johnny estavam voltadas para a Rua 44 e através delas era possível ver o Teatro Shubert, onde era anunciado um show de grande sucesso chamado *Bells Are Ringing* [Os sinos estão tocando], estrelado por Judy Holliday. Enquanto observávamos quatro guindastes levantarem um grande cartaz, ele me perguntou:

— Onde é que você estudou, Ed?

— Na Universidade Católica — respondi.

— Ela tem uma excelente escola de teatro, não é? — Johnny perguntou, e eu concordei.

— O que você está fazendo agora? — ele voltou a indagar.

— Apresento dois shows de variedades na Filadélfia.

Então, sacudindo a minha mão outra vez, ele disse:

— Bem, muito obrigado por ter vindo, Ed. Foi bom conhecer você.

Desapontado, interpretei suas palavras como: "Não nos telefone, telefonaremos para você. Mas não nesta vida."

Pouco depois, seu produtor me telefonou.

— Oi, Ed, aqui é o Art Stark. Quando você vier, queremos que use um terno. Johnny vai estar de roupa esporte e gostaríamos de dar destaque ao seu tamanho quando você estiver ao lado dele.

— Mas... Sobre o que o senhor está falando? — perguntei, ainda sem entender.

A resposta veio imediatamente:

— Ué, eles não telefonaram para você? Você conseguiu o emprego. Começa na próxima segunda-feira.

"Eu atrelei minha carroça a uma estrela"

Johnny sempre parecia vir com a frase e o gesto certos. Ele tem o dom, pensei. Atrelei minha carroça a uma estrela.

Enquanto crescia em Norfolk, Nebraska, Johnny aperfeiçoara seu talento estudando o ritmo de seu ídolo Jack Benny.

— Eu costumava deitar no tapete e ficava horas ouvindo-o — Johnny me contou uma vez. — Foi então que descobri o que eu queria da vida: crescer e fazer os outros rirem, exatamente como Benny fazia.

Em meados de 1962, a NBC começou a procurar um substituto para Jack Paar, a estrela de *The Tonight Show* desde 1957. Quando a rede ofereceu o show a Johnny, ele não aceitou imediatamente. Ele confiava em si mesmo, mas estava nervoso.

— Não acho que sou capaz de fazê-lo, Ed — ele me disse.

— Claro que pode — retruquei, surpreso por ele ter tais dúvidas.

— Posso dirigir um show de perguntas de meia hora — Johnny continuou —, mas pular para uma hora e 45 minutos à noite... Bem, a sensação é de estar pulando de uma ponte.

Em trinta anos juntos, Johnny nunca me deu um único tipo de orientação. Durante alguns minutos, antes de eu entrar para entreter a plateia, conversávamos em seu camarim sobre as notícias do dia, o mercado de ações, nossos filhos, beisebol. Nunca falávamos sobre o show. No início, Johnny me dissera em particular:

— Ed, sei que temos todos esses escritores, mas não quero nunca fazer alguma coisa que pareça muito planejada.

Eu o tranquilizei:

— Não se preocupe. Seu show passa a impressão de ter sido improvisado na hora.

Johnny respirou fundo:

— Vamos mantê-lo assim. Não quero entrar em cena com alguma coisa que pareça ter sido ensaiada durante um mês. Vou apenas ser como sou e ver o que acontece.

O que aconteceu foi o mais alto índice de audiência na televisão americana.

Uma vez, ouvi um fã lhe perguntando:

— O que o tornou uma estrela?

E Johnny respondeu:

— Comecei em estado gasoso e então solidifiquei.

O TRABALHO POR TRÁS DO HUMOR

Todas as manhãs, enquanto tomava café, Johnny vasculhava os jornais em busca de matérias para seu monólogo. O *The Tonight Show* tanto formava quanto refletia a opinião americana, porque Johnny começava seu dia fazendo círculos com um lápis em torno das notícias.

Ele era o maior perfeccionista que já conheci. Embora quisesse que o show nunca parecesse ter sido ensaiado, a maioria das pessoas não percebia o volume de trabalho que havia por trás do seu jeito espontâneo. Quando tinha a sensação de que o show não fora excelente, ele me dizia:

— Bem, sempre há o dia de amanhã.

Ele esperava que as outras pessoas trabalhassem como ele — com profissionalismo. No ar e fora do ar, duas coisas o deixavam zangado: a indelicadeza e a falta de profissionalismo.

— A minha capacidade de tolerância é pequena — ele disse uma vez. Seus padrões eram tão altos que Doc Severinsen, seu maestro, me disse que começava a transpirar todas as vezes que Johnny atravessava a cortina. Doc tinha medo de cometer um erro e ter de enfrentar a implacável fúria de um perfeccionista que frequentemente ficava sentado sozinho horas a fio polindo seu monólogo.

Um olho para novo talento

Johnny lançou mais estrelas do que qualquer outra pessoa do ramo. Eu me encontrava na plataforma de lançamento, por exemplo, quando uma jovem magra e nervosa de Nova York posicionou-se no palco e disse:

— Nós morávamos em Westchester e minha mãe estava tão preocupada com a possibilidade de eu não me casar que colocou um cartaz do lado de fora da nossa casa: ÚLTIMA GAROTA ANTES DA VIA EXPRESSA.

Depois de várias outras frases tão boas quanto essa, a jovem foi convidada a ir para o sofá — o foguete acolchoado para o estrelato. E Johnny disse a Joan Rios:

— Você é engraçada. Vai ser uma estrela.

Ele fez o mesmo comentário quando um comediante baixo e magrela chegou no palco e disse:

— Eu não acredito em vida após a morte, mas mesmo assim vou levar uma muda de roupa de baixo. — E a carreira de Woody Allen estava lançada.

Eu sempre sabia quando Johnny gostava do desempenho de um comediante. Ele se apoiava no cotovelo esquerdo com o pulso embaixo do queixo. Quando o comediante acabava, a mesma mão chamava o comediante para ir até o sofá, e uma carreira entrava em órbita. Outro detalhe que me encantava: Johnny não sentia ciúmes de outros comediantes, uma atitude extremamente rara.

"Você não pode fingir assim na televisão"

Embora estivesse sempre ciente de seu lugar na cena pública, Johnny também se comportava menos como uma estrela do que qualquer outro comediante que conheci. Com a maior naturalidade, dirigia seu próprio carro para o estúdio todos os dias e levava seu almoço num saco de papel.

Por volta de 1991, a assistência de *The Tonight Show* era tão grande que Johnny estava faturando 60 milhões de dólares para a NBC, 30% de seu lucro operacional. Naquele ano, ele ganhou 20 milhões de dólares. Mas não alterou seu padrão de vida. Uma vez me disse:

— Não preciso de oito casas nem de 88 carros, nem de trezentos ternos. Em quantas casas você pode morar?

Johnny deu milhões para a Universidade de Nebraska e para escolas públicas em sua cidade natal. Fez grandes doações em segredo para organizações que a maioria das pessoas nunca ouvira falar, porque não queria estardalhaço.

— Tenho um ego como qualquer outra pessoa — ele me disse. — Mas não preciso que ele seja massageado.

Em seu show de despedida, em 1992, fiquei profundamente comovido quando Johnny declarou para o país:

— Este show teria sido impossível sem Ed. Fizemos a melhor das parcerias... Muitas pessoas que trabalham juntas na televisão competem uma com a outra, mas Ed e eu somos bons amigos. E isso você não pode fingir quando está no ar.

Não, você não pode.

Você entendeu o sutil segredo do sucesso de Johnny na televisão revelado por Ed McMahon, o homem que o conhecia melhor do que ninguém? Eram as incontáveis horas investidas por trás das cenas em que Johnny se dedicava a aperfeiçoar frases e expressões faciais. Sua ética de trabalho repete uma mensagem ouvida muitas vezes antes — de um pai, de uma mãe, talvez de um professor, de um treinador ou de um amigo: o fundamento essencial para o sucesso é muito trabalho, tanto físico quanto mental.

Comentários sobre o Trabalho

Nada excelente e durável foi produzido com facilidade. O trabalho é o pai de todos os monumentos duradouros do mundo, seja nos versos, na pedra, na poesia ou nas pirâmides.

– Thomas Moore

Se você quiser um lugar ao sol, precisa suportar algumas bolhas.

– Abigail Van Buren

Um casamento não significa apenas comunhão espiritual e abraços apaixonados; um casamento também significa três refeições por dia, dividir a carga de trabalho e se lembrar de levar o lixo para fora.

– Joyce Brothers

As alturas alcançadas e mantidas por grandes homens não foram atingidas num voo repentino, Pois eles, enquanto seus companheiros dormiam, Trabalhavam arduamente para alcançar as alturas.

– Henry Wadsworth Longfellow

A ação nem sempre significa felicidade, mas não existe felicidade sem ação.

– Benjamin Disraeli

Pense em um final de dia em que você se sentiu imensamente satisfeito. Não foi um dia em que você ficou sem fazer nada. Foi aquele em que você tinha muitas coisas para fazer e fez tudo.

– MARGARET THATCHER

Atualmente, algumas pessoas esperam que a porta da oportunidade seja aberta com um controle remoto.

– M. CHARLES WHEELER

Como foi que Louis L'Amour cativou milhões com seus romances de faroeste?

Quando L'Amour começava um romance, ele se cercava de cópias de todos os mapas topográficos, de relevo e de minas que existiam na área abrangida por sua história. "Minhas descrições precisam estar corretas", ele insistia. "Quando descrevo para meu leitor um poço no deserto, ele tem que acreditar que o poço estará lá e que a água pode ser bebida."

Uma vez, por três dólares por dia, ele concordou em ajudar um caçador de oitenta anos que tinha sido contratado para retirar a pele de todo o gado abatido em um rancho.

— Havia 925 cabeças de gado e alguns animais já estavam mortos há algum tempo — ele se lembrou. — Ninguém mais chegava perto do local. Mas o velho tinha uma história para contar: ele fora sequestrado por apaches quando estava com sete anos e tinha sido criado como um deles. Cavalgara com os grandes chefes Nana e Jerônimo. Eu fiquei sozinho com ele durante três meses e obtive muito material para livros que escrevi mais tarde.

– JOHN G. HUBBELL

Reflexões

- Johnny Carson alcançou sucesso trabalhando obstinadamente e aperfeiçoando minúsculos detalhes. Quando se trata de enfrentar as partes mais difíceis de um trabalho, você persiste ou adia? O trabalho — tanto físico quanto mental — faz parte de seu repertório regular?
- É claro que é mais fácil trabalhar com afinco se você gosta do que está fazendo. Que tipos de trabalho você aprecia? Você encontra maneiras de se divertir com um trabalho? Você torna o trabalho mais agradável para os outros?
- Walt Disney, Charles Dickens, Leonardo da Vinci, Cesar Ritz e Johnny Carson construíram suas reputações trabalhando muito, com persistência e regularidade. Para criar seu sonho, você indubitavelmente precisará trabalhar muito, com talento e eficiência. O que você pode fazer para tornar a lida diária mais eficaz?

Trabalho em equipe

Os flocos de neve são uma das coisas mais frágeis da natureza, mas vejam o que fazem quando se juntam.
– Vesta M. Kelly

Nós vivemos num mundo interdependente. Embora alguns sejam mais sociáveis e gregários do que outros, nenhum ser humano é uma ilha. Portanto, para extrair o máximo da vida — e também dar o máximo — temos de aprender a trabalhar de forma eficiente e em equipe. Isso nem sempre é fácil, pois há gente de todo tipo, tamanho, cor, idade, gênero e temperamento. Mas as pessoas que procuram viver a grandeza de cada dia não apenas aprendem a aceitar a diversidade dos seres humanos, mas também amadurecem para valorizar, celebrar e tirar benefícios da vasta gama de diferenças.

Os princípios que aumentam a capacidade de trabalhar em equipe são:

- Respeito
- Empatia
- União
- Tolerância
- Sinergia

21
RESPEITO

O maior bem que podemos fazer a uma pessoa não é apenas partilhar nossa riqueza com ela, mas levá-la a descobrir a própria riqueza.
– BENJAMIN DISRAELI

O filósofo alemão Johann Goethe ensinou: "Trate um ser humano tal como ele é, e ele continuará como é. Trate-o como ele pode e deve ser, e ele se tornará como pode e deve ser." Na verdade, quando são tratadas com respeito, as pessoas, em sua maioria, correspondem ao tratamento que recebem, crescendo em qualidade.

Eu gosto de histórias de pessoas aparentemente "médias" que passaram a brilhar e desabrochar porque alguém se interessou por elas e as tratou com respeito. *A história das oito vacas de Johnny Lingo* é um exemplo clássico. Ela transmite uma poderosa mensagem que qualquer pessoa que exerce influência sobre os outros deveria levar a sério.

A HISTÓRIA DAS OITO VACAS DE JOHNNY LINGO

Patricia McGerr

Quando viajei de vapor para Kiniwata, uma ilha no Pacífico, levei um caderno de anotações. Ao voltar, trazia-o cheio de descrições da flora e da fauna, dos costumes e trajes nativos. Mas a anotação de que mais gosto é a que diz: "Johnny Lingo deu oito vacas ao pai de Sarita." Lembro-me dela sempre que vejo uma mulher humilhando o marido ou uma esposa murchando por causa do desprezo do seu cônjuge. Sinto vontade de dizer-lhes: "Vocês deviam saber por que Johnny Lingo pagou oito vacas pela esposa."

Johnny Lingo não era seu nome verdadeiro. Mas assim o chamava Shenkin, o gerente da casa de hóspedes em Kiniwata. Shen kin vinha de Chicago e tinha o hábito de americanizar os nomes dos ilhéus. Mas muita gente chamava Johnny desse jeito. Se eu quisesse passar alguns dias na ilha vizinha, Nurabandi, Johnny me levaria. Se quisesse pescar, ele me mostraria o lugar ideal. Se buscava pérolas, ele conseguiria as melhores barganhas. Embora todos em Kiniwata se referissem a Johnny Lingo com grande respeito, ao mesmo tempo falavam dele com um sorriso meio zombeteiro.

— Peça a Johnny Lingo para ajudá-la a encontrar o que deseja e deixe-o pechinchar — aconselhou-me Shenkin. — Johnny sabe fazer negócios.

Um menino sentado por perto morreu de rir:

— Johnny Lingo! — repetiu.

Fiquei intrigada:

— O que é que há? Todos me mandam procurar Johnny Lingo e depois dão risada. Qual é a graça?

— Oh, as pessoas gostam de rir — disse Shenkin, dando de ombros. — Johnny é o rapaz mais inteligente das ilhas e, para a idade, o mais rico.

Continuei sem entender:

— Mas se ele é como você disse, qual o motivo do riso?

— Só uma coisa — Shenkin respondeu. — Há cinco meses, no festival de outono, Johnny veio a Kiniwata e encontrou uma esposa. Pagou ao pai da moça oito vacas.

— Deus do céu! — não pude deixar de exclamar.

Duas ou três vacas comprariam uma esposa de bonita a média, e quatro ou cinco, uma mais do que satisfatória.

— Não é feia — admitiu Shenkin, com um sorrisinho. — Mas os mais caridosos diriam que Sarita é sem graça. Sam Karco, o pai, tinha medo de que ela ficasse encalhada.

Não pude deixar de me espantar:

— E aí recebeu oito vacas por ela? E por que você a acha sem graça?

Shenkin sorriu de novo:

— Eu disse que seria caridade chamá-la de sem graça. Era magrela. Andava com os ombros caídos e a cabeça baixa. Tinha medo da própria sombra.

— Bem, acho que não há explicação para o amor — concluí.

— Os aldeões riem quando falam de Johnny — Shenkin continuou. — Sentem uma satisfação especial pelo fato de o comerciante mais esperto ter sido enrolado pelo burro do Sam Karoo. Imagine que os primos de Sam lhe disseram para começar pedindo três vacas e fincar pé em duas até ter certeza de que Johnny pagaria apenas uma. Aí Johnny procurou Sam Karoo e disse: "Pai de Sarita, eu lhe ofereço oito vacas por sua filha."

— Oito vacas — murmurei. — Eu gostaria de conhecer esse Johnny Lingo.

Eu queria peixe. Queria pérolas. Assim, na tarde seguinte, aportei com meu barco em Nurabandi. E notei, ao perguntar onde ficava a casa de Johnny, que o nome não provocava sorrisos zombeteiros nos ilhéus. Quando o rapaz esbelto e sério me recebeu com graça em sua casa, fiquei contente ao ver que sua própria gente o respeitava. Sentamos e conversamos. Quando ele soube que eu vinha de Kiniwata, perguntou:

— Falam de mim naquela ilha?

— Dizem que o senhor me ajudará a conseguir qualquer coisa que eu queira — respondi.

Seu sorriso foi delicado:

— Minha esposa é de Kiniwata. Falam dela?

— Um pouco — tive que admitir.

A pergunta seguinte me pegou de surpresa:

— O que dizem?

— Disseram que o senhor se casou durante a festa de outono — tive que responder. Johnny continuou sorrindo. — Também dizem que o acordo de casamento foram oito vacas. — Fiz uma pausa. — Eles se perguntam por quê.

— Eles perguntam isso? — Seus olhos brilharam, cheios de prazer. — Todo mundo em Kiniwata sabe a respeito das oito vacas? — Assenti com a cabeça. Ele prosseguiu: — Em Nurabandi todos também sabem. — Seu rosto encheu-se de satisfação. — Daqui para a frente, sempre que falarem de acordos de casamento, lembrarão que Johnny Lingo pagou oito vacas por Sarita.

Ali estava a resposta, pensei: vaidade.

Então eu a vi. Ela entrou na sala e colocou flores sobre a mesa. Ficou parada um instante, sorriu para o rapaz ao meu lado e tornou a sair. Era a mulher mais bonita que eu já vira. A postura ereta, a inclinação do queixo, o brilho nos olhos, tudo demonstrava a consciência de um orgulho a que tinha direito.

Ao voltar-me para Johnny Lingo, ele me olhava.

— A senhora a admira? — ele perguntou.

— Ela... ela é gloriosa — eu disse.

— Só existe uma Sarita — ele afirmou sereno. — Talvez seja diferente da descrição que lhe fizeram em Kiniwata.

— Muito diferente — fui sincera. — Me disseram que ela era sem graça e que o senhor se deixou tapear por Sam Karoo.

Um sorriso deslizou por seus lábios:

— A senhora acha que oito vacas foi demais? — perguntou.

— Claro que não, mas como é que ela pode estar tão diferente? — não pude deixar de dizer.

— A senhora já pensou — ele perguntou — o que deve significar para uma mulher saber que o marido pagou o mais baixo preço para comprá-la? Quando as mulheres conversam, elas se gabam do que o marido pagou por elas. Uma diz quatro vacas, outra, talvez seis. Como se sente a mulher vendida por uma ou duas? Isso não podia acontecer com a minha Sarita.

— Então, o senhor fez isso só para fazê-la feliz?

Então, ele olhou para mim, sério:

— Sim, eu queria que Sarita ficasse feliz. Mas queria mais do que isso. A senhora diz que ela está diferente. É verdade. Muitas coisas são capazes de mudar uma mulher. Coisas que acontecem por dentro, coisas que acontecem por fora. Mas o que mais importa é o que ela pensa sobre si mesma. Em Kiniwata, Sarita achava que não valia nada. Agora sabe que vale mais do que qualquer outra mulher das ilhas.

— Então o senhor queria... — manifestei espanto. Ele prontamente afirmou:

— Eu queria me casar com Sarita. Eu a amava, e a nenhuma outra.

Comecei a compreender:

— Mas...

Ele concluiu suavemente:

— Mas eu queria uma mulher de oito vacas.

Uma das definições de liderança que sempre usei em todos esses anos: "Liderar é comunicar o valor e o potencial das pessoas com tanta clareza que as inspiro a vê-los nelas mesmas." Todo ser humano, do berço à sepultura, reage positivamente ao respeito. Reage às pessoas que veem o que há de bom nele e trazem à tona o seu potencial oculto. Isso se reflete na postura, no rosto, no tom de voz. E, embora nem todos se tornem belos fisicamente como Sarita, a beleza interior brilhará de uma forma que, para mim, influencia significativamente a presença física e traz nova luz aos olhos.

Comentários sobre o Respeito

Poucas coisas ajudam mais uma pessoa do que atribuir-lhe responsabilidades e mostrar-lhe que confiamos nela.

– Booker T. Washington

A suprema felicidade da vida é a convicção de ser amado por aquilo que você é, ou melhor, apesar daquilo que você é.

–Victor Hugo

Uma pessoa seriamente incapacitada jamais conhece a força oculta que possui se não for tratada como um ser humano normal e encorajada a tentar mudar sua própria vida. Anne [Sullivan] encarava os cegos como seres humanos normais com direito a educação, recreação e emprego e lutou para organizar minha vida de acordo com isso. Só me elogiava quando meus esforços correspondiam aos melhores esforços de que crianças e adultos normais são capazes.

A professora confiava em mim, e decidi não trair a sua confiança.

– Helen Keller

O que torna a amizade uma doação tão maravilhosa é que ela nos abençoa apenas por sermos quem somos.

– Constance Boxer

O amigo ouve a música do meu coração e a canta comigo quando a minha memória falha.

– Manual das pioneiras [bandeirantes] americanas

Na maioria das vezes, o sonho começa com um professor que confia na gente, que nos puxa e empurra para o próximo patamar, às vezes até nos cutucando com uma vara pontuda chamada verdade.

— Dan Rather

Oh, o conforto, o inexprimível conforto de se sentir seguro com uma pessoa; não ter de pesar os pensamentos nem medir as palavras, mas despejá-los todos para fora do jeito que são, palha e grão juntos. Saber que uma mão amiga os irá pegar e peneirar para manter o que vale a pena e depois, com o sopro da bondade, mandar o resto para longe.

— George Eliot

Em suas frequentes viagens ao sopé do Temuco, uma velha índia araucária sempre trazia para a minha mãe alguns ovos de perdiz ou um punhado de bagas. Minha mãe não falava o araucário nem a velha falava espanhol, mas tomava chá e comia bolo com muitos risinhos de agradecimento. Nós, meninas, fitávamos fascinadas as camadas de coloridos tecidos feitos à mão, seus braceletes de cobre e colares de moedas, disputando umas com as outras para tentar memorizar a frase melodiosa que ela sempre dizia ao levantar-se para partir.

Acabamos decorando as palavras e as repetimos para o missionário que as traduziu para nós: "Vou voltar de novo, pois gosto de mim mesma quando estou com vocês."

— Elizabeth Mauske

Benjamin Franklin, homem desprovido de tato na juventude, tornou-se tão diplomático, tão hábil no trato com as pessoas, que foi nomeado embaixador americano na França. O segredo do seu sucesso? "Não falo mal de ninguém", disse, "e falo todo o bem que sei de todo mundo."

— Dale Carnegie

Reflexões

- Já teve alguém que depositou em você uma confiança que nem mesmo você tinha? Como isso o fez sentir-se? Comportou-se de forma diferente por causa do respeito com que foi tratado?
- Você conhece uma pessoa que se beneficiaria se fosse tratada com mais respeito? Quantas "vacas" você pode oferecer-lhe como símbolo do seu respeito? Em outras palavras, o que pode dizer ou fazer para aumentar a autoestima dessa pessoa e incentivá-la a realizar o seu potencial?
- Como Johnny Lingo, a maioria das pessoas já foi vítima de fofocas — uma clara violação do princípio do respeito. Quando ouve fofocas em círculos sociais, você as passa adiante ou procura abafá-las na origem?

22
Empatia

Escute ou sua língua o manterá surdo.
— Provérbio indígena americano

A empatia envolve a compreensão do coração, da mente e do espírito dos outros — incluindo suas motivações, origens e sentimentos. Quanto mais empatia temos com as pessoas, mais somos capazes de apreciar e respeitar quem elas são. Pois tocar os sentimentos íntimos e a alma de outro ser humano é pisar em solo sagrado.

Infelizmente, uma das maiores barreiras à empatia é o tempo. Precisamos ter tempo para escutar com atenção e interesse. No ritmo em que anda o mundo, o tempo é valiosíssimo e a eficiência parece ser o maior objetivo de todos. Mas ela atua muito melhor com coisas do que com pessoas. A história seguinte fala de um médico que aprendeu isso ao fazer um curso intensivo e descobriu que em seu trabalho altamente técnico ouvidos interessados são tão importantes quanto mãos hábeis.

Curso intensivo
Michael J. Collins, M.D.

Como cirurgião ortopédico, percebo que, embora eu seja hábil para consertar com as mãos, tenho dificuldade com as palavras.

Talvez isso aconteça porque as universidades não se preocupam em chamar a atenção para os aspectos emocionais do meu trabalho. Durante minha residência de quatro anos na Clínica Mayo, o bisturi era o símbolo das salas de cirurgia. Reconstruíamos joelhos, realinhávamos ossos, remontávamos os pacientes. Minha esposa, Pati, sabia que eu escolhera ser cirurgião porque desejava ajudar as pessoas. Foram meus casos médicos que me ensinaram coisas que eu desconhecia.

Uma noite, durante o terceiro ano de treinamento, o serviço de pronto--socorro ligou para o meu pager. Um menino de cinco anos caíra do beliche e fraturara o pulso. Soltei um gemido. Mais um! Desci da sala de ortopedia para a de emergência, peguei a prancheta e fui ver o paciente.

Ele estava sentado no colo do pai, fungando. Usava um pijama do Pato Donald e segurava um bicho de pelúcia que parecia ter sido o Pateta. Seu pulso esquerdo estava virado para trás uns 45 graus. Apresentei-me ao pai e perguntei ao menino o que acontecera. Ele não me respondeu e nem mesmo me olhou. Apenas se encolheu mais para dentro dos braços do pai.

Fiquei impaciente. Sabia o que precisava fazer e o tempo que ia levar. Tinha trabalho à espera. Por isso, desisti de falar com o garoto e rapidamente liguei para a sala de raios X.

Cinco minutos depois apareceu a técnica. Ajoelhou-se junto ao garoto.

— Oh, Danny — disse. — Você se machucou, queridinho.

O garoto olhou para ela e as lágrimas escorreram pelo seu rosto.

— Eu caí da cama — ele disse.

— Oh, coitadinho. — Ela afagou o rosto dele. — Bem, acho que vamos tirar um retrato do seu braço e depois esse médico bacana vai consertá-lo. Quer que eu tire um retrato do Pateta também? — Danny fez que sim com a cabeça.

Eu fiquei num canto, imaginando por que a criança teria querido falar com a técnica de raios X e não com seu médico. Enquanto ela continuava a tagarelar com o menino, eu pensava: "Estamos perdendo tempo!" Finalmente, a técnica preparou o aparelho e fez as chapas. Depois colocou o Pateta na mesa e fez chapas dele também.

À espera do resultado, chamei Bonnie, a anestesista residente, e o técnico de engessamento John "Esqui" Kowalski e pedi-lhes que me esperassem na sala de tratamento.

As radiografias mostraram uma fratura séria, e eu disse aos pais que os ossos teriam de ser encaixados, embora não fosse necessário fazer uma incisão. A maneira menos dolorosa era com anestesia geral. Enquanto isso, o menino contemplava o raio X do Pateta.

Na sala de engessamento, tivemos de esperar quinze minutos para a anestesia fazer efeito. Esqui, calado e competente como sempre, começou a escolher os rolos de gaze com gesso de que iria precisar. Quando o garoto dormiu, Bonnie fez um sinal com a cabeça, mostrando que eu podia ir em frente.

— Tudo bem, Esqui — eu disse. — Você sabe o que fazer.

Com a habilidade que eu tinha, completei o procedimento. O encaixe saiu perfeito. Eu me tornara bom nisso, muito eficiente. Agora precisava colocar o gesso e finalizar.

Esqui ergueu o braço do menino quando comecei a enrolar o acolchoado em volta. De repente, notei uma tatuagem azul na parte de baixo do braço magrela do técnico. Curioso, perguntei:

— O que é isso, Esqui?

Ele respondeu em voz baixa:

— Era do meu regimento. O 28º de Infantaria. Fui paramédico no Vietnã.

Enquanto eu continuava o serviço, ele me falou do tempo que passara naquela guerra.

— Era um buraco do inferno, Doc. Vi muitos caras queimados e explodidos ou despedaçados a tiros. Passei dois dias colocando bandagens e talas. Depois de algum tempo virou uma coisa mecânica. Eu não queria pensar naquilo. Só queria fazer o serviço e voltar para casa.

Acenei com a cabeça:

— Sei o que você quer dizer.

Mas ele se apressou em acrescentar:

— Eu estava errado, Doc. Acabei percebendo que aqueles caras não precisavam só do meu trabalho. Eles precisavam sentir que eu me preocupava com eles. Não se tratava apenas de bandar feridas nem realinhar ossos, como o que estamos fazendo aqui esta noite.

Enquanto passava as mãos pela superfície do gesso do menino, minha mente contorcia-se. Claro que era realinhar ossos. Não fora para isso que o pai trouxera o filho ao pronto-socorro? Não era aquela a minha função?

Aí, entendi.

Eu deixara meu trabalho tornar-se automático, esquecendo a essência do que um médico é chamado a fazer. Deixara que o pragmatismo me levasse longe demais. Mesmo a técnica que veio fazer raios X sabia transmitir a uma criança machucada a preocupação de alguém com ela. Eu só conseguira agir com pressa e eficiência para passar ao caso seguinte.

As chapas que fizemos para verificar o acerto do procedimento voltaram em cinco minutos. Esqui pregou-as no visor e demos uma olhada.

— Um encaixe muito bacana, Doc, como sempre — disse. Por que eu não notara a ironia em sua voz antes?

— Pode acordá-lo, Bonnie — eu disse em voz baixa para a anestesista. Quando Danny começou a acordar, nós o levamos para a sala de recuperação. Peguei o Pateta e enrolei um pedaço de plástico em torno do braço dele. Improvisei uma tipoia com um pequeno pedaço de gaze embebida em gesso e enrolei em volta.

— Não tenha medo, Danny — eu disse quando ele abriu as pálpebras trêmulas e olhou ao redor, em pânico. — Já acabamos. E, veja, consertamos o Pateta também.

O menino estendeu o braço bom e pegou o boneco.

— Eu quero minha mãe — disse, com o lábio tremendo. Olhei o nome dele na tabuleta. Daniel Oestmann, de Byron, Minnesota. Limpei o gesso seco do meu braço, peguei as chapas de raios X e fui procurar os pais.

— Oi, Sr. e Sra. Oestmann — disse. — Danny está ótimo. Tudo saiu perfeito. Consegui colocar o osso de volta no lugar sem abrir. Ele deve poder ir para casa esta noite.

Os pais ficaram radiantes. Quando foi que eu tinha deixado de notar essas coisas? Como me tornara tão impaciente para dar a notícia e cair fora?

Parei, indicando o sofá atrás deles:

— Por favor, sentem-se.

Conversei com os dois durante quinze minutos, perguntei pelos outros filhos, quis saber mais detalhes sobre a vida de Danny. Dei instruções para que fizessem chapas de acompanhamento e pedi-lhes que me telefonassem se tivessem alguma preocupação. Acrescentei que daria instruções aos enfermeiros para que os deixassem ver o filho. Eles se levantaram e apertaram minha mão, agradecendo efusivamente.

Eu me despedi. Aprendera uma valiosa lição naquela noite. Quando acabei de conversar com os enfermeiros, dirigi-me à sala de engessamento. Precisava agradecer a alguém.

Em geral, a eficiência não funciona com as pessoas. Você já tentou ser eficiente com um amigo íntimo ou com seu cônjuge num momento difícil? Como foi? Já tentou ser eficiente com um filho ou uma filha em crise emocional? Como foi? É muito mais fácil ser eficiente com as coisas do que com as pessoas. O segredo da empatia é o interesse autêntico. As técnicas para "escutar" nada são quando comparadas com o impacto causado pela verdadeira atenção e interesse de uma pessoa pela outra.

Comentários sobre a Empatia

O pré-requisito mais exigido de um amigo é um ouvido acessível.

– Maya Angelou

Escutar alguém é um acontecimento raro entre os seres humanos. Você não conseguirá ouvir o que o outro diz se estiver preocupado com a sua aparência e com a impressão que está causando ou se estiver pensando no que vai dizer quando o outro parar de falar. Essas questões têm seu lugar, mas só depois de ouvir com atenção e interesse o que está sendo dito.

– William Stringfellow

Dê a cada pessoa o seu ouvido, mas a poucas a sua voz.

– William Shakespeare

Aproxime-se de cada nova pessoa com espírito de aventura. Tente descobrir o que ela está pensando ou sentindo; procure entender suas origens, o ambiente de onde ela vem, os costumes, crenças e ideias que moldaram o seu pensamento. Se você decidir fazer esse esforço, será capaz de estabelecer uma relação de compreensão com pessoas que pertencem a um universo completamente diferente do seu.

– Eleanor Roosevelt

O mais importante na comunicação é ouvir o que não está sendo dito.

– Peter F. Drucker

O jovem preso à cadeira de rodas foi empurrado até o pódio do ginásio para fazer o discurso de encerramento do curso. Era um paciente meu. Tinha parte do rosto paralisada e falava em voz baixa. Mas Mark Orsini pronunciou um poderoso discurso e recebeu aplausos de pé dos colegas que tinham duvidado que ele pudesse viver até a formatura.

O rapaz de dezoito anos contraíra a síndrome de Guillain-Barré, uma reação autoimune que causa paralisia, e logo ficara quase completamente paralisado.

Os pais afirmavam insistentemente que ele era um lutador, que seria capaz de superar as limitações e estudar em Dartmouth. Mas como poderia ele, imóvel e com respiração artificial, fazer perguntas ou cuidar de si mesmo?

A solução foi admirável. Os Orsinis sentavam-se ao lado de Mark, dia após dia, e com a maior paciência recitavam o alfabeto. Quando chegavam à letra necessária para soletrar uma palavra, ele fazia "sim" com a cabeça. Eles anotavam e recomeçavam o processo, envolvendo o filho em cada decisão. A terapia-padrão não dera certo e por isso eu propus um processo arriscado de filtragem do sangue. Depois do tratamento ele apresentou uma melhora e logo mexia os dedos dos pés, as pernas e os braços.

Mark diplomou-se em Dartmouth. Eu o recebi em meu consultório algum tempo depois e ele se sentia ótimo. Mas eu queria expressar toda a minha admiração por ele e dizer que seus pais estavam entre as pessoas mais fantásticas que eu já conhecera. Queria contar-lhe como me envergonhava por ter afastado meus filhos quando eles tentavam falar comigo, por não ter tempo para escutá-los. Queria dizer que jamais o esqueceria nem a seus pais. Mas faltaram-me palavras.

– Noah Gilson

Se existe um segredo do sucesso, ele está na capacidade de entender o ponto de vista do outro e ver as coisas tanto do seu ângulo quanto do nosso.

– Henry Ford

A comunicação verdadeira só acontece quando nos sentimos seguros.

– Ken Blanchard

Ser bem-educado é ter consciência dos sentimentos dos outros. Se você tem essa consciência, é uma pessoa bem-educada, mesmo que não saiba usar corretamente os talheres.

– Emily Post

Reflexões

- Quando foi a última vez que você reservou tempo para escutar alguém importante na sua vida? Você escutou de forma empática — com seus olhos e seu coração, além dos seus ouvidos?
- Parte da escuta consiste em mostrar-se aberto a reações e sugestões. Sua personalidade é "defensiva" ou "aberta" à crítica?
- Quando exerceu um papel de liderança, quantas vezes você ouviu as pessoas — empregados, fregueses, fornecedores, especialistas na sua área? Você prefere ficar atrás de uma escrivaninha ou conviver com as pessoas? Procura ativamente saber as reações dos outros ou espera passivamente que venham até você?

23
União

Somos todos fios frágeis, mas compomos
uma esplêndida tapeçaria.
– Jerry Ellis

Não é preciso falar da importância do papel da união no trabalho em equipe. União não significa igualdade, pois somos todos diferentes em muitos aspectos. Ao contrário, significa que, apesar das diferenças, temos os mesmos objetivos e caminhamos na mesma direção. A união é um bem precioso nos relacionamentos, nas equipes esportivas, no campo de trabalho, em projetos comunitários, e essencialmente em empreendimentos conduzidos por grupos. Mas talvez em nenhum lugar a união se mostre com mais força do que nas famílias que vivem harmoniosamente. Isso se aplica sobretudo às ocasiões em que a família enfrenta uma situação de desafio, na qual deve juntar seus talentos para superar um problema especial. Essa união é retratada de forma muito clara em *A família que não podia se separar.*

A FAMÍLIA QUE NÃO PODIA SE SEPARAR
John Pekkanen

Logo após o nascimento de seu filho Steven, Lindy Kunishima reuniu as filhas Trudi, de treze anos, e Jennifer, de nove, na sala de visitas de sua casa em Honolulu.

— Quero lhes contar uma história — disse o americano descendente de samurais. — Um dia, um guerreiro samurai se reuniu com os três filhos e pegou uma flecha. Pediu a cada filho que a quebrasse. Todos fizeram isso com facilidade. Então ele pegou três flechas, amarrou-as juntas e colocou-as diante dos filhos. "Agora, quebrem estas três flechas", disse. Nenhum deles conseguiu.

Ao se aproximar do fim da história, Lindy olhou firme nos olhos das meninas.

— Aí o samurai voltou-se para os filhos e disse: "Esta é a lição. Se vocês três permanecerem unidos, jamais serão derrotados."

Como único filho homem da unidíssima família de Lindy e Geri Kunishima, Steven passou a ocupar um lugar de honra. As duas irmãs babavam por ele desde o dia em que nasceu, em setembro de 1982.

Quando ele completou seis meses, a mãe começou a preocupar-se. Não entendia por que o filho ainda acordava chorando várias vezes todas as noites. O comportamento da criança durante o dia também a intrigava. Ficava onde era colocado e raras vezes se mexia ou fazia um ruído. Ao externar sua inquietação para o pediatra, ele a tranquilizou dizendo que o menino estava indo muito bem.

Como Steven não andava nem falava com um ano e meio, no princípio de 1984 Geri o levou a um neurologista. Uma tomografia computadorizada revelou que uma área do cérebro que transmite mensagens para os músculos do corpo não se desenvolvera. A doença explicava por que os músculos do menino continuavam moles e flácidos. E também por que ele acordava tantas vezes à noite — os músculos da língua eram fracos demais para que ele engolisse leite suficiente e satisfizesse a fome.

— Sra. Kunishima — disse o neurologista —, receio que seu filho nunca venha a andar ou fazer algo que exija controle muscular.

Esforçando-se para conter-se, Geri perguntou como isso afetaria a inteligência de Steven.

— Seu desenvolvimento será profundamente atrasado — respondeu o médico. — Só poderá ser educado para as tarefas mais simples. Em algum momento no futuro a senhora pode colocá-lo em uma instituição para deficientes.

Arrasadas com o diagnóstico, Trudi e Jennifer não comeram nem dormiram durante dias seguidos. Tarde da noite, ouviam o soluçar abafado da mãe e as palavras delicadas do pai tentando consolá-la. Jennifer, já com onze anos, também lutava com suas emoções. Era uma excelente aluna, atleta natural e com um grande círculo de amigos. Embora amasse muito Steven, não suportava que as amigas soubessem que tinha um irmão imperfeito. Assim, não falava dele para elas.

Trudi também era excelente aluna, e aos quinze anos tinha a sabedoria e a maturidade de uma pessoa mais velha. Era capaz de aceitar melhor a deficiência de Steven — e se perguntava qual seria a extensão dela. Um dia, tentando aliviar a tristeza da mãe, Trudi contestou o prognóstico do médico.

— Mãe — afirmou convicta —, eu simplesmente não acredito no que ele disse sobre Steven. Jen e eu vemos um brilho nos olhos dele. Você não pode desistir. Ele não terá a mínima chance se você desistir.

As palavras da filha reforçaram o espírito de luta de Geri. A mãe reuniu a família em torno da mesa da cozinha.

— Estive pensando no que Trudi me disse hoje — começou. — Quando vocês duas eram pequenas, seu pai e eu líamos muito para vocês. Achávamos que isso estimularia suas mentes e aumentaria seu vocabulário. Acho que devemos fazer o mesmo com Steven.

Todos concordaram animados. Deram-se as mãos e fizeram um propósito:

— A partir deste momento — disse Geri — juramos fazer o possível para ajudar Steven.

Na noite seguinte, enquanto Geri preparava o jantar, Trudi estendeu um pequeno colchão no chão de ladrilhos brancos e ajeitou o irmão, encostando-o em almofadas. Tomou a cabeça do menino nos braços, porque ele não conseguia mantê-la ereta por muito tempo, e começou a ler um livro infantil. Seguiram-se outras leituras na noite seguinte, e na seguinte, até tornar-se um ritual de meia hora antes do jantar.

Junto com a leitura, Jennifer e Trudi faziam perguntas e apontavam pessoas ou animais nos livros. Mas, semana após semana, Steven apenas fitava de modo vago o espaço, aparentemente perdido num mundo escuro e vazio. Nem sequer olhava as figuras, achava Geri. Será que jamais vamos destrancar o que há nesse menino? Aos poucos, sentiu que o desespero voltava a vencê-la. Uma madrugada, na quietude do quarto, despejou o que sentia para Lindy.

— As meninas estão tentando tudo, mas Steven nada registra. Eu nem sei se a leitura ajuda ou faz mal.

Lindy procurou consolá-la:

— Nunca poderemos ter certeza — admitiu. — Mas dentro do meu coração sei que é melhor fazer alguma coisa do que não fazer nada.

— Hora de leitura — anunciou Trudi, instalando-se no chão da cozinha com o irmão no colo. Após três meses, ele continuava sem reagir. Raras vezes se mexia. Nessa noite, porém, de repente se contorceu e afastou-se das almofadas.

— Veja só Steven! — gritou Trudi para a mãe.

Perplexas e surpresas, elas o viram rastejar pelo chão. Inclinando-se para os livros infantis ao longo da parede, pareceu indicar um.

— O que ele está fazendo? — perguntou Trudi.

Incapaz de virar as páginas com os dedos, Steven o fazia com as mãos. Quando chegou à pagina que continha as figuras dos animais, deteve-se, olhando-a um longo tempo. Depois, com a mesma rapidez com que se abrira, seu mundo voltou a fechar-se.

Na noite seguinte repetiu-se a cena. Quando Jennifer se preparava para ler, o irmão rastejou até o mesmo livro e procurou a mesma página. Sem fala, as duas meninas o abraçaram, rindo e chorando ao mesmo tempo.

— Steven tem memória! — maravilhou-se Geri. A essa altura ela tirara licença do trabalho para dedicar mais tempo ao filho. Com o passar dos meses, Steven foi reagindo cada vez mais às leituras noturnas. Por ter estudado o assunto, Geri sabia que outras partes do cérebro muitas vezes compensam a danificada. "Talvez seja isso o que está acontecendo com Steven", pensou.

Trudi e Jennifer colocavam o irmão debaixo do piano de cauda enquanto tocavam. Um dia, após praticar, Jennifer pegou-o e ouviu-o emitir um novo som.

— Steven está tentando cantar a música que acabou de ouvir! — ela gritou para os pais. E voltando-se para o irmão: — Steven, você entende a música, não entende? — O menino abriu um sorriso.

Ao mesmo tempo, a família trabalhava para desenvolver os músculos do menino. Lindy aprendeu a massagear os braços e pernas do filho. Geri, Trudi e Jennifer passavam manteiga de amendoim nos lábios dele. Lambendo-a, ele exercitava a língua e a mandíbula. Também lhe davam goma de mascar e penas para soprar. Aos poucos, os flácidos músculos de Steven começaram a fortalecer-se.

Aos quatro anos e meio, Steven ainda não falava palavras, mas fazia "aaah" e "uaaah". Também conseguia dar lentos passos com a ajuda de um andador. Além disso, exibia uma surpreendente memória visual. Após examinar um quebra-cabeça de trezentas peças, montava-o com facilidade.

Ainda assim, era rejeitado pelas escolas que a mãe procurava. Ela acabou por levá-lo a Louise Bogart, então diretora da Escola Montessori Robert Allen, na Universidade de Chaminade, em Honolulu. Louise olhou-o rastejar pelo escritório. O menino ergueu a cabeça e tentou falar com a mãe.

— Aaah... aaah — repetiu várias vezes, fazendo gestos insistentes.

Louise viu dor e frustração no rosto dele. Mas viu também outra coisa: Steven decidira fazer-se compreender.

— Sra. Kunishima — disse —, teremos prazer em receber Steven em nossa escola.

Nos meses seguintes, o menino continuou a fazer lentos progressos. Uma manhã, no segundo ano na Montessori, ele brincava distraído com blocos sobre um tapete, com Louise ao lado, vendo a professora trabalhar com números com outra criança.

— Que número vem agora? — perguntou a professora. A criança não sabia.

— Vinte! — gritou Steven.

Louise virou rápido a cabeça. Steven não apenas falara com clareza, mas dera a resposta correta. Ela se aproximou da professora.

— Steven trabalhou com isso? — perguntou.

— Não — respondeu a professora. — Nós trabalhamos muito com números com ele, mas não sabemos como aprendeu algum outro além de dez.

Quando Geri foi buscar o filho após as aulas, Louise contou-lhe o que acontecera.

— Isso é só o começo do que ele é capaz — afirmou.

Jennifer sentia um nó na boca do estômago quando uma noite o pai a levou de carro para o primeiro jogo de basquete do ginásio, em fevereiro de 1990. Steven, já com sete anos, sentado calado no banco de trás, olhava o tráfego que passava.

O amor pelo irmão continuava forte como sempre, mas ela tentava manter em segredo a deficiência dele. E isso começava a tornar-se difícil. Dois anos antes ele aprendera a falar, e a fala evidenciava o problema.

— Por favor, pai — ela sussurrou antes de dirigir-se para o vestiário —, tente impedir Steven de gritar durante o jogo.

Quando começou o jogo, o menino foi contagiado pela excitação.

— Vamos lá, Jennifer — gritava com a fala lenta e difícil. Jennifer encolheu-se de vergonha e recusou-se a olhá-lo. Sabia que o estava decepcionando e sentiu-se desapontada com ela mesma: não era a forte terceira flecha.

Em casa, porém, cobriu o irmão de afeto e atenção. Ele continuava com deficiências motoras, e por isso ela, Geri e Trudi trabalhavam muito para tornar sua escrita legível.

— Eu consigo — assegurou Steven um dia. — É só me darem tempo.

— Eu tenho mesmo de ir para esse acampamento — disse Jennifer ao diretor do ginásio, em março de 1991. — É muito importante para mim.

O Acampamento Paumalu, a 38 quilômetros de Honolulu, era ocupado duas vezes por ano para ajudar os alunos a encarar obstáculos, criar capacidade de liderança e enfrentar medos e problemas. Jennifer começara a perceber que o maior desafio era falar sobre Steven com os amigos.

Uma tarde, no acampamento, quando conversava com um garoto do ginásio, o problema veio à tona e as palavras jorraram de sua boca.

— Eu tenho um irmão de que gosto muito, mas sinto que tenho sido injusta com ele. Jamais quis enfrentar o fato de que ele tem uma deficiência. Sempre quis fingir que isso ia passar. — Quando acabou, sentiu-se livre do fardo.

No dia seguinte, ao chegar em casa, atirou-se nos braços da mãe.

— Estou livre, mãe — disse. — Realmente livre.

No último dia de acampamento, cada aluno escreveu o problema ou medo a ser superado numa tábua fina de madeira. Depois, com toda solenidade, as tábuas foram quebradas com um golpe de mão ou de pé, rompendo simbolicamente o obstáculo. Jennifer escrevera seu problema com letras maiúsculas. Depois bateu com a mão, mas só na quinta tentativa ouviu o estalo da madeira partindo-se em dois pedaços.

Agora ela aceitava Steven totalmente. No jogo de basquete seguinte, mais uma vez ouviu a voz dele incentivando-a. Voltando-se, acenou-lhe com entusiasmo. Agora, pensou o pai, as três flechas estão de fato amarradas juntas.

Durante três anos, a partir de 1990, Steven frequentou a Escola da Santíssima Trindade. Ainda tinha dificuldade para aprender, mas a fala e a escrita foram melhorando até quase chegarem ao normal, assim como os movimentos físicos. Aos onze anos estudava no nível básico para sua idade, corria, saltava e — como Jennifer — começara a jogar basquete.

Em 1992, Steven chamou a atenção de Lynne Waihee, esposa do governador do Havaí, John Waihee. A primeira-dama do estado presidira o projeto Leia pra Mim, que estimulava as pessoas a lerem para as crianças. Impressionada ao ver como a leitura ajudara o menino, sugeriu que o Conselho de Alfabetização homenageasse a família Kunishima.

Numa recepção na mansão do governador, Geri apresentou Steven, que falou a mais de duzentos líderes da área sobre sua luta durante aqueles anos. Foi aplaudido de pé.

Em março de 1993 o setor havaiano da Cruz Vermelha Americana concedeu a Lynne Waihee o Prêmio Humanitário daquele ano. Pediram a Steven que escrevesse uma dedicatória no programa do banquete dos prêmios. Depois de muito pensar, ele resumiu o que significava a leitura para ele e, ao fazê-lo, exibiu a conquista da família Kunishima. "Minha família lê para mim, e agora eu posso ler para mim mesmo."

> A história de Steven é um magnífico exemplo do esforço de toda a família. Um verdadeiro trabalho de equipe, um exemplo magnífico de união. A mãe, o pai e as três flechas, incluindo Steven, trabalharam juntos. Cada um contribuiu à sua maneira — o pai com os conselhos, a mãe com pesquisa, persistência e sacrifício, as meninas com a leitura, o piano e a atenção, e Steven dando tudo de si. Embora às vezes fosse difícil, todos demonstraram o admirável poder que só a união familiar pode conquistar plenamente.

Comentários sobre a União

A união é o princípio; continuar unidos é o progresso; trabalhar unidos é o sucesso.

– Henry Ford

Algumas partes de um navio, tomadas em separado, afundariam. A máquina afundaria. A hélice afundaria. Mas juntas flutuam.

– Ralph W. Sockman

Comprometimento individual a um esforço de grupo — isso é um trabalho de equipe, um trabalho corporativo, um trabalho da sociedade.

–Vince Lombardi

No dia 26 de maio de 1940, quando os exércitos de Hitler invadiram a França, as tropas francesas e britânicas recuaram para o pequeno porto francês de Dunquerque. Dali, não restava lugar algum para ir senão entrando no canal da Mancha.

A poderosa força britânica possuía poucas embarcações pequenas ou ágeis o suficiente para evacuar os homens. Assim, o Mundo Livre não tinha alternativa senão sentar-se junto ao rádio, frustrado e angustiado, à espera da notícia de que os vastos exércitos de homens valentes haviam sido dizimados. Então, nas primeiras horas de 27 de maio, começou a ocorrer um milagre.

De toda parte das Ilhas Britânicas acorreram pobres pescadores com seus barcos precários, nobres com iates, esportistas com ioles de corrida e lanchas a motor. A primeira dessa variada frota, capitaneada por homens sem armas nem uniformes, partiu de Sheerness ao luar, deixando para trás submarinos e águas infestadas de minas. Os aplausos dos soldados encurralados foram afogados pelo rugir da Luftwaffe acima deles, metralhando e bombardeando a praia, e pelo estalar dos Spitfires britânicos que tentavam afastar os aviões inimigos.

Sob esse inferno no céu, o milagre de Dunquerque prosseguiu por dias e noites. A união de todos salvou 338.226 vidas britânicas. Em 18 de junho, Winston Churchill disse: "Vamos, portanto, nos unir em torno de nossos deveres e saber que, se o Império Britânico e a Comunidade dos Estados Britânicos durarem mil anos, os homens ainda dirão: 'Este foi o seu melhor momento'."

– Allan Sherman

O talento sempre tem consciência de sua própria abundância e não faz objeções em compartilhar.

– Alexsandr Solzhenitsyn

Ajuda o barco do teu irmão a atravessar e vê! O teu chegou à praia.

– Provérbio hindu

Reflexões

- A família Kunishima uniu seu tempo, amor e talentos em favor de Steven. Em torno de que metas se une a sua família, sua equipe de trabalho ou outros grupos de que você participa? Todos sabem com clareza quais são essas metas?
- A irmã de Steven lutou em público por seu compromisso com ele. Até que ponto você está comprometido com as pessoas mais próximas? Você se dispõe a apoiá-las em público?
- Os Kunishima tiveram ajuda de professores e da comunidade. Você construiu uma rede de amigos aos quais pode recorrer em tempos de necessidade? Qual é sua qualidade como jogador de equipe e amigo dos outros?

24
Tolerância

Se não somos capazes de colocar fim às nossas divergências, podemos pelo menos tornar o mundo seguro para a diversidade.

– John F. Kennedy

Os transportes modernos tornaram o mundo menor, o que nos põe em contato com uma diversidade de culturas, raças, credos e ideologias políticas.

Para muitos, a diversidade faz parte da vida. Como já nasceram convivendo com ela, parece normal. Para outros, a diversidade provoca um choque emocional, uma interrupção na linha uniforme da vida. Para estes, incluindo Mary Fischer, aceitar as diferenças exige um exercício constante do princípio da tolerância ou uma completa *Mudança do coração*.

Mudança do coração

Mary A. Fischer

Em 1992, como muita gente em Los Angeles, vi na TV reportagens em que Rodney King falava à imprensa depois que quatro policiais acusados de espancá-lo foram absolvidos, o que levou a motins na cidade. Dirigindo-se aos repórteres, ele perguntou em tom de queixa:

— É possível convivermos com essa situação?

Sem mesmo pensar, gritei para a TV:

— Não! Não é possível!

Eu sabia do que falava. Em fins de 1989 comprara uma casa num bairro da zona leste de Los Angeles, chamado Highland Park, que vinha sofrendo transformações por causa da chegada de ondas de novos imigrantes. A experiência me convenceu que a harmonia racial era impossível e trouxe à tona meus preconceitos. Muitos dos meus vizinhos vinham do México, de El Salvador, das Filipinas e do Vietnã, e pela primeira vez me vi em minoria. Não gostei.

Convencida de que nada tínhamos em comum, transformei minha bela casa na colina em uma fortaleza. Raras vezes falava com os vizinhos, acenando apenas quando levava as latas de lixo para fora ou passava de carro. Encaixei-me no estereótipo da "gringa" antipática, dona da melhor casa da quadra, assim como eles se encaixaram em minhas ideias preconcebidas sobre imigrantes que teimavam em não se integrar.

Aborrecia-me quando os vendedores hispânicos não entendiam o que eu pedia, irritava-me porque os supermercados locais não tinham os artigos que eu costumava consumir e porque alguns cartazes de filmes eram escritos em espanhol. Durante anos queixei-me às autoridades quando os vizinhos se comportavam de forma com a qual eu não concordava.

Uma mulher de El Salvador tinha um galo no quintal que me acordava às cinco da manhã todos os dias. Quando a denunciei ao Departamento de Regulamentação Animal, ela reagiu cortando a cabeça da ave. Senti-me culpada, mas racionalizei, considerando que a medida era necessária para restaurar a paz e a quietude no bairro.

Quando os vizinhos mexicanos tocaram música alto demais, chamei a polícia, que pôs fim ao caso. Supondo que eu os denunciara, eles pararam de falar comigo. Era um castigo com o qual eu podia conviver, pois tornava o bairro obediente aos meus valores.

Então, há dois anos, aconteceu algo que operou uma grande transformação nos meus sentimentos. Em questão de dois dias perdi as coisas que mais me importavam. Meu emprego muito bem remunerado como redatora de uma revista nacional chegou ao fim e o relacionamento com o homem que amava também. De repente, todas as minhas âncoras haviam desaparecido. Afundada em profundo desespero, eu me perguntava como — ou se — poderia me refazer.

As perdas me tornaram humilde e vulnerável e fizeram com que eu começasse a me ligar aos vizinhos. Acabei descobrindo como eram extraordinários. Não se pareciam em nada com a imagem que meus preconceitos haviam pintado. Eram pessoas trabalhadoras e honradas que, como eu, apenas procuravam viver bem e ser felizes.

Fiquei sabendo que a mulher de El Salvador fugira do país com duas filhas jovens depois que esquadrões da morte mataram seu marido. Ela trabalhava como faxineira para equilibrar o orçamento e mandar as filhas à faculdade.

Tomei conhecimento de que quando os vizinhos mexicanos chegaram a Los Angeles quinze anos antes não falavam inglês e que o pai fazia faxina em escritórios por oito dólares a hora. Depois dirigiu caminhões. Agora é dono de três prédios de apartamentos e já economizou mais do que eu provavelmente farei durante toda a vida.

Agora muitos dos vizinhos são meus amigos. No Natal, eu lhes ofereço vinho tinto e bolos, e eles me dão vasos de flores e bandejas de burritos. Quando meu carro enguiçou há alguns meses, o vizinho que veio da Guatemala, um doce jardineiro chamado Angel, logo trouxe os cabos da bateria e o pôs em funcionamento.

Hoje eu responderia à pergunta de Rodney de forma diferente. Diria que é possível conviver se as pessoas de diferentes culturas não cometerem o erro que eu cometi. Quando me mudei para o bairro, esqueci de olhar meus vizinhos como pessoas que tinham seus sonhos, alegrias e sofrimentos, tal como eu. Meu preconceito criou uma barreira, e eu os vi separados de mim. Hoje é muito claro que todos vivemos experiências universais: perda, decepção, esperança e amor.

No mês passado ouvi um galo cantar de manhã cedo. Parece que meus vizinhos de El Salvador arranjaram um, mas não me importo mais. Chego a gostar de ver o galo vagando pelo bairro. De alguma forma, ele faz com que eu me sinta em casa.

Uma das experiências mais emocionantes e inspiradoras quando viajo pelo mundo é observar culturas que não só respeitam as diferenças, mas também as celebram. Refiro-me a culturas onde qualquer tradição religiosa, por exemplo, é respeitada por quase todos, e pessoas das mais diversas procedências se unem para celebrar as datas. Nesses casos, o princípio da tolerância adquire uma dimensão que vai além das questões de igualdade e política. Mary não só aprendeu a aceitar as diferenças dos vizinhos, mas também passou de fato a gostar deles, elevando o princípio da tolerância ao mais alto nível.

Comentários sobre a Tolerância

A tolerância é o primeiro princípio da comunidade; é o espírito que conserva o melhor do pensamento humano. Nenhum grande cataclismo privou o ser humano de tantas vidas e impulsos nobres quanto os que foram destruídos por sua intolerância.

– Helen Keller

Todos os homens nascem livres e iguais — livres ao menos no seu direito de serem diferentes. Algumas pessoas querem homogeneizar a sociedade em todo lugar. Sou contra a homogeneizadores na arte, na política, em todos os caminhos da vida. Quero que os melhores se sobressaiam.

– Robert Frost

Ao voltar à África do Sul depois de uma longa temporada na Europa, uma amiga minha viu-se com algum tempo de sobra no Aeroporto Heathrow, em Londres. Após comprar uma xícara de café e um pequeno pacote de doces, carregou sua bagagem até uma mesa desocupada. Lia o jornal da manhã quando sentiu que alguém estava mexendo em sua mesa. Atônita, viu um rapaz bem-vestido servindo-se de seus doces. Sem querer fazer cena, curvou-se e pegou um doce. Passou-se mais ou menos um minuto. Ele se serviu de outro doce.

Quando chegaram ao último da caixa, ela estava furiosa, mas ainda incapaz de protestar. Então o rapaz partiu o último doce em dois, empurrou a metade para ela, comeu a outra e foi embora.

Algum tempo depois, quando o sistema de alto-falantes a chamou para o voo, minha amiga ainda fumegava. Imaginem o vexame quando abriu a bolsa e viu lá dentro sua caixa de doces. Os que comera pertenciam ao rapaz.

– Dan P. Greyling

Quando ninguém em torno corresponde às medidas, é hora de conferir o metro.

– Bill Lemley

São as coisas em comum que tornam os relacionamentos agradáveis, mas são as pequenas diferenças que os tornam interessantes.

– Todd Ruthman

Grande parte da vitalidade de uma amizade consiste em honrar as diferenças, e não apenas desfrutar as semelhanças.

– James L. Fredericks

Reflexões

- Mesmo antes de mudar seu coração, Mary Fisher tinha consciência de quem eram os moradores de seu bairro. Na sociedade de hoje, um número cada vez maior de pessoas tranca as portas e se esconde atrás da televisão, sem ideia alguma do que se passa na própria comunidade. Até que ponto você conhece o lugar onde vive?
- Que "diferenças" existem entre você e seus companheiros de trabalho, seus amigos ou vizinhos? Quando foi a última vez que você celebrou uma dessas diferenças?
- Quando os vizinhos a procuraram, Mary passou a conhecê-los melhor e a apreciar quem eram. O que você pode fazer para conhecer melhor as pessoas mais próximas?

25
SINERGIA

Não existe harmonia quando todos cantam a mesma nota.
– DOUG FLOYD

Buckminster Fuller descreveu a sinergia como o segredo do universo. Ovídio reconheceu suas propriedades quando observou: "Nós dois formamos uma multidão." A definição mais comum de sinergia é que ela ocorre quando o todo é maior do que a soma das partes.

Enquanto o princípio da tolerância ajuda as pessoas a conviverem melhor e a gostarem mais umas das outras, o da sinergia trabalha as diferenças. Não só admira ou respeita as diferenças, mas também extrai o melhor delas. A forma como isso acontece é apresentada de maneira pitoresca e saborosa em *Diferentes pinceladas.*

DIFERENTES PINCELADAS
Jeanne Marie Laskas

Estamos todos animados comentando como vai ser divertido. Uma festa de pintura! Vamos pegar muitos rolos, alguns pedaços de pano, latas de solvente e alegres tons pastel para pintar os cômodos de minha casa. Há uma divertida expectativa no ar: todos se juntando para criar uma coisa sensacional.

No começo, eu me arrependi por ter dito ao empreiteiro que fez a reforma para não se preocupar com a pintura. Só de pensar em enfrentar esse trabalho, já ficava desanimada.

Mas então Jack disse:

— Vamos juntar nosso grupo de amigos e fazer isso juntos. Tenho certeza de que nos divertiremos muito.

Quando falei com Beth, ela respondeu mal-humorada:

— Eu não sei pintar!

Mas Bill, seu namorado, falou:

— Então que tal entrar com a comida?

Beth logo concordou, pois faz empadinhas como ninguém.

E assim foi a convocação. Todos os amigos responderam "Ótimo!" e no dia marcado foram chegando em duplas ou sozinhos. Leslie trouxe varas para pintar o teto; Nancy e Jack, rolos e bandejas; Vince e Chris, várias engenhocas para cuidar mais facilmente dos cantos e bordas; Sue e Heidi, plásticos para cobrir os móveis. Nós nos dividimos em equipes. Um grupo no banheiro de cima, outro no escritório, duas pessoas no vão da escada, uma ruidosa turma no quarto das crianças, e assim por diante.

Beth ficou na cozinha.

— Eu não sei pintar — repete.

As equipes competem umas com as outras, e o trabalho avança alegremente até que alguém anuncia:

— Hora do recreio!

Todos correm para a cozinha. Lá está Beth ao lado de um bufê de sanduíches variados que foram rapidamente devorados. Retoma-se o trabalho até a próxima folga, desta vez para os doces.

Às nove horas estamos todos no quarto das crianças cuja pintura parece não acabar nunca, o que deixa alguns meio irritados. Quando estamos quase entregando os pontos, Beth nos convoca mais uma vez para um delicioso jantar. Somos obrigados a admitir que tivemos muita sorte por ter no grupo alguém que não sabe pintar.

> A pintura ficou pronta perto da meia-noite. Olhamos orgulhosos para a tarefa realizada. E então nos demos conta de que a melhor coisa do dia foi a lição que aprendemos. Uma lição de sinergia e do quanto valem as diferenças quando há um grupo unido por uma meta comum. A atitude de Beth foi fundamental para essa compreensão. Pois a maioria das pessoas que "não sabem pintar" talvez simplesmente tivessem ficado em casa. Mas ela veio e trouxe seu talento especial que encantou nosso dia e facilitou nosso trabalho. Uma equipe composta de talentos complementares — seja a família ou o setor de uma empresa — faz com que a força se torne produtiva e a fraqueza, irrelevante. Essa é uma questão que assume cada vez mais importância em um mundo interdependente.

Comentários sobre a Sinergia

Você não obtém harmonia quando todos cantam a mesma nota.

– Doug Floyd

Nos bons casamentos, os homens e as mulheres buscam melhorar a si mesmos pelo bem de seu amado. Oferecem e recebem força moral compartilhando compaixão, coragem, honestidade, autodisciplina e inúmeras outras virtudes. Maridos e esposas completam-se uns aos outros e o todo da união fica mais forte e mais maravilhoso do que a soma das duas partes

– William J. Bennett

A meta no casamento não é os dois pensarem igual, mas pensarem juntos.

– Robert C. Dodds

Uma ideia pode se transformar em pó ou em mágica, dependendo do talento que a poliu.

– William Bernback

Muitas ideias melhoram quando são transplantadas para uma cabeça diferente da que a gerou.

– Oliver Wendell Holmes

Um menino pequeno tentava erguer uma pesada pedra, mas não conseguia movê-la. O pai, que o observava, disse:

— Tem certeza de que está usando toda a sua força?

O garoto respondeu:
— Estou, sim!
O pai sorriu:
— Não está, não. Você não me pediu ajuda.

– Bits & Pieces

Se eu enxerguei mais longe, foi por estar em pé nos ombros de gigantes.

– Sir Isaac Newton

Uma nova ideia é delicada. Pode ser destruída por uma zombaria ou um bocejo; pode ser esfaqueada até à morte por uma crítica e morrer de preocupação por causa da expressão carrancuda de alguém.

– Charlie Brower

Não tenha medo dos que podem ter uma ideia melhor ou são mais espertos do que você. David Ogilvy, fundador da empresa de publicidade Ogilvy & Mather, deixou isso claro para seus novos diretores quando mandou a cada um uma boneca russa com cinco bonecas cada vez menores, uma dentro da outra.

A mensagem estava no interior da menor: "Se contratarmos pessoas menores do que nós, vamos nos tornar uma empresa de anões. Mas, se cada um contratar pessoas maiores, a Ogilvy & Mather se tornará uma empresa de gigantes."

– Denis Waitley

Reflexões

- A força de Beth estava na cozinha. Pense numa pessoa com quem você interage frequentemente, como um amigo íntimo ou um colega de trabalho. Quais são as forças diferentes das suas? Que forças você possui e ele não? De que modo essas forças diferentes podem se combinar para aumentar as forças dos dois juntos?
- Pense na maneira como você trata as pessoas. Você se concentra nas fraquezas delas ou otimiza suas forças?
- Nos conflitos entre duas pessoas, é provável que ambas tenham méritos. Quando combinadas, as forças das duas são capazes de produzir um resultado melhor do que o de apenas uma. É o que chamo de "terceira alternativa", que é melhor do que qualquer uma das duas posições originais. Você em geral busca uma terceira alternativa? Já percebeu como os resultados são mais produtivos?

Superar a adversidade

Se você prepara uma tempestade,
não espere uma navegação serena.
– P. P. Sullivan

Trabalhando sozinhos ou em equipe, sempre encontraremos dificuldades. É a forma de reagirmos à adversidade que vai determinar, em grande parte, se vamos ou não atingir os objetivos propostos. Por sorte, muitas dificuldades que enfrentamos na vida atuam a nosso favor. Elas nos desafiam. Nos ensinam. Nos fazem esticar a mão um pouco mais alto e cavar um pouco mais fundo. A adversidade é o palco em que se desempenham muitos atos da grandeza de cada dia. Os princípios que nos ajudam a superar os obstáculos da vida incluem:

- Capacidade de adaptação
- Perseverança
- Seguir em frente
- Magnanimidade
- Perdão
- Humor

26
Capacidade de adaptação

Quando há vida, há perigo.
– Ralph Waldo Emerson

Durante todos os anos de sua existência, a revista Reader's Digest tem publicado centenas de histórias comoventes e dramáticas de pessoas que superaram todo tipo de dificuldade — desde ataques físicos a perdas de entes queridos, crises econômicas, desastres naturais, e assim por diante. São histórias de superação das adversidades como muitas das que se encontram neste livro.

Embora alguns se deixem derrotar pela adversidade, outros se adaptam aos desafios e superam seus problemas. A capacidade de adaptar-se e de aproveitar o melhor das situações difíceis é um teste seguro da grandeza de cada dia. Mesmo que cada teste seja tão único quanto o indivíduo que o faz, existem alguns elementos comuns na maneira como as pessoas encaram a adversidade, vários deles exemplificados em *A mensagem das árvores.*

A mensagem das árvores
Edward Ziegler

Sei que ele é um homem sábio e que vive recluso com a esposa. Mas dispôs-se a me receber se eu passasse pela Nova Inglaterra.

Eu ouvira uma palestra sua anos antes e lera vários de seus livros. Procurava-o agora porque tinha esperança de que sua sabedoria aliviasse a corrosiva melancolia que escurecia meu cotidiano. Perdas financeiras e uma antiga deficiência combinaram-se para tirar muito do sabor da minha vida. Num dia límpido do final do inverno encontrei-o em sua fazenda cercada por campos e matas cobertos de neve. Após anos escrevendo e ajudando os outros como pastor e "médico de almas", Edgar N. Jackson agora aplicava essa sabedoria a si mesmo. Sofrera um sério derrame que lhe deixara paralisado o lado direito do corpo e o incapacitara de falar. O prognóstico inicial tinha sido grave. Disseram a Estelle, sua esposa de 53 anos, que ele provavelmente não recuperaria a fala. Mas em poucas semanas ele a readquirira e decidira-se a recuperar mais ainda suas faculdades.

Ele se levantou para receber-me. Era um homem de meia-idade e aparência distinta, apoiava-se numa bengala e tinha um inequívoco brilho no olhar. Conduziu-me ao seu gabinete, onde as paredes estavam cobertas de livros novos e velhos e havia uma escrivaninha com um processador de texto e uma quantidade incalculável de jornais e revistas.

Disse como ficava feliz em saber que seus livros me haviam ajudado. E ajudaram mesmo — eu disse —, mas ainda assim uma série de problemas estava me causando um sofrimento que eu não sabia se seria capaz de superar.

— Então, num certo sentido, você está de luto — ele afirmou.

Protestei dizendo que não tinha perdido ninguém próximo. Ele retrucou:

— Mesmo assim, o que você está atravessando está ligado a uma perda. O essencial é viver as perdas plenamente e encontrar alívio ao conviver com elas.

Depois acrescentou:

— As pessoas que não fazem assim acabam amarguradas e desiludidas. Não encontram alívio.Mas as que usam o sofrimento de forma criativa adquirem uma nova sensibilidade e uma fé mais rica. Por isso é que se ouve falar na importância de expressar os sentimentos falando, chorando, exteriorizando as emoções. Faz parte do luto. Só então vem a cura. Vou lhe mostrar uma coisa — propôs, apontando para um pequeno bosque cujas árvores enfrentavam impávidas os ventos fortes que açoitavam os galhos desfolhados e derrubavam o pó da neve acumulado no dia anterior.

Saímos por uma porta lateral e caminhamos devagar pelo pasto. Notei que fios de arame farpado ligavam as grandes árvores.

— Há sessenta anos o homem que plantou essas árvores ligou-as com arame farpado e as usava para cercar o pasto — disse Edgar. —

Para as árvores novas, o arame farpado martelado na tenra casca foi uma verdadeira agressão. Algumas resistiram. Outras se adaptaram. Como você pode ver, o arame foi absorvido e incorporado à vida de algumas, mas não daquela ali — indicou uma velha árvore seriamente desfigurada pelo arame. — Por que aquela árvore se feriu combatendo o arame farpado e esta aqui o dominou em vez de se tornar sua vítima?

A árvore próxima não mostrava qualquer cicatriz. Via-se apenas o fio entrando de um lado e saindo do outro.

— Tenho pensado muito nesse bosque — ele disse quando voltávamos para casa. — Que forças internas possibilitaram superar um ferimento produzido pelo arame farpado? Como é que alguém pode transformar a dor num novo crescimento em vez de deixá-la tornar-se uma agressão que destrói a vida?

Edgar admitiu que não sabia explicar o que acontecera com as árvores.

— Mas com as pessoas — continuou — é muito mais claro. Há formas de enfrentar a adversidade e atravessar períodos de sofrimento. Primeiro, tentar manter uma atitude positiva. Depois, não guardar ressentimentos. E, talvez o mais importante, fazer o máximo de esforço para tratar-se com carinho. Isso é que é difícil. Passamos a maior parte do tempo com nós mesmos e tendemos a ser demasiadamente críticos. Assine um tratado de paz com você mesmo, é o que eu aconselho. Perdoe-se pelos erros estúpidos que cometeu.

Olhou pensativo para as árvores e seguiu em direção à casa.

— Se administrarmos o sofrimento com sabedoria, se vivermos profundamente nosso luto, o arame farpado não nos vence. Somos capazes de superar qualquer dor e viver em paz.

Estelle apareceu com um pedaço de bolo de maçã e uma xícara de café.

— Eu procuro desenvolver minha vida buscando novos conhecimentos, novas amizades, novas experiências — ele continuou, olhando o computador novo e meia dúzia de novos livros na escrivaninha. Continuava enfrentando uma paralisia no lado direito, mas não admitia a derrota. — Podemos usar nossas experiências dolorosas como desculpas para desistir. Ou então acreditar nas promessas de renascimento. — Voltou o olhar para o pasto coberto de neve do outro lado da estrada. — Você tem seus problemas. Eu tenho minhas lutas. Enfrentarei as minhas — propôs — se você enfrentar os seus.

— Obrigado, vou fazer isso — prometi, e apertamos as mãos. Tínhamos um acordo. Eu senti que adquirira uma nova compreensão e agora tinha a estratégia para lidar com minhas mágoas.

Enquanto descia o vale, tive um ampla visão da fazenda do outro lado dos prados. O vento brincava com as vistosas copas das árvores que, embora ainda misteriosas, tanto tinham a nos dizer.

Muitas das adversidades da vida são de curto prazo e logo passam quando encontramos um novo emprego, nos reconciliamos depois de uma briga ou nos recuperamos de uma doença. Mas outras são de longo prazo. A perda de um ente querido, um problema físico permanente, uma relação familiar insatisfatória ou um trágico acidente não são temporários nem facilmente resolvidos. Para esses casos as mensagens de Edgar Jackson dão esperança e orientação. Elas nos ensinam como enfrentar a adversidade, adaptar-nos e seguir em frente.

Comentários sobre a Capacidade de adaptação

Embora o mundo esteja cheio de sofrimento, também está cheio de superações.

– Helen Keller

Os pássaros cantam após a tempestade. Por que não cantarmos nós?

– Rose Kennedy

A maioria das pessoas pensa que os campos do Holocausto eram como poços de serpentes — que as pessoas passavam por cima uma das outras para sobreviver. Mas não era nada disso.

Muitas vezes eu falo sobre uma amiga de infância, Ilse. Certa vez ela encontrou uma framboesa no campo e levou-a o dia todo no bolso para presentear-me à noite sobre uma folha.

Imagine um mundo em que tudo o que você possui é uma framboesa que dá a uma amiga. São desses momentos que eu quero lembrar. As pessoas comportavam-se com nobreza nas circunstâncias mais incríveis.

– Gerda Weissmann Klein

Num início de primavera encontrei um velho camponês. Fora uma primavera chuvosa, e comentei como aquela chuva devia ter sido boa para as safras. Ele retrucou: "Não, se o clima for muito favorável para as plantas agora, elas só deitarão raízes na superfície. Se isso acontecer, uma tempestade as destruirá facilmente. No entanto, se as coisas não forem fáceis, as plantas terão de criar raízes fortes e profundas para obter mais embaixo a água e os nutrientes de que precisam. Se vier uma tempestade ou seca, terão mais probabilidade de sobreviver."

Agora eu encaro os tempos difíceis como uma oportunidade de aprofundar e fortalecer algumas raízes que me ajudem a enfrentar tempestades futuras.

– Jenny Stemkoski

A pedra preciosa não pode ser polida sem atrito.

– Provérbio chinês

Quando perguntaram a Sir Henry Morton Stanley se tivera medo da selva que apavorava exploradores em tempos passados, ele respondeu: "Eu não via a selva inteira. Via apenas um rochedo à minha frente; via uma cobra venenosa que tinha de matar para dar o próximo passo. Via apenas o problema que estava na minha frente. Se visse a selva toda, ficaria assustado demais para tentar."

– John Mack Carter e Joan Ferry

Reflexões

- A adversidade insiste para que respondamos à pergunta: "Vai se adaptar e seguir em frente ou deixar a dificuldade feri-lo e vencê-lo?" Que mensagem transmitida pelas árvores pode ajudá-lo a responder?
- Quando penso na adversidade lembro-me de minha irmã, que nos últimos meses de vida e de batalha contra o câncer ensinava os filhos a enfrentar a dificuldade e sorrir diante dela. Seu legado à grandeza de cada dia ficará para sempre incrustado na mente e no coração de todos que a conheceram. Você transforma a adversidade em oportunidades para beneficiar a vida dos outros?
- Você conhece pessoas que dão exemplo ao lidar com a adversidade? Quais são as características que elas apresentam diante dos problemas? Você pode aprender alguma coisa com elas?

27
Perseverança

Em quatro palavras eu resumo tudo o que aprendi sobre a vida: ela segue em frente.
– Robert Frost

Dois dos obstáculos mais desafiadores que se colocam na vida são o fracasso e a fadiga. As pessoas têm uma boa ideia, montam alguns planos, e tudo vai bem até enfrentarem o primeiro fracasso. Aí tudo se desfaz. Ou então iniciam um trabalho com entusiasmo, conquistam alguns sucessos, mas quando percebem que há mais trabalho a fazer do que imaginavam a energia se esvai.

A perseverança vence o fracasso e a fadiga. Faz as pessoas superarem as dificuldades e a rotina. *O homem que compôs o "Messias"* é uma história de perseverança que fará lembrar a história de Charles Dickens e sua obra *Canção de Natal*. Nela você descobrirá como o compositor George Frederick Handel usou a perseverança para superar os altos e baixos, os picos e os vales do sucesso e do fracasso.

O homem que compôs o *Messias*
David Berreby

Os mastros sem vela oscilavam ao vento ao longo dos ancoradouros cobertos pela neblina em Chester, um porto no oeste da Inglaterra. Pela janela embaçada do Café da Bolsa, um homem alto e forte observava, ansioso, os marinheiros que batiam os pés no chão para enfrentar o frio. O vento continuava desfavorável, e mais uma vez nenhum barco iria fazer-se ao mar. Mas o homem tinha de ir para a Irlanda, e logo.

Outrora, ele fora o queridinho da Europa, seu mais famoso compositor. Mas nesse dia de novembro de 1741 George Frederick Handel se encontrava à beira da falência financeira e talvez mesmo artística. Estava sendo perseguido pelos credores e seu público o abandonara.

Ele se afastou da janela, instalou-se pouco à vontade numa dura cadeira de carvalho e puxou baforadas do cachimbo. Era um dia feito para reflexão e lembranças.

A música fora o passaporte de Handel para o mundo desde o dia em que seu pai, médico da cidade alemã de Halle, o levara à corte do duque Johann Adolf, em Weissenfels. Queria que o menino fosse advogado.

Enquanto o velho Handel cuidava de negócios na corte, George Frederick, entediado, entrou na capela do palácio e começou a improvisar no órgão. O barulho de passos o fez voltar-se. Parado, olhando-o, viu o duque Johann Adolf.

— Quem é essa criança notável? — perguntou o duque. Chamaram o pai de Handel e disseram-lhe que seria um crime fazer de tal prodígio um advogado.

George Frederick era rápido no estudo. Ainda na adolescência, deixou Halle, primeiro por Hamburgo e depois pela Itália, onde dominou a arte de compor óperas. Aos vinte e poucos anos sentia-se atraído pela animada vida musical de Londres, onde havia dinheiro de sobra para montar grandes espetáculos.

Em 1711, *Rinaldo*, a primeira ópera de Handel em italiano, foi tocada durante quinze noites, com casas lotadas, no novo Teatro de Haymarket. Revelou-se um sucesso como a cena musical londrina jamais conhecera e lançou Handel na sociedade. Duques e duquesas deixavam suas propriedades no campo para ouvir a ópera, e, nas agitadas ruas da cidade, os que tinham sorte suficiente para conseguir ingressos assobiavam as melodias.

Depois que o *Te Deum* de Handel foi apresentado na Catedral de São Paulo para celebrar um tratado de paz em 1713, a rainha Ana concedeu-lhe um estipêndio anual de duzentas libras. Com isso e a renda das óperas, ele era provavelmente o mais bem pago compositor do mundo. Para arredondar a conta, o sucessor de Ana, o rei Jorge I, acrescentou outras duzentas libras ao estipêndio. E também se juntou ao grupo de muitos londrinos elegantes que investiam milhares de libras na companhia de ópera de Handel, a Real Academia de Música, culminação do sonho do compositor. A maioria dos compositores dependia de esmolas dos aristocratas. Mas Handel aprendeu a ser artista e empresário ao mesmo tempo. Enquanto compunha, contratava cantores e se ocupava da administração. Enquanto suas óperas agradassem ao público, a Academia daria um belo lucro.

Investir em Handel parecia uma aposta segura. Nas apresentações de *Amadigi*, em 1715, o público não parou de exigir que as árias fossem bisadas, até que por fim a gerência do teatro deu um basta, para que o espetáculo terminasse antes do amanhecer. Na estreia de *Radamisto*, em 1720, multidões acorreram para assistir.

Eram dias de glória. Mas em meados da década de 1720 a sorte de Handel começou a falhar. As plateias reduziram-se, e em 1729 a Academia teve de declarar falência. Também nesse ano John Gay apresentou a *Ópera dos Mendigos*, uma paródia às óperas italianas cantada em inglês. Foi um enorme sucesso e gerou uma onda de espetáculos de música contagiante. A nova loucura revelou-se mais um prego no caixão do repertório italiano de Handel.

Mas ele seguiu compondo e obstinadamente montando suas óperas. Em 1737, a tensão e o excesso de trabalho provocaram um ataque de paralisia que lhe tirou o movimento de quatro dedos da mão direita. As cartas manifestando preocupação com seu declínio voavam de um lado a outro da Inglaterra e para o continente. O futuro rei Frederico, o Grande, da Prússia, escreveu ao primo real na Inglaterra: "Os grandes dias de Handel se acabaram, sua inspiração se exauriu e seu gosto saiu de moda."

Foi um Handel desesperado que deixou a Inglaterra naquele verão para um tratamento nas famosas fontes de Aachen, na Alemanha. Ali, passava os dias sentado em água borbulhante. Era um lugar agradável, que o deixou animado.

Uma tarde, ele deixou os banhos e vestiu-se às pressas. Várias horas depois ainda não havia voltado para prosseguir o tratamento. As freiras que cuidavam das fontes ficaram preocupadas. Então, vindo do campanário da igreja, ouviu-se uma explosão de gloriosa música. Hábitos ao vento, as irmãs correram a investigar. Lá estava Handel, feliz, a saúde inexplicavelmente restaurada, improvisando no órgão.

Mas o retorno à saúde não foi acompanhado pelo sucesso das óperas. Durante vários anos, Handel mal conseguiu manter a cabeça fora d'água, enquanto uma ópera atrás da outra fracassava. No verão de 1741, aos 56 anos, talvez se perguntasse se chegara a hora de desistir completamente do palco.

Certa manhã, um criado trouxe-lhe um grande maço de papéis embrulhados em pergaminho. Era um texto montado por um de seus admiradores ricos, poeta nas horas vagas, chamado Charles Jennens, que havia anos vinha procurando interessá-lo em musicar seus versos. Uma primeira tentativa já falhara.

Handel examinou o novo roteiro. Como na tentativa anterior, Jennens havia habilmente montado citações do Antigo e do Novo Testamento numa emocionante narrativa do nascimento, sacrifício e ressurreição de Cristo. Dera à peça o nome de *Messias*. Havia palavras de consolo tão simples e conhecidas que o compositor ficou profundamente inspirado.

Ele recebera um convite de Dublin para apresentar uma obra beneficente. Ali estava uma ocasião de, pelo menos, ajudar os necessitados. Handel tinha começado a trabalhar no *Messias* no dia 22 de agosto e 23 dias depois acabara. Compusera com confiança. Essa música lhe deu a coisa mais preciosa de que precisava — esperança.

Handel despertou do devaneio, pagou a conta e deixou o Café da Bolsa. Retornou à Estalagem do Falcão Dourado, em Chester. A modesta hospedaria nem de longe se comparava aos palácios que frequentara. Ao entrar na pequena sala viu-se mais uma vez enfrentando o desespero. Depois de um esforço tão monumental, será que as turbulências do vento iriam prejudicar seus planos? Foi para a cama com a mente perturbada, tentando reavivar a esperança que a milagrosa composição gerara nele.

Na manhã seguinte o vento mudou.

Os amantes da música em Dublin esperavam uma coisa extraordinária. O principal jornal pedia que na apresentação de abertura as damas não usassem anquinhas nas saias e "os cavalheiros viessem sem as espadas" para permitir que mais cem pessoas coubessem no teatro.

Foi uma multidão entusiasmada e ruidosa que Handel viu na plateia em 13 de abril de 1742. Ele olhou o pequeno grupo de instrumentistas e fez um sinal com a cabeça. Suavemente, no sereno tom da sinfonia de abertura, o *Messias* entrou no mundo.

Antes de acabar, a música já comovera os espectadores até às lágrimas. Os críticos estavam em êxtase.

A apresentação seguinte teve uma plateia tão entusiástica que foi necessário retirar as vidraças para que o salão não esquentasse demais. Melhor ainda, a obra levantou quatrocentas libras, que foram para hospitais e enfermarias, e 142 prisioneiros foram libertados da prisão depois que o *Messias* pagou suas dívidas.

Mas a estreia londrina, a 23 de março de 1743, foi outra história. Questionava-se se os textos bíblicos deviam ser cantados por artistas como mera diversão. E a plateia, que buscava diversão, se decepcionou com a falta de ação e de árias vistosas. "Não importa", Handel pensou. A renovada inspiração estendeu-se a outras peças. *Sansão, Judas Macabeu* e *Música para fogos de artifício* foram todas sucesso. Também houve fracassos. Mas, revitalizada a fé, ele tratou de escrever a melhor música do mundo. Quando os amigos demonstraram pena pelos assentos vazios numa apresentação de *Teodora*, ele deu de ombros e respondeu:

— Assim a música soará melhor.

Em meio a todos os percalços, Handel apegou-se teimosamente ao *Messias*, apresentando-o todo ano para fins de caridade. As plateias londrinas começaram a acorrer à apresentação. Conta-se que quando o rei Jorge II ouviu pela primeira vez o "Oratório" não conteve o entusiasmo. Ao soarem as trombetas no grande coro do "Aleluia" levantou-se e foi acompanhado por todos os presentes.

A misteriosa inspiração que deu origem ao *Messias* restaurou a oscilante confiança de Handel e ajudou a salvá-lo da ruína e do fracasso. Embora mais tarde perdesse a visão, ainda compunha e tocava órgão. Já cego, depois de reger uma apresentação do *Messias,* desmaiou e teve de ser carregado para casa. Agonizou durante a noite de Sexta-feira Santa, 13 de abril de 1759 — dezessete anos depois da première do *Messias* em Dublin. George Frederick Handel morreu nas primeiras horas da manhã.

Mas, para deleite dos ouvintes de variadas vertentes cristãs no mundo inteiro, o *Messias* continua vivo.

> Quem algum dia ouviu, numa grande catedral, uma das majestosas obras-primas de Handel ecoar pelos imensos tubos de um órgão comprova seu enorme talento. Mas, apesar das triunfantes realizações, o compositor enfrentou muitas crises que poderiam facilmente tê-lo levado a desistir, sobretudo quando os amigos e a saúde começaram a abandoná-lo. Mas, em vez disso, ele seguiu em frente. Perseverança não é uma coisa ocasional. É um traço do dia a dia traduzido em atos, um componente vital da grandeza de cada dia.

Comentários sobre a Perseverança

Perseverança não é uma longa corrida, mas muitas corridas curtas uma após outra.

– Walter Elliot

Perseverança é o trabalho árduo que você faz depois que se cansa de fazer o trabalho árduo que já fez.

– Newt Gingrich

As mentes tranquilas não ficam perplexas nem assustadas, mas seguem em seu próprio ritmo, na sorte ou na desgraça, como um relógio durante uma tempestade.

– Robert Louis Stevenson

Quando garoto, eu geralmente atacava uma tarefa cheio de entusiasmo, somente para ficar rapidamente desmotivado. Em um dia brilhante de verão, meu pai mostrou-me uma experiência com uma lente de aumento e um jornal. Quando ele moveu a lente sobre o papel de um lugar para o outro, nada aconteceu. Mas quando ele a manteve imóvel em um único lugar por um tempo, focando os raios do sol, um buraco surgiu.

Fiquei fascinado, mas não captei o significado do procedimento. Papai explicou esse mesmo princípio aplicado em tudo o que fazemos: para termos sucesso em nossas vidas, devemos aprender a concentrar todos os nossos esforços na tarefa que temos em mãos até que ela esteja terminada.

– John Louis Feliciello

Thomas Edison dizia sorrindo aos céticos que lhe perguntavam como justificava mil experiências malogradas num único projeto: "Bem, agora sabemos mil formas que não dão certo."

– Norman Vincent Peale

O dr. Judah Folkman guarda em seus arquivos a reprodução de um artigo de 1903 do *New York Times*. Nele, dois professores de física explicam por que os aeroplanos não podem voar. O artigo foi publicado três meses antes de os irmãos Wright cruzarem o ar em Kitty Hawk.

No início da década de 1970, Folkman propôs uma ideia que não se encaixava nas convicções dos cientistas que pesquisavam o câncer. Ao contrário deles, ele estava convencido de que os tumores geravam novos vasos sanguíneos para se "alimentar" e crescer. Os colegas desprezavam sua proposta, considerando-a cientificamente fútil.

Folkman ignorou as vaias da comunidade de pesquisadores. Durante duas décadas, enfrentou desinteresse e hostilidade enquanto prosseguia no trabalho sobre angiogênese — estudo do surgimento de novos vasos sanguíneos. Numa convenção de pesquisadores, metade da plateia deixou a sala. "É só um cirurgião", alguém disse.

Mas Folkman sempre acreditou que seu trabalho podia ajudar a deter o surgimento de tumores e a descobrir meios de fazer brotar vasos onde eram necessários. Hoje, mais de cem mil pacientes com câncer se beneficiam da pesquisa em que ele foi pioneiro. A importância de seu trabalho é agora reconhecida na luta pela cura do câncer.

"Há uma tênue linha entre a persistência e a obstinação", Folkman diz. "Compreendi que o segredo é escolher um problema digno de esforço persistente."

– Fran Lostys

A vida é muito simples: você faz algumas coisas. A maioria falha. Outras dão certo. Você faz mais aquilo que funciona. Se isso funciona bem, outros copiam. Então você faz algo novo. O truque está em fazer alguma coisa.

– Tom Peters

Caia sete vezes, levante-se oito.

–Provérbio japonês

O dr. Jean-Louis Etienne, o homem que foi a pé ao Polo Norte, explica o que o motiva a fazer essas expedições no mundo do gelo e da neve: "Existem dois grandes momentos de felicidade — quando um sonho nos persegue e quando o realizamos. Entre os dois há uma forte vontade de desistir. Mas temos de seguir o sonho até o fim... Eu quase desisti mil vezes antes de chegar aos momentos de felicidade que me fizeram esquecer do frio."

– L'Express

Você pode ter que lutar uma batalha mais de uma vez para ganhá-la.

– Margaret Tatcher

O caráter consiste no que você faz na terceira ou quarta tentativa.

– James Michener

Infelizmente, somos criados para achar que ninguém deveria cometer erros. A maioria das crianças não desenvolve todo o seu potencial por medo de cometer erros. Mas todos os meus progressos foram conseguidos com erros. Descobrimos o que *é* quando nos livramos do que *não é*.

– Buckminster Fuller

Tento me arrepender apenas o suficiente para aprender; assim não faço de novo.

– John Travolta

Reflexões

- Ao enfrentar dificuldades, Handel poderia ter sucumbido ao desespero. Quando a vida não anda como seria de desejar, você fica desanimado com as coisas negativas ou persevera e deixa que as positivas o levem para a frente?
- Se fosse dar nota à sua perseverança numa escala de um a dez, qual seria ela? O que é que o impede de ter uma nota maior?
- Todos cometem erros de vez em quando. Você deixa que os erros e o medo do fracasso atrapalhem seu progresso ou aprende com eles e vai em frente?

28
Seguir em frente

Você pode apertar o passado com tanta força contra o peito que fica com os braços cheios demais para abraçar o presente.
– Jan Glidewell

Parte da superação consiste em deixar para trás a "bagagem velha" do passado, largar os fardos de ontem. Na verdade, é fácil ficar remoendo erros passados ou oportunidades perdidas e pensar: "Se eu tivesse feito de uma forma diferente..."

As experiências vividas no passado nos dão sabedoria para novas perspectivas e neste sentido são um de nossos maiores bens. Mas algumas pessoas deixam que o passado as mantenha como reféns. Presas por infelizes "se", atolam-se na culpa e não conseguem olhar adiante ou seguir em frente. Se você às vezes é assim, pode beneficiar-se com a leitura de *Três palavras a evitar, três a lembrar*, de Arthur Gordon.

Três palavras a evitar, três a lembrar
Arthur Gordon

Nada na vida é mais emocionante do que o súbito clarão de uma intuição que nos transforma — e nos transforma para melhor. Esses momentos são raros, mas chegam para todos nós. Às vezes são palavras encontradas num livro, num sermão, num verso de poesia. Às vezes são provocados por um amigo...

Naquela tarde de muito vento em Manhattan, à espera num pequeno restaurante francês, eu me sentia frustrado e deprimido. Devido a vários erros de cálculo meus, um projeto de grande importância em minha vida dera errado. Nem mesmo a perspectiva de ver um querido amigo (o Velho, como eu afetuosamente o chamava) me deixava animado, como em geral acontecia. Fiquei ali sentado ruminando o gosto amargo dos meus pensamentos.

Por fim ele atravessou a rua envolto num velho capote, o chapéu informe afundado na cabeça calva. Seu escritório ficava próximo, e eu sabia que ele acabara de atender o último paciente do dia. Beirava os oitenta anos, mas ainda tinha muitos clientes, atuava como diretor de uma grande fundação e adorava fugir para o campo de golfe sempre que podia.

Quando se aproximou e sentou ao meu lado, o garçom já havia trazido sua invariável garrafa de cerveja. Eu não o via há vários meses, mas ele parecia indestrutível como sempre.

— Bem, meu jovem — disse o Velho, sem preliminares —, qual é o seu problema?

Havia muito tempo que eu deixara de surpreender-me com sua percepção. Por isso comecei a contar-lhe detalhadamente o que me preocupava. Com uma espécie de melancólico orgulho, tentei ser muito honesto, não culpei ninguém por minha decepção, só a mim mesmo. Analisei a questão toda e falei das medidas erradas. Continuei talvez por uns quinze minutos, enquanto ele bebericava a cerveja em silêncio.

Quando acabei, o Velho pôs o copo na mesa.

— Vamos — disse. — Vamos voltar ao meu consultório.

Fiquei surpreso:

— Seu consultório? Esqueceu alguma coisa?

— Não. Quero ver sua reação a uma coisa. Só isso — ele respondeu placidamente.

Uma chuva fina começava a cair, mas o consultório era aconchegante e confortável: paredes cobertas de livros, longo sofá de couro, foto assinada de Sigmund Freud, gravador de fita junto à janela. Estávamos sós.

O Velho tirou uma fita de uma caixa de papelão e encaixou-a na máquina.

— Nesta fita — disse — há três gravações curtas de três pessoas que me procuraram em busca de ajuda. Não estão identificadas, claro. Quero que você as ouça e veja se nota três expressões que aparecem em todas. — Sorriu. — Não fique tão perplexo. Eu tenho meus motivos.

O que havia em comum entre os donos das vozes parecia ser infelicidade. O primeiro evidentemente sofrera algum tipo de perda ou fracasso comercial e censurava-se por não ter trabalhado mais, por não haver previsto. A mulher a seguir jamais se casara devido a um senso de obrigação com a mãe viúva e se lembrava ressentida de todas as chances de casamento que deixara passar. A terceira voz era de uma mãe cujo filho adolescente se encrencara com a polícia. Ela não parava de culpar-se.

O Velho desligou a máquina e recostou-se na poltrona.

— Seis vezes nessas gravações usa-se uma expressão cheia de veneno sutil. Você localizou? Não? Bem, talvez seja porque você mesmo a usou três vezes no restaurante ainda há pouco. — Pegou a caixa onde guardara a fita e jogou-a para mim. — Estão bem aí, no rótulo, as três palavras mais tristes de toda a nossa língua.

Baixei os olhos. Nitidamente escritas com tinta vermelha, vi as palavras: "Se ao menos."

— Você ficaria surpreso — disse o Velho — se soubesse quantos milhares de vezes fiquei sentado nesta poltrona ouvindo as infelizes frases iniciadas com essa expressão. "Se ao menos", dizem-me, "eu tivesse feito de maneira diferente, ou não tivesse feito de maneira alguma. Se ao menos eu não tivesse perdido a calma, dito aquela coisa cruel, dado aquele passo desonesto, contado aquela mentira estúpida. Se ao menos tivesse sido mais sensato, ou menos egoísta, ou mais autocontrolado." Repetem sem parar, até eu detê-los. Às vezes eu os faço ouvir as mesmas gravações que você acabou de ouvir. "Se ao menos", digo, "você parasse de dizer *se ao menos*, poderíamos começar a ir a alguma parte!"

O velho esticou as pernas.

— O problema do "se ao menos" é que ele não muda nada. Mantém a pessoa voltada para o lado errado: para trás e não para a frente. É perda de tempo. Se você deixa que se torne um hábito, pode transformar-se em uma verdadeira barreira na estrada, uma desculpa para não tentar mais. Agora veja o seu caso: seus planos não deram certo. Por quê? Porque você cometeu certos erros. Tudo bem, todo mundo comete erros. É com eles que a gente aprende.

Mas quando me falava dos seus erros, lamentando-os, arrependendo-se, na verdade não estava aprendendo com eles.

— Como você sabe? — perguntei meio na defensiva.

— Porque — respondeu o Velho — você usou o tempo todo o verbo no passado. Nem uma vez você falou do futuro. E de certa forma... vamos, seja honesto!... tinha uma certa satisfação nisso. Há em todos nós um lado perverso que nos faz repetir os velhos erros. Afinal, quando você torna a contar a história do principal personagem, continua no centro do palco.

Balancei a cabeça, triste.

— Bem, qual é o remédio?

O Velho respondeu prontamente:

— Mude de foco. Troque as palavras-chave por outras que deem estímulo, em vez de criar pesos.

— Você recomenda alguma outra expressão? — eu quis saber.

Ele sorriu afetuosamente:

— Sem dúvida. Apague as palavras "se ao menos" e substitua por "da próxima vez".

— Da próxima vez? — repeti.

Ele afirmou convicto:

— Certo. Já vi essas palavras fazerem pequenos milagres aqui mesmo nesta sala. Enquanto o paciente continua repetindo "se ao menos", ele não sai do lugar. Mas, quando me olha nos olhos e diz "da próxima vez", sei que ele tomou o caminho para superar o problema. Significa que decidiu aplicar as lições que aprendeu com a experiência, por mais sombria ou dolorosa que tenha sido. Significa que ele vai afastar a barreira do arrependimento, seguir em frente, agir, retomar a vida. Tente fazer isso. Você vai ver.

Meu velho amigo parou de falar. Eu ouvia a chuva batendo contra a vidraça. Tentei retirar uma expressão da mente e substituí-la pela outra. Era fantasia, claro, mas ouvi claramente as novas palavras se encaixarem no lugar com um estalido.

— Mais uma última coisa — acrescentou o Velho. — Aplique esse truque a coisas que ainda podem ser remediadas. — Tirou da estante um grande caderno. — Aqui está um diário mantido uma geração atrás por uma mulher que era professora primária em minha cidade. O marido era um homem simpático e imprestável, charmoso, mas totalmente incompetente para sustentar a família. Essa mulher teve de criar os filhos, pagar as contas, manter todos unidos. O diário está cheio de furiosas referências às incompetências de Jonathan. Então, quando ele morreu, as anotações cessaram e só foram retomadas nove anos depois. Eis aqui: "Hoje fizeram-me diretora de escolas e creio que devo me sentir orgulhosa. Mas, se soubesse que Jonathan estava em alguma parte além das estrelas, eu iria ao seu encontro esta noite."

O Velho fechou o livro delicadamente.

— Está vendo? O que ela quer dizer é que "se ao menos" ela o tivesse aceito tal como era, se ao menos o tivesse amado e usufruído sua presença enquanto podia... — Pôs o diário de volta na estante. — Essas tristes palavras ficam ainda mais tristes quando é tarde demais para recuperar qualquer coisa.

Saímos do prédio para a noite chuvosa. Avistei um táxi que passava e corri para ele, mas outro pedestre fora mais rápido.

— Ora, ora — disse o Velho com um ar divertido —, se ao menos tivéssemos descido dez segundos antes, teríamos pego aquele táxi, não é verdade?

Dei uma risada e aproveitei a deixa.

— Da próxima vez eu corro mais rápido.

O Velho riu, afundando o absurdo chapéu até as orelhas.

— É exatamente isso!

Outro táxi diminuiu a marcha. Abri a porta para ele. O Velho sorriu e acenou enquanto o veículo se afastava. Jamais tornei a vê-lo. Morreu um mês depois, de um súbito ataque cardíaco, em plena forma.

Muito tempo se passou desde aquela chuvosa tarde em Manhattan. Mas até hoje, toda vez que me vejo pensando "se ao menos", troco para "da próxima vez". E espero o quase imperceptível estalido. Quando o ouço, lembro-me do Velho. E o vejo sorrindo, levantando o polegar, num sinal de aprovação.

> A terra do "se ao menos..." é um território estéril. Mesmo sendo um lugar de refúgio tentador quando as coisas ficam difíceis, pouco oferece, se é que oferece alguma coisa de valor duradouro. Em contrapartida, a estrada para o "da próxima vez..." leva a paisagens cheias de oportunidades. Por isso, aceite o conselho de um sábio "Velho": parte importante da superação e do avanço é aprender a deixar para trás a paralisante bagagem do ontem em favor do rico potencial que se encontra no hoje e no amanhã.

Comentários sobre Seguir em frente

Os que se concentram no passado e pensam demais no que poderia ter sido correm de algum modo o mesmo risco do motorista que mantém os olhos no retrovisor e não presta atenção na estrada à frente. A experiência é uma grande mestra — é a estrada que percorremos. Mas não são os desastres que ficaram para trás que devemos evitar. O que conta são as curvas à frente.

– Richard L. Evans

As lembranças são a chave, não do passado, mas do futuro.

– Corrie Ten Boom

Você pode agarrar a passado tão apertado em seu peito que ele deixa seus braços cheios demais para abraçar o presente.

– Jan Glidewell

A experiência passada deve ser um poste de sinalização, não de amarração.

– D. W. Williams

O ex-jogador da NBA e senador americano Bill Bradley aprendeu muito no tempo das quadras de basquete. Mas sabia que enfrentar a derrota não é fácil. "Desde a época do ginásio eu ficava remoendo na mente as perdas no basquete", ele lembra.

Quando os New York Knicks perderam um jogo por causa de um mau passe dele, um companheiro de equipe lhe disse: "Claro que você causou a derrota esta noite, mas quando acaba, acaba. Deixe pra lá. Se não fizer isso, não vai estar preparado para jogar amanhã."

Bradley reflete: "Esse conselho me ajudou. Percebi que, quanto mais a gente carrega o passado, é menos provável que o futuro melhore."

– Bill Bradley

Só se pode entender a vida da frente para trás, mas deve-se vivê-la para a frente.

– Sören Kierkegaard

Veja o dia de hoje,
Pois o de ontem é apenas sonho
E o de amanhã, apenas uma visão.
Mas o hoje bem vivido
Torna todo o ontem um sonho de felicidade
E todo o amanhã uma visão de esperança.
Por isso, concentre-se no dia de hoje.

– Provérbio sânscrito

Reflexões

- Como o "Velho" observou, algumas pessoas não vão para a frente por estarem atoladas nos erros do passado. Você se pega muitas vezes dizendo "se ao menos"?
- Da "próxima vez" que se pegar dizendo "se ao menos", o que pode ajudá-lo a não se fixar no passado, mas olhar para a frente?
- Muito estranhamente, algumas pessoas empacam na vida por se fixarem em sucessos passados. Realizam um grande feito ou atingem uma meta importante e deixam de progredir, agindo como se já tivessem atingido o pináculo da vida. A grandeza de cada dia é um verbo no presente, não no passado. Como pode você *hoje* demonstrar a grandeza de cada dia?

29
Magnanimidade

Eu não permitirei que alguém amesquinhe e degrade minha alma fazendo-me odiá-lo.
– Booker T. Washington

A capacidade de controlar emoções em reação a indignidades que outros nos fazem torna-se um traço cada vez mais raro na agressiva sociedade atual. No entanto, esse controle é o núcleo do princípio da magnanimidade. Pois a pessoa magnânima é aquela que rejeita a vingança e se eleva acima da raiva ao procurar fins mais dignos.

Mahatma Gandhi foi talvez uma das pessoas que melhor souberam usar o princípio da magnanimidade como instrumento para superar a oposição. Houve muitas ocasiões em que ele facilmente poderia ter deixado a raiva governar suas palavras e atos. Em vez disso, preferiu a magnanimidade à vingança como guia para tomar decisões. Ao fazê-lo, influenciou os próximos, incluindo Vijaya Lakshmi Pandit, ex-comissária da Índia no Reino Unido, que depois registrou a experiência em *O melhor conselho que já recebi.*

O melhor conselho que já recebi
Vijaya Lakshmi Pandit

O melhor conselho que já recebi veio, numa tarde ensolarada, de uma das maiores almas que o mundo conheceu — Mahatma Gandhi.

A maioria das pessoas passa por períodos de angústia quando sua crença na humanidade diminui. Eu me encontrava num período desses. Meu marido morrera havia pouco. O profundo sofrimento que me causara essa perda fora agravado pela humilhante compreensão de que, aos olhos dos indianos, como mulher eu não tinha existência individual. Junto com outras indianas participara durante anos da luta nacional pela liberdade, trabalhando e sofrendo lado a lado com os homens, até por fim consegui-la. Mas na lei as mulheres ainda eram reconhecidas apenas pelo seu relacionamento com os homens. Agora viúva e sem filho homem, nem eu nem minhas filhas tínhamos direito a qualquer parcela da propriedade da família. Ressentia-me com os membros da família que apoiavam essa lei antiquada que me colocava numa posição humilhante.

Nessa época fui prestar minhas homenagens a Gandhi e despedir-me antes de partir para os Estados Unidos, onde ia participar da Conferência sobre as Relações no Pacífico. Após nossa conversa, ele perguntou:

— Já fez as pazes com seus parentes?

Fiquei surpresa, com a impressão de que ele também estava contra mim.

— Eu não briguei com ninguém — respondi —, mas me recuso a me relacionar com os que se aproveitam de uma lei obsoleta para me colocar numa situação difícil e humilhante.

Gandhi olhou pela janela por um instante. Depois voltou-se para mim, sorriu e disse:

— Vá se despedir, porque a cortesia e a decência o exigem. Na Índia ainda damos importância a essas coisas.

Declarei com veemência:

— Nem mesmo para fazer sua vontade vou procurar aqueles que me prejudicam.

Ele continuou a sorrir docemente:

— Ninguém pode feri-la, a não ser a senhora mesma. O ressentimento que vejo em seu coração vai fazer-lhe mal, se não o contiver.

Fiquei calada, e ele continuou:

— A senhora está indo para um novo país porque se sente infeliz e quer fugir. Pode fugir de si mesma? Vai encontrar felicidade lá fora, quando traz ressentimento no coração? Pense bem. A senhora perdeu um ente querido e isso já é sofrimento suficiente. Deve infligir-se mais sofrimento por não ter coragem de limpar seu coração?

Essas palavras não me deixaram em paz. Após alguns dias de intensa luta comigo mesma, acabei telefonando para meu cunhado e lhe disse que gostaria de ver a ele e a família antes de partir.

Cinco minutos depois de encontrá-los, senti que minha visita trouxera alívio a todos. Falei-lhes de meus planos e pedi que me desejassem sorte antes de iniciar aquele novo estágio de vida. O efeito em mim foi milagroso. Era como se tivessem tirado um grande fardo de meus ombros e eu estivesse livre para ser eu mesma.

Esse pequeno gesto foi o início de uma significativa mudança em mim. Um ano e meio depois, estava em Nova York como chefe da delegação indiana nas Nações Unidas. Denunciava o tratamento que as pessoas de origem indiana recebiam na África do Sul. Coisas duras foram ditas dos dois lados. Eu me ressenti pela maneira como os adversários faziam ataques pessoais ao prestígio da Índia e ao meu. Retaliei com as mesmas armas.

Então, após um angustiante duelo de palavras, de repente me lembrei de Gandhi. Será que ele aprovaria minha atitude? Para ele, os meios importavam tanto quanto os fins — a longo prazo talvez fossem mais importantes. O que aconteceria se eu conseguisse fazer aprovar nossa resolução com táticas questionáveis que feriam nosso respeito próprio?

Antes de ir para a cama naquela noite decidi que, acontecesse o que acontecesse, tomaria o maior cuidado com as palavras que pronunciaria na ONU. Dali em diante, elevei o nível do debate, recusando retaliar os ataques pessoais ou usar argumentos levianos. Nosso adversário passou a nos enfrentar no novo nível, e a partir de então discutimos o caso em outro patamar.

Antes de deixar a sala do comitê no último dia fui falar com o chefe da delegação adversária:

—Vim pedir-lhe que me perdoe se o magoei com alguma palavra ou ato durante o debate.

Ele apertou minha mão com simpatia e disse:

— Não tenho queixas.

Foi bom me sentir correta com ele, mas melhor ainda comigo mesma. Mais uma vez o conselho de Gandhi me salvara de mim mesma. As suas palavras ajudaram-me a manter a perspectiva, mesmo em questões menores. Recentemente vivi uma situação real que atormenta os pesadelos de muitas mulheres.

Eu recebia naquela noite como convidados o primeiro-ministro da Grã-Bretanha e Lady Eden, pessoas extremamente importantes para mim como alta comissária de meu país no Reino Unido. Eu planejara tudo meticulosamente, do cardápio às flores e velas. Depois que os convidados chegaram e foram passadas duas rodadas de drinques, fiz sinal ao mordomo para que anunciasse o jantar. Mas ele continuou imóvel. Quando veio a terceira rodada de bebidas, pedi desculpas e corri à cozinha.

Era uma visão chocante. O cozinheiro, sentado à mesa, balançava uma concha e cantava. Tinha os olhos vidrados e estava visivelmente embriagado. Havia comida espalhada por todos os cantos. Tentei dialogar com ele, mas rapidamente percebi que era inútil. Ele repetia incessantemente:

— O jantar está pronto, madame. Tudo pronto. Sentem-se todos, sentem-se...

Fiquei furiosa. Já tinha na ponta da língua a ordem "Dê o fora. Está despedido!" quando me lembrei do conselho que tantas vezes me acalmara. Perder o controle só iria prejudicar a mim mesma.

Eu me recompus.

— Vamos colocar alguma coisa na mesa — disse. Os garçons se empenharam. A comida servida não correspondia bem à descrição do cardápio, mas, quando contei aos convidados o que se passara, ouviu-se um coro de surpresa.

— Se isso é o que o seu cozinheiro oferece quando está bêbado — exclamou alguém —, imagine o que oferece quando está sóbrio.

O alívio em minha risada deve ter soado meio histérico. Com essa nova perspectiva, percebi que um jantar, por mais importante que seja, não é a razão de ser da existência.

Manter o senso de proporção é tão importante quanto manter o coração livre de ódio. Para todos nós, qualquer que seja nosso trabalho, o alerta de Gandhi é importante: "Ninguém pode feri-la, a não ser a senhora mesma."

Ghandi não quis transmitir a Vijaya que é errado ter sentimentos de raiva. Nem que devia deixar as pessoas se aproveitarem dela. Ao contrário, o que mostrou a Vijaya — e a nós também — foi que não devemos deixar que os atos ou palavras dos outros determinem nossas atitudes e reações. Muita gente se apressa em buscar vingança, criticar e culpar. Mas as pessoas magnânimas procuram reagir às indignidades dos outros com base em seus próprios princípios e valores, não se deixando dominar pelo ressentimento ou pela raiva.

Comentários sobre a Magnanimidade

Qualquer um pode sentir raiva. É fácil. Mas zangar-se com a pessoa certa, na medida certa, na hora certa, para o fim certo e da maneira certa — isso não é fácil.

– Aristóteles

Nada dá mais vantagem a uma pessoa sobre outra do que permanecer calma e impávida em todas as circunstâncias.

– Thomas Jefferson

Cabeças quentes e corações frios nunca resolveram nada.

– Billy Graham

O homem que se dedica à vingança mantém as próprias feridas abertas.

– Francis Bacon

Meus pais me viam jogar nas finais de juniores em West Point. Frustrado por ter errado um lance curto, virei-me e lancei o taco por cima da plateia. Mais tarde, a euforia pela vitória desapareceu quando fui recebido com pétreo silêncio no carro da família. "Se você algum dia voltar a atirar o taco", disse meu pai, "jamais jogará em outro torneio de golfe."

Eu violara uma das suas regras cardeais sobre a vida e o golfe — aprender a ser um perdedor afável era tão importante quanto ser um vencedor afável. Eu não conseguira esconder minhas emoções. Mas graças a meu pai aprendi a não demonstrar frustração. Jamais atirei o taco com raiva de novo — pelo menos quando meu pai estava presente.

– Arnold Palmer, com James Dodson

A verdadeira arte da conversação não consiste apenas em dizer a coisa certa no lugar certo, mas em deixar de dizer a coisa errada no momento da tentação.

– Dorothy Nevill

Quando odiamos os inimigos, nós lhes damos poder sobre nós — poder sobre o nosso sono, nosso apetite, nossa felicidade. Eles dançariam de alegria se soubessem o quanto nos maltratam. Nosso ódio não lhes faz mal algum, mas transforma nossos dias num tormento infernal.

– Dale Carnegie

Ressentimento é como tomar veneno e esperar que o outro morra.

– Malachy McCourt

Nossa família tinha um ótimo terreno com uma horta ladeada por pés de lilás. Os rendeiros que viviam atrás de nós jogavam lixo em nossa horta. Meus irmãos mais velhos e eu achávamos que aquela gente devia ser advertida.

Minha mãe, que jamais fora além da escola primária e nunca ouvira falar de "psicologia", mandou-nos colher lilases. Depois pediu que déssemos um buquê a cada uma das famílias dos rendeiros dizendo-lhes que tínhamos pensado que eles gostariam.

De algum modo, aconteceu um milagre. Nunca mais o lixo foi jogado.

– Contado por um estranho a Leo Aikman

A maneira de transformar a mente dos outros é com afeição, não com raiva.

– Dalai Lama

Reflexões

- Como você classifica sua capacidade de controlar as emoções? Como os amigos, filhos ou colegas de trabalho classificam seu controle emocional, sobretudo em discussões acaloradas?
- Alguém recentemente o ofendeu muito? Como você reagiu? Foi magnânimo? Como poderá reagir de forma mais favorável se acontecer a mesma coisa no futuro?
- Quando você é criticado ou tratado injustamente, qual é sua reação mais provável? Quando fica furioso, você consegue parar e pensar antes de agir?

30
Perdão

Um dos segredos de uma vida longa e frutífera é perdoar tudo a todos, todas as noites, antes de ir para a cama.

– Ann Landers

Se desenvolvermos ao máximo a magnanimidade chegaremos à capacidade de perdoar, o que vai além do controle das emoções. Na verdade, em alguns casos exige que nos desapeguemos inteiramente delas.

Para algumas pessoas, a capacidade de perdoar é um processo que leva a vida inteira, sobretudo quando envolve feridas profundas. Algumas jamais perdoam. Um dos motivos de o perdão ser tão difícil é que muitos o encaram apenas como algo que fazemos pelos outros, para que se sintam melhor. Mas o perdão é sobretudo a cura de nossas próprias feridas — fazer nosso eu interior se sentir bem. Foi exatamente o que Christopher Carrier descobriu quando passou *Da escuridão à luz*.

Da escuridão à luz

Christopher Carrier

Após tantos anos e tanto sofrimento, ele seria capaz de encontrar forças para perdoar?

O dia em que David McAllister morreu, senti ao mesmo tempo grande dor e alívio. Chovia em Miami naquela manhã de 1996. Não houve cortejo fúnebre para o velho nem flores ou elogios lacrimosos. Mas não foi por causa do mau tempo que ninguém apareceu para prestar as últimas homenagens. Na morte, McAllister colheu os ressentimentos que semeara a vida toda. Era um ladrão, um vigarista e, pior, um homem impelido por uma energia maligna alimentada pela raiva e pelo ódio. Hoje, porém, percebo que poucas coisas me afetaram tanto quanto a morte daquele velho.

A história na verdade começou 22 anos antes, num domingo de sol, em dezembro de 1974.

Um menino de dez anos acabara de saltar do ônibus escolar perto de casa, no bairro arborizado de Coral Gables, em Miami. Hugh era o nome do meio do garoto e era assim que o pai, advogado, muitas vezes o chamava. Tinha cabelos castanhos e um sorriso aberto. Naquela tarde, Hugh pensava no Natal, apenas a cinco dias. Só percebeu o homem que se dirigia para ele quando o ouviu:

— Oi, sou um amigo do seu pai — disse o estranho com um sorriso.

Naquele tempo não havia grande preocupação no bairro com estranhos, sobretudo um tão bem-vestido e polido como o homem grisalho e de meia-idade parado à frente do menino. Hugh retribuiu o sorriso.

— Vamos dar uma festa para o seu pai — disse o estranho, sempre sorrindo. — Mas eu tenho algumas dúvidas sobre os presentes que darei a ele. Você pode me ajudar a escolhê-los? Voltaremos logo.

Hugh concordou, ávido por fazer alguma coisa pelo pai. Foram até um carro com reboque, estacionado a duas quadras dali, e entraram. O homem dirigiu-se para o norte e pouco falou quando as ruas da cidade deram lugar a campos abertos. Num trecho distante, parou.

— Acho que pegamos a estrada errada — disse, entregando um mapa a Hugh. — Veja se encontra a rodovia principal.

Enquanto Hugh examinava o mapa, o homem foi até o fundo do reboque. Um momento depois, o menino sentiu uma dor aguda, como uma ferroada de abelha, nas costas. Ao sentir outra, virou-se no banco e encolheu-se, horrorizado. O homem, de olhos frios, segurava um picador de gelo na mão.

Hugh tentou proteger-se, mas o homem o puxou para o piso. Golpeou o menino repetidas vezes. Mesmo apavorado, Hugh sentiu que os ferimentos não eram profundos nem sérios, mas provocavam muita dor. O homem virou numa estrada e dirigiu-se para uma região onde havia milhares de jacarés e centenas de crocodilos.

Após um instante, disse:

— Vou deixar você a alguns quilômetros daqui. Depois ligo para o seu pai e digo-lhe para vir buscá-lo.

Rodaram por algum tempo, entraram numa estrada de terra e pararam numa clareira.

— Dê o fora — o homem ordenou.

Aliviado por ver-se livre, Hugh afastou-se um pouco e sentou-se diante de uma moita. Não viu o homem aproximar-se com uma pistola de pequeno calibre. Tampouco sentiu a bala rasgar sua têmpora esquerda.

Durante seis dias o pai e a mãe de Hugh não souberam se o filho estava morto ou vivo. A esperança desfazia-se a cada dia que passava. Ninguém testemunhara o sequestro, e a polícia não tinha pistas. Era como se o filho caçula do casal tivesse desaparecido da face da Terra.

No dia seguinte ao Natal, os pais do menino receberam um telefonema do departamento de polícia de Coral Gables. Hugh fora encontrado sentado numa pedra perto da estrada.

A história do sequestro e da sobrevivência de Hugh ganhou as manchetes em Miami. Após jazer inconsciente por quase uma semana, o menino acordara e cambaleara até a estrada, onde um motorista o pegara. A bala, que saíra pela têmpora direita, cortara o nervo ótico esquerdo, deixando-o cego para sempre daquele olho. Mas todos concordaram que fora um milagre ele ter sobrevivido.

Nos dias e semanas seguintes, detetives trabalharam tentando identificar o agressor. Hugh descreveu a raiva que o homem manifestara contra seu pai e deu uma detalhada descrição ao desenhista da polícia, incluindo a tatuagem desbotada no braço. Os detetives fizeram uma lista de suspeitos potenciais. Entre eles havia um enfermeiro contratado pelo pai do menino para cuidar de um tio velho. Recentemente o pai o despedira por beber em serviço. Para os detetives, o atentado fora movido por vingança.

O suspeito possuía um carro com reboque, exatamente como Hugh descrevera, e uma ficha policial que incluía assalto à mão armada, roubo de carro, falsificação e fuga da prisão. Chamava-se David McAllister. Durante semanas, Hugh examinou centenas de fotos, mas talvez por estar traumatizado pelo sequestro não conseguiu identificá-lo como o homem que o agredira. Sem uma identificação, os detetives acharam que não tinham provas suficientes para prendê-lo. Passaram-se meses, anos, e McAllister continuou a andar solto pelas ruas.

Poucas pessoas ficaram mais chocadas com o caso do que o major Chuck Scherer. Além de ter sido o sargento que ajudara na investigação, tinha dois filhos da idade de Hugh. Como os outros investigadores, achava que McAllister era o responsável.

Quando a polícia foi interrogá-lo, McAllister abriu a porta com um sorriso de escárnio.

— Bem — perguntou —, por que demoraram tanto? Faz duas semanas que estou esperando. — E negou envolvimento no ataque, deixando Scherer extremamente irritado.

Nos anos seguintes, o major continuou atento a ele. Todos os conhecidos de McAllister o consideravam um alcoólatra mau e desprezível. Ele não tinha amigos, e a família o rejeitava. Scherer consolou-se um pouco pelo fato de a vida ter condenado o sequestrador de Hugh a uma existência solitária e infeliz. Ainda assim, estava decidido a fazer McAllister pagar por seu crime.

Para Hugh, a vida continuou numa espiral descendente. Não se sentia seguro e raras vezes se arriscava a sair só. Quase toda noite, nos três anos seguintes, dormiu aos pés da cama dos pais, com medo de qualquer barulho.

Ao ficar mais velho, o olho cego, meio fechado, o deixava constrangido, e ele encontrava poucos motivos para sorrir, convencido de que jamais levaria uma vida normal. O medo acabou transformando-se em ressentimento por causa da inocência roubada. Apesar do apoio e do estímulo dos pais e amigos, continuou a viver dominado pela insegurança.

Aos treze anos, Hugh percebeu que um lugar fora de sua casa oferecia segurança: a igreja do bairro. Frequentando-a, a mensagem cristã de esperança e perdão deixou-o muito impressionado e o tocou profundamente. Desde o ataque, vinha procurando uma maneira de enfrentar o medo e a raiva. Encontrou-a por fim ali.

Uma noite, persuadido por vários amigos que conhecera na igreja, contou-lhes sua história. Falou com hesitação, sem saber como iriam reagir. Ao acabar, descobriu, surpreso, que todos lhe davam apoio e ânimo. Com lágrimas nos olhos, percebeu pela primeira vez que sua milagrosa sobrevivência podia deixar de ser uma fonte de medo e de ódio para tornar-se uma inspiração.

À medida que a fé se aprofundava, os medos foram diminuindo, e Hugh voltou a sorrir. Compreendeu que partilhar aquela fé era o que desejava fazer de sua vida. Formou-se no ginásio e frequentou a Universidade Mercer em Macon, na Geórgia, onde estudou teologia cristã e psicologia. Passou para o Seminário Teológico Batista do

Sudoeste em Fort Worth, no Texas, e recebeu um diploma de mestrado em religião.

Em 1991,Hugh conheceu Leslie Ritchie, uma ruiva atraente que partilhava sua fé e seu desejo de trabalhar com jovens. Casaram-se um ano depois, e em 1994 nasceu Amanda, primeira de três filhos.

— Eu sabia que Deus tinha um motivo para me manter vivo — Hugh disse a Leslie, segurando a pequena Amanda nos braços. — Agora sei qual é.

Após mudar-se de volta para Miami em 1995, Hugh foi trabalhar como diretor de ministérios juvenis em sua igreja em Coral Gables. Os alunos muitas vezes lhe perguntavam sobre o olho, e contar a história era uma forma de aproximação. Quando ficavam sabendo o que seu orientador passara, logo se abriam com ele.

Em 1996, Hugh tinha 32 anos e estava profundamente satisfeito com a sua vida. Fizera as pazes, do melhor modo possível, com os horrores do passado, mas uma pergunta ainda o obcecava: o que faria se algum dia se visse cara a cara com o homem que tentara matá-lo. A pergunta surgia inevitavelmente sempre que contava a história e ele respondia:

— Espero ter a força de perdoá-lo. De outra maneira, acabaria vivendo num mundo de raiva e vingança, exatamente como ele.

No início de 1996, Hugh ficou surpreso ao receber um telefonema do comandante Chuck Scherer. Ele explicou que, conhecendo seu interesse pelo caso, um colega visitara havia pouco um asilo de velhos no norte de Miami. David McAllister era um dos pacientes. Scherer fora de carro até o asilo e falara com ele. Hugh ficou calado, e Scherer acrescentou:

— Você gostaria de ver o homem que tentou matá-lo?

Ideias e emoções confusas correram pela mente de Hugh. Mas ele se ouviu responder:

— Sim... quero me encontrar com ele.

No dia seguinte chegou ao asilo. Sentiu o estômago contrair-se ao descer o longo corredor até o quarto de McAllister. Jamais se sentira tão nervoso. Seria capaz de apertar a mão do homem que lhe dera um tiro e o deixara como morto? Se não fosse, entraria em contradição com tudo o que ensinara sobre perdão aos alunos.

Ao aproximar-se do quarto, temeu que a visão de McAllister abrisse uma comporta de emoções. Ficou parado diante da porta e respirou fundo. Foi preciso muita força e muita coragem para entrar.

Não estava preparado para o que viu. Deitado na cama achava-se não o monstro de seus pesadelos, mas um velho decrépito de 77 anos, pesando menos de 35 quilos. O rosto era uma máscara de pele grudada nos ossos. Os olhos, cegos pelo glaucoma, fitavam o teto.

Hugh apresentou-se e enquanto falava notou que os olhos do homem soltavam faíscas do velho atrevimento.

— Eu não sei nada disso — ele falou quando lhe lembraram a sua confissão a Scherer.

Após vários minutos, alguma coisa pareceu ceder dentro do velho. Ficou calado um longo tempo e o rosto suavizou-se. Começou a tremer e depois a chorar. Estendeu a frágil mão, e Hugh tomou-a na sua.

— Sinto muito — disse por fim McAllister. — Sinto muitíssimo.

Hugh olhava-o com ternura e compaixão.

— Eu quero que você saiba que fui abençoado — disse. — O que você fez não acabou com o sentido de minha vida. Foi o começo.

McAllister apertou a mão dele.

— Fico muito feliz — sussurrou.

Durante as três semanas seguintes, Hugh visitou-o quase todos os dias. O velho iluminava-se visivelmente quando ouvia sua voz. Embora estivesse quase fraco demais para falar, contou-lhe trechos de sua vida. Criado sem pai, passara grande parte da infância em abrigos juvenis e já bebia muito quando se tornou adolescente. Fora rejeitado pela família e não tinha amigos. Ficou claro para Hugh que ele lamentava sua vida cheia de raiva e vergonha. McAllister explicou que sempre considerara Deus uma coisa em que só "os otários acreditavam". Mas, com a ajuda de Hugh, começou a orar.

Numa tarde de outono, no asilo, Hugh falou suavemente para o velho:

— Eu quero ir para o céu e desejo encontrar você lá. Quero que nossa amizade continue.

Naquela noite, McAllister morreu dormindo.

Mesmo hoje é difícil para mim descer a Avenida Aledo sem me lembrar daquela tarde há tantos anos quando David McAllister saiu das sombras.

A parte de mim que se sente aliviada por ele ter finalmente partido é a que encontra em sua morte a garantia de que o monstro jamais retornará. Mas foi um homem diferente o que surgiu nos últimos dias de vida de McAllister. Aquele homem sofrera muito mais do que a maioria de nós jamais imaginaria. Talvez, num certo sentido, tenha pagado pelo sofrimento que causou.

Por mais estranho que pareça, aquele velho fez mais por mim do que ele algum dia poderia imaginar. Em sua escuridão, encontrei uma luz que ainda me guia. O perdão a David McAlister me deu uma força que eu terei para sempre. Você sabe, Hugh é o meu nome do meio. O menino era eu.

É muito mais fácil escrever sobre o perdão do que colocá-lo em prática. Trata-se de uma escolha — uma escolha difícil. Em geral, transmite-se o perdão pelos lábios, mas, se ele não vier do coração, de pouco vale. Por motivos compreensíveis, Christopher levou anos para poder sinceramente perdoar o homem que aterrorizou sua juventude. Mas quando chegou o momento descobriu o poder libertador e curativo do perdão, não apenas para o malfeitor, mas também para a vítima. O perdão é o bálsamo para a alma que sofre com a raiva e o ressentimento.

Comentários sobre o Perdão

A alma humana jamais parece tão forte e nobre do que quando esquece a vingança e ousa perdoar uma ofensa.

– E. H. Chapin

Um dos prazeres mais duradouros que se pode ter é a sensação que vem quando se perdoa de fato um inimigo — quer ele saiba ou não.

– O. A. Battista

Todos devemos manter um cemitério de bom tamanho para enterrar as falhas dos amigos.

– Henry Ward Beecher

Uma jovem fora criada numa família onde havia abusos e alcoolismo, o que a deixou profundamente ressentida com os pais. Mas quando teve câncer decidiu mudar de atitude e amá-los, apesar do mal que lhe tinham feito. Todas as manhãs, ao sair para o trabalho, dizia à mãe que a amava. Mas a mãe nunca respondia.

Uma manhã, depois de três meses, a jovem se atrasou para o trabalho e saiu de casa correndo. A mãe foi até a porta.

— Você esqueceu uma coisa — gritou.

— O quê? — perguntou a moça.

— Esqueceu de dizer que me ama.

A filha voltou correndo e as duas se abraçaram, chorando. Estavam curadas.

– Bernie S. Siegel

O perdão deve ser como uma nota cancelada, rasgada em duas e queimada para nunca mais ser apresentada.

– Henry Ward Beecher

Uma carta de Abraham Lincoln para o general Rosencrans, comandante do Exército do Sudoeste, tratava da proposta de execução de um oficial confederado:

"Examinei pessoalmente todos os documentos no caso Lyons e não vejo que se trate de um caso que mereça execução. Por isso passo a questão ao senhor, confiando plenamente que fará o que é justo e correto; apenas pedindo-lhe, meu caro general, que nada faça em represália pelo passado — só o necessário para garantir a segurança no futuro; e lembro-lhe que não está lutando contra um inimigo estrangeiro, mas contra irmãos, e que nosso objetivo não é quebrar o espírito deles, e sim trazê-los de volta à antiga aliança. Vencer pela bondade — que seja essa a nossa política. Seu, mui sinceramente, A. Lincoln."

– General James B. Fry

Reflexões

- O perdão é o ato supremo do princípio da magnanimidade. É mais do que controlar as emoções. É mais do que ignorar o errado. É desapegar-se. É livrar-se da dor. Você procura perdoar ou é uma pessoa que alimenta os ressentimentos e o ódio?
- De certa forma, uma pessoa pode perdoar em silêncio, desapegando-se internamente do que houve de errado sem nada dizer ao agressor. Mas o verdadeiro perdão cura tanto o ofensor quanto o ofendido. Você já disse a uma pessoa que a perdoa?
- Parte do ato de perdoar é esquecer. Quando escolhe perdoar uma pessoa, você procura esquecer o assunto ou o mantém vivo, alimentando-o com fofocas e fazendo o outro lembrar-se da ofensa?

31
HUMOR

Na vida há tantas histórias sem esperança
que a melhor arma para combatê-las é o riso.
– GORDON W. ALLPORT

Claro, muitas coisas na vida não são motivo de riso. Mas quando a vida fica difícil, muitas vezes o que ajuda a superar as adversidades é uma dose de humor bem colocado e na hora certa. Embora não seja a cura para todas as dificuldades, o humor tem sem dúvida qualidades curativas. Assim, quando escolhemos fazer do humor parte de nossas vidas, ficamos emocionalmente mais preparados para enfrentar seus desafios. Com base em sua experiência pessoal, o comediante Robert Schimmel fala sobre isso em A cura pelo riso.

A CURA PELO RISO
Robert Schimmel

Lembro-me da primeira vez que entrei na Clínica Mayo em Scottsdale, Arizona, após ser informado que tinha câncer. O que vi me fez lembrar de um pôster que retratava "A Evolução do Homem": uma fila de pacientes de quimioterapia calvos, magros, com a pele cor de giz e tubos nos braços. Eis aí a evolução, brinquei comigo mesmo. Foi o princípio do meu caminho para a recuperação.

Sou fascinado pelo poder do riso desde criança. Meus pais, sobreviventes do Holocausto, tinham um grande senso de humor e apresentaram-me aos maiores comediantes de nosso tempo. Fui criado vendo Jackie Gleason, Ernie Kovacs, os Três Patetas e os Irmãos Marx. Quando criança aprendi que, se fizéssemos as pessoas rirem, todos gostariam de nós. E a sensação que me vinha ao fazer isso criou um verdadeiro vício. Eu não podia imaginar que o poder do riso ia salvar minha vida.

Em março de 1999 apresentei-me no Festival de Artes da Comédia dos Estados Unidos em Aspen, no Colorado, uma reunião dos maiores comediantes e dos executivos de Hollywood que os contratam. Por algum motivo, dei sorte. Fui o assunto do festival. Poucos dias depois ofereceram-me um programa na HBO. Em seguida veio um contrato para meu terceiro CD de comédia, e logo as redes estavam me disputando.

Em 2 de junho de 2000 cheguei a Las Vegas para minha primeira apresentação no Monte Carlo Resort & Casino. No aeroporto, vi um imenso cartaz com minha foto. Diante do hotel, outro cartaz: "Robert Schimmel: 2 e 3 de junho." Estava a caminho do estrelato, acelerado como um foguete.

Dois dias depois senti-me enfraquecido e com febre, e fui ao meu médico, achando que tinha gripe. Ele descobriu um pequeno caroço debaixo do meu braço esquerdo e perguntou há quanto tempo ele estava lá. Eu não sabia. Não o notara. O médico pediu uma varredura por tomografia computadorizada e uma biópsia. Era câncer.

A parte mais difícil foi contar aos meus filhos. Em 1992, eu perdera meu filho Derek, de onze anos de idade, devido a um câncer no cérebro. Agora meus outros filhos iriam me ver passando pelo mesmo tratamento. Eu sabia que tinha que fazer o possível para transmitir-lhes segurança — para eliminar seu medo de perder-me.

Como já havia metástase, parti para a quimioterapia. Teria seis meses de vida se o tratamento não funcionasse. Se funcionasse, 40% de chance de passar dois anos sem recorrência. Além disso, havia o risco de ficar estéril e incapaz de voltar a ter filhos.

— Se eu morrer — disse à minha esposa —, sinto muito pelas coisas ruins que lhe fiz.

Ela respondeu:

— E se não morrer? Também vai sentir muito?

No primeiro dia na Clínica Mayo sentei-me ao lado de um cara chamado Bill, que também fazia quimioterapia. Ele tinha cerca de cinquenta anos, era magro e seus cabelos caíam. Perguntei-lhe como estava.

— Como é que você acha que eu estou? — respondeu Bill. — Estou com câncer.

Tentei iniciar uma conversa:

— Meu nome é Robert. Também tenho câncer.

Ele me olhou, irônico:

— Bem, deve ser o seu primeiro tratamento, Robert. Vamos conversar depois de mais dois ou três. Aí a gente vê se você continua assim "pra cima".

A enfermeira sugeriu que trocássemos de assento. Disse que Bill tinha uma atitude negativa e que pessoas como ele arrastavam todo mundo para baixo.

Um de meus médicos me disse depois que, em relação ao câncer, há dois tipos de pessoas: os transmissores e os transformadores. Os primeiros escolhem o lado negativo da experiência e transmitem negatividade a todos em volta. Os segundos transformam o negativo numa coisa positiva. Embora eu não conhecesse esses termos quando encontrei Bill, decidi na hora que ia ser um transformador.

Perguntei a Bill se ele frequentava algum grupo de apoio. Ele respondeu que não gostava de ficar ouvindo um monte de histórias bobas. Contei que fora a um na noite anterior a fim de me preparar para o que estava enfrentando. Lá havia uma mulher muito preocupada porque achava que o marido não ia achá-la sexy quando ela começasse a perder os cabelos. Eu disse a Bill que, ao olhá-la, pensei: Sexy? Meu Deus, se a senhora se acha sexy agora, talvez também precise mandar examinar os olhos.

Ele começou a rir, e os enfermeiros me perguntaram o que eu lhe dissera, porque nunca o tinham visto nem sequer sorrir. Quando cheguei para a segunda sessão de quimioterapia, Bill estava lá. Contamos piadas um para o outro durante todo o tempo do tratamento.

Comecei a levar CDs de comédia para a clínica e ouvia-os durante a quimioterapia. Antes que me desse conta, a sessão tinha acabado. Emprestei os CDs a outros pacientes. Logo, eles também estavam rindo.

Durante meu tratamento no hospital, prometi a mim mesmo que, se recebesse alta, jamais esqueceria os que continuariam lutando contra a doença. Também fiz uma promessa a meu médico. Ia aprender a viver cada dia o mais plenamente possível. Usaria a comédia para criar consciência sobre o câncer e só pararia de fazer as pessoas rirem quando ele ficasse desempregado.

Quando recebemos um diagnóstico de câncer, começamos a barganhar com Deus: "Se eu superar isso, vou me cuidar melhor. Repensar as minhas prioridades. Aprender a viver cada dia o melhor possível."

Certa vez, enquanto fazia a terapia, pensei: "Não é triste precisar ficar doente para reformular a vida?"

Pode parecer estranho dizer que o câncer para mim foi uma bênção, uma verdadeira dádiva. Antes eu passava a vida no escuro, como um cavalo com antolhos. Ao ser diagnosticado, os antolhos caíram. Agora eu me deleito na luz.

Mais uma coisa: no dia 5 de junho de 2000 meu filho Sam nasceu: três anos depois de eu ser informado que tinha câncer.

Robert Schimmel decidira ser um transformador. É como aquela pessoa de quem falamos na Introdução, que transforma os fatos negativos da vida em algo positivo. Ele preferiu fazer isso da forma que melhor sabia — pelo riso.

Comentários sobre o Humor

O riso é o sol que expulsa o inverno da face humana.

–VICTOR HUGO

Se no futuro você vai rir de uma coisa que ficou para trás, é melhor rir dela agora.

– MARIE OSMOND

O riso nos dá uma distância dos acontecimentos. Permite-nos recuar ante um fato, lidar com ele e seguir em frente.

– BOB NEWART

Um comerciante de uma cidadezinha concorreu a um cargo público e sofreu arrasadora derrota. Teve tão poucos votos que pareceu ridículo aos olhos dos vizinhos. Mas tinha espírito esportivo. E sobretudo não queria tornar-se a piada da cidade. Por isso se adiantou! Na manhã depois da eleição colocou o seguinte cartaz na janela: 25 dólares de recompensa pelo nome da pessoa que me deu seu voto.

Todos viram o cartaz e todos riram. Mas riram com ele, não dele. As pessoas entravam em sua loja para apertar-lhe a mão e parabenizá-lo pelo senso de humor e espírito esportivo. A história correu o país e os fazendeiros começaram a aparecer na loja para fazer negócios. Assim, o comerciante transformou a derrota num triunfo pessoal, provando que era o melhor perdedor da cidade.

– Edgar A. Guest

Dwight Eisenhower fazia uma visita às tropas da linha de frente na Segunda Guerra Mundial, acompanhado pelo major-general em comando. Era um dia chuvoso, e a lama chegava aos tornozelos. Ao falar aos homens de cima de uma plataforma improvisada, o presidente escorregou e caiu na lama. Os pracinhas rolaram de rir.

O major-general ajudou Ike a levantar-se e pediu muitas desculpas pelo comportamento de seus homens. Eisenhower observou: "Não precisa desculpar-se. A queda provavelmente levantou muito mais o moral deles do que o discurso."

– E. E. Edgar

Reflexões

- Robert Schimmel usou o humor não apenas para ajudar a si mesmo, mas também aos outros. Você tem dado boas risadas com outras pessoas ultimamente?
- O médico de Schimmel disse-lhe que os transmissores espalham negatividade a todos em volta e os transformadores fazem da negatividade uma coisa positiva. De que forma você usa o humor? Você o usa para aliviar o fardo dos outros ou lança mão dele para zombar das pessoas?
- O humor tem seu lugar e seu momento. Se for mal colocado, prejudica a pessoa ou a situação. Portanto, o bom humorista é aquele que não só é engraçado, mas também tem senso de oportunidade. Pense um pouco: você consegue fazer isso?

Harmonizar as Partes

A arte de viver parece mais uma luta do que uma dança.

– Marco Aurélio

Todos os dias, palavras como cansaço, correria, sobrecarga, tensão, excesso de trabalho se amontoam para formar a frase "Eu preciso viver melhor". Um dos maiores desafios que enfrentamos na busca da grandeza de cada dia é lidar com todas as exigências que nos atropelam. Tantas escolhas e tão pouco tempo. Para extrair o máximo da vida, temos de encontrar meios de reduzir as exigências impostas, concentrando-nos no que mais importa e tirando tempo para renovar o corpo e o espírito.

Os princípios que nos ajudam a harmonizar de forma adequada todas as demandas incluem:

- Prioridades
- Equilíbrio
- Simplicidade
- Renovação
- Lazer

32
PRIORIDADES

É claro que vivemos nossos dias da mesma forma
como vivemos nossa vida.
– ANNIE DILLARD

A vida consiste em uma série de trocas. Não podemos fazer tudo o que desejamos. Não há tempo suficiente nem recursos. Por isso trocamos: escolhemos uma coisa em vez de outra. O problema aparece quando não paramos para estabelecer de forma clara as nossas prioridades. Isso nos impede de decidir como usar nosso tempo da melhor maneira possível. E com isso perdemos muitas oportunidades de crescimento e felicidade.

As pessoas são ocupadas a tal ponto que não encontram tempo para estabelecer suas prioridades. Correm como loucas de um lado para o outro, atordoadas com o excesso de demandas, procurando responder às expectativas externas. Mas, se pararem o suficiente para pensar seriamente nas mais profundas prioridades, conseguirão conquistar uma vida muito mais feliz e realizada. Rachel Simon sabiamente aprendeu isso por si mesma, mas só depois de *Andar de ônibus com Beth.*

ANDAR DE ÔNIBUS COM BETH
Rachel Simon

— Acorde — diz Beth —, senão vamos perder o primeiro ônibus.

São seis horas da manhã e minha irmã já se vestiu com uma camiseta roxa e um short amarelo-limão. Eu me esforço para acordar e me enfiar no traje de escritora e professora por um dia: suéter preto e calça justa.

Beth e eu, que estou beirando os quarenta, temos apenas onze meses de diferença. Mas, ao contrário de mim, minha baixa e robusta irmã caçula tem um guarda-roupa de cores fortes e pula da cama antes do amanhecer. E há também outra diferença: Beth tem deficiência mental. Durante seis anos viveu em um apartamento próprio subsidiado numa cidade de porte médio da Pensilvânia. Demitida de um emprego num pequeno restaurante, sobra-lhe tempo. E, como recebe ajuda do governo, tem dinheiro suficiente para viver.

É também engenhosa, coisa rara em pessoas com deficiência. Roda de ônibus pela cidade do amanhecer ao anoitecer, fazendo amizade com motoristas e passageiros. Sabe datas de aniversário, conhece onde as pessoas fazem compras e tomam o café da manhã. Ajuda com endereços e carrega sacolas de mercearias. E as pessoas retribuem a sua amizade.

Minha irmã descobriu sozinha uma comunidade viajante. Agora também eu me disponho a descobri-la. A convite dela, vou embarcar em sua vida. Durante o próximo ano farei visitas constantes a Beth e andarei de ônibus com ela — gastarei tempo importante com minha irmã pela primeira vez na vida adulta.

Descemos às pressas a Rua Principal e entramos no McDonald's, onde ela compra uma caneca de café, que mantém fechada. Seguimos até a parada de ônibus, e Claude, o nosso motorista, abre a porta como se nos convidasse a entrar em casa. Beth embarca e entrega-lhe o café, que ele recebe e paga com algumas moedas de 25 centavos.

— É o nosso trato — ele me diz.

Beth então corre para o "seu" assento — o primeiro no banco lateral da frente, em ângulo reto com o de Claude. Sento-me ao lado dela e, quando o ônibus parte, Beth anuncia que Claude tem 42 anos e logo será o dia de seu aniversário. Ele ri e diz:

— Ela lembra de tudo.

Durante o dia todo rodamos nos ônibus conduzidos por Jacob, Estella e Rodolpho, e os três a cumprimentam com simpatia. Beth lhes indica os caminhos que eles não fazem há algum tempo, os atualiza sobre mudanças de horário e lhes ensina as dez músicas de maior sucesso.

Quando era mais nova, Beth desmoronava quando as pessoas a olhavam de lado, o que acontecia muitas vezes. Agora não se perturba mais com isso. Parece adorar obedecer ao próprio ritmo interno. Eu penso: "Que maravilha é esta minha irmã, tão confiante e exuberante! Ao contrário de mim, tão envolvida em meu trabalho que andei me isolando da vida."

Enquanto Beth andava de ônibus, eu era levada de um lado para outro do país em carros, trens e jatos. Escrevia para o Philadelphia

Inquirer e publicara alguns livros. Dava aulas de criação literária e atuava como anfitriã em eventos em livrarias. Mas trabalhava sete dias por semana, desde as sete — hora em que me levantava da cama — até desabar de volta, à uma da manhã. Tornara-me hiperocupada, hipercrítica, hiperacelerada.

Com uma vida tão consumida pelo trabalho, perdera os amigos. Mas talvez a maior falta fosse do amor. Quando meu namorado de longos anos, Sam, me pediu em casamento alguns anos antes, não consegui assumir o compromisso. Assim, a relação terminou com relutância e lágrimas. Desde então mergulhei no trabalho de tal forma que esqueci a solidão.

Visitando Beth, senti que o escudo de proteção começava a degelar-se. Jamais imaginara que minha irmã tivesse amigos motoristas de ônibus e que eles fossem tão bondosos e gentis. Então veio o problema dos olhos dela — e uma nova rodada de lições para esta irmã mais velha.

Um oftalmologista fala-me ao telefone de um problema sério que Beth tem nos olhos e da necessidade de uma cirurgia.

— A decisão é dela, claro. Espero que você possa ajudar — ele acrescenta.

Embora Beth tenha me convidado a acompanhá-la em suas viagens de ônibus, não sei se ela me aceitou no coração. É muito orgulhosa. Será que vai me deixar ajudá-la?

Converso sobre o problema, explicando que sem cirurgia os olhos podem piorar. Relutante, Beth concorda. Mas diz que, assim que passar a anestesia, quer voltar a andar de ônibus.

De repente, um desejo irrompe em mim. Gostaria de ter um guia que me ensinasse a ser uma boa irmã para Beth. O livro me ajudaria a descobrir a diferença entre cuidar e controlar. Digo à minha irmã:

— Eu gostaria de encontrar um livro que me ajudasse a encontrar um par de olhos para você.

— Ia ser legal — ela responde, animada. E acrescenta: — Poderiam ser violeta?

No dia da operação, ela aperta minha mão e diz:

— Estou com medo.

Fico surpresa e impressionada: Beth está se revelando, coisa que nunca fez antes. Afirmo-lhe que vai dar tudo certo:

— Vou ficar com você algum tempo.

Quem também vai é Jacob, o amigo motorista de ônibus. Ela parece tranquilizar-se quando ele chega para levá-la de carro ao hospital. Ele liga o toca-fitas na sua música favorita, e, do banco de trás, Beth a acompanha cantarolando.

Na sala de espera do hospital, ela volta a dizer que está nervosa.

— Vou ficar com você — repito. — Não se preocupe.

Ela relaxa e me pede para acompanhá-la no pré-operatório. Ajudo-a a vestir a camisola e colocar os chinelos. Depois nos dirigimos à unidade de cirurgia, onde Jacob nos espera ao lado da maca.

— Estas roupas são esquisitas — ela diz. — Não estou acostumada a esses chinelos estranhos.

Por fim chega a hora de ela se deitar na maca. Eu digo em voz baixa:

— Precisa se deitar para ser operada.

Ela parece concordar, mas não se mexe. Depois de muito insistir, deito-me na maca.

— Faça como eu — digo. Com mais estímulos meus e de Jacob, ela acaba deitando-se.

Aparece uma enfermeira com a terrível anestesia. Nova resistência. Jacob e eu parecemos concordar sem falar. Juntos, viramos Beth de lado. Ela agora ri, gostando da atenção. A enfermeira aplica a injeção, e rolamos Beth de volta. Aí acaba a sua luta.

A enfermeira ergue os anteparos da maca e leva Beth para a cirurgia. Enquanto aguardo a seu lado na área de espera, acaricio o seu braço e olho-a nos olhos. Noto neles uma coisa nova. Minha irmã me olha com uma confiança e entrega tão completas como jamais vi.

Jacob fica conosco durante a noite e nos leva de volta ao apartamento de Beth. Pede o jantar e nos faz companhia enquanto ela repousa. No dia seguinte, outro motorista, Rodolpho, vem visitá-la. Depois outro, Rick, chega com um milk-shake de chocolate. E Louise, uma despachante, manda flores em nome dos motoristas. Durante dois dias, Beth faz o que o médico pediu: deita-se tranquila com os olhos fechados sob as bolsas de gelo.

Então, surpreendentemente, Jacob convida-a para ficar em sua casa. Como eu preciso retornar à minha por algum tempo, ele e a esposa, Carol, se oferecem para continuar cuidando de Beth até os olhos sararem. Eu penso, maravilhada: Esta é a vida da minha irmã! Pergunto-lhe:

— Como você encontrou tanta gente legal e sábia?

Ela responde, como se fosse natural:

— Não sei, simplesmente aconteceu.

Eu a olho, e ela transborda de vida. Percebo que nada "simplesmente acontece". Beth procurou amigos onde outros não procurariam.

Investiu seu tempo para conhecer motoristas decentes e bondosos. Percebo que seu convite para que eu andasse nos ônibus também não "aconteceu simplesmente". Acho que ela quis que eu conhecesse seus amigos por achar que eu também precisava deles.

Perto do fim de minhas viagens de ônibus com Beth, comecei a querer levar uma vida diferente da que tinha até então. Poucos meses depois, liguei para Sam. Conversamos durante um longo tempo e não tive mais medo. Dali iniciamos um namoro surpreendente e maravilhoso que resultou em casamento. Quando contei a Beth que ia me casar, ela me mandou um cartão. Era uma colorida explosão de estrelas com pontos de exclamação:

> Querida Rachel,
> Oi! Estou tão feliz por você.
> Assinado, Beth Tranquila.

O cartão — escrito com tinta violeta — vinha também assinado por alguns dos amigos motoristas: Len, Jack, Melanie, Henry, Lisa, Jerry e, finalmente, Jacob. O homem que ajudara a cuidar de minha irmã escreveu: "Que vocês vivam muitas e felizes aventuras. Com amor, Jacob."

> Rachel tinha uma agenda abarrotada de compromissos profissionais ambiciosos que não davam lugar para mais nada. A vida de Beth era simples e concentrada nos relacionamentos. Mas, à medida que Rachel foi observando a importância dos laços de amizade construídos por sua irmã nas viagens de ônibus e sentiu a alegria que eles provocavam, percebeu que faltava uma parte importante em sua vida. Sabia que, para viver experiências semelhantes, teria de parar o tempo suficiente para refletir sobre suas prioridades. E foi o que fez. Há uma diferença significativa entre priorizar o cronograma e programar as prioridades.

Comentários sobre as Prioridades

Há coisas mais importantes na vida do que aumentar sua velocidade.
– Mohandas K. Gandhi

É verdade que todos temos obrigações e deveres para com os outros. Mas parece muito curioso que na sociedade moderna e neurótica as energias do ser humano se consumam em ganhar a vida e raras vezes em vivê-la. É preciso muita coragem para declarar, com clareza e simplicidade, que o objetivo da vida é usufruí-la.

– Lin Yutang

Somos guerreiros do tempo, com imensos calendários de compromissos pregados na parede da cozinha e quadros de aviso ao lado dos telefones, tentando equilibrar nossas febris agendas. Compramos engenhocas que prometem poupar-nos tempo, abrimos mão de atividades como a leitura, considerando-as luxos do passado, tentamos fazer tudo um pouco mais rápido e nos surpreendemos por nada disso parecer aliviar a esmagadora pressão do tempo.

– Ralph Keyes

Quando perguntaram a Clare Boothe Luce, de 75 anos:

— Você tem algum arrependimento?

Ela respondeu:

— Sim. Eu devia ter sido uma pessoa melhor. Mais bondosa. Às vezes acordo no meio da noite e me lembro de uma amiga da infância e adolescência que tinha um tumor no cérebro e me chamou para visitá-la três vezes. Eu sempre fui muito ocupada, e quando ela morreu senti uma profunda vergonha. Lembro-me disso 56 anos depois.

– Christopher P. Andersen

Finalmente, o tempo é tudo o que você tem e a ideia não é economizá-lo, mas, sim, saboreá-lo..

– Ellen Goodman

O tempo voa, mas, lembre-se, você é o navegador.

– St. Louis Bugle

Decida quais são suas prioridades e quanto tempo vai gastar com elas. Se não fizer isso, outra pessoa o fará.

– Harvey Mackay

Quanto mais velho eu fico, mais sabedoria encontro na antiga regra que nos manda fazer primeiro o que é mais importante — processo que muitas vezes reduz os mais complexos problemas humanos a proporções controláveis.

– Dwight D. Eisenhower

Ao procurar ganhar a vida, muitos não deixam espaço para ela.

– Joseph R. Sizoo

Há gente demais vivendo sem trabalho e gente demais que trabalha sem viver.

– Charles R. Brown

Alguém me perguntou outro dia se, podendo viver de novo, eu mudaria alguma coisa. "Não", respondi. Mas aí comecei a pensar...

Se pudesse viver outra vez, falaria menos e escutaria mais.

Convidaria amigos para jantar, mesmo com o tapete manchado e o sofá desbotado.

Reservaria um tempo para ouvir meu avô falar da sua juventude.

Queimaria a vela cor-de-rosa esculpida como flor antes que ela se derretesse no depósito.

Eu me sentaria na grama com meus filhos e não me preocuparia com as manchas deixadas em minha roupa.

Teria chorado e rido menos vendo televisão — e mais vendo a vida.

Teria partilhado mais a responsabilidade assumida por meu marido.

Iria para a cama quando estivesse doente em vez de fingir que o mundo entraria em parafuso se eu não estivesse lá naquele dia.

Jamais compraria alguma coisa só por ser prática, imune a manchas e com prazo perpétuo de garantia.

Em vez de rejeitar o fardo de nove meses de gravidez, desfrutaria cada momento e compreenderia que a maravilha crescendo dentro de mim era minha única chance na vida de assistir a um milagre divino.

Quando meus filhos corressem impetuosamente para me beijar, eu jamais diria: "Depois. Agora vão tomar banho para o jantar."

Eu diria mais vezes "eu te amo" e "me desculpe". Mas sobretudo, se eu pudesse viver de novo, agarraria cada minuto, o olharia com a maior atenção, o viveria plenamente e jamais o devolveria.

– Erma Bombeck

Reflexões

- Acho que Rachel era uma excelente pessoa, mesmo antes de suas viagens de ônibus. Trabalhadora, voltada para uma meta, disposta a se ocupar com a irmã — todas são grandes qualidades. Outra coisa excelente é que, assim que viu que suas prioridades de vida não eram o que desejava, teve força para fazer uma mudança. Descobriu o que queria e do que precisava para reordenar suas prioridades. Não há muita gente assim. Quando você vê alguma coisa que deseja e que exige mudança, com que rapidez muda de direção?
- Rachel não via claro suas "verdadeiras" prioridades na vida até reservar um tempo para andar de ônibus com Beth. Quando foi a última vez que você usou seu tempo para reavaliar suas prioridades?
- Há uma enorme diferença entre as muitas pessoas que priorizam suas agendas e as relativamente poucas que programam suas prioridades. Isso acontece porque a pessoa pode priorizar fielmente o programa do dia e ainda assim não ter tempo para as prioridades reais. Você programa suas prioridades?

33
Equilíbrio

Esta noite minha esposa e eu jantamos juntos sozinhos pela primeira vez em vinte anos.
– Diário de George Washington

Mesmo quando temos poucas prioridades, elas competem por nossa atenção. Carreira, família, amigos, saúde e educação são apenas algumas das que parecem absorver mais o nosso tempo. Por isso é tão importante buscar atingir um melhor senso de equilíbrio.

Talvez as exigências da família e da carreira sejam as que mais exigem um esforço de equilíbrio. Muitas vezes, momentos que seriam passados com a família ou com amigos especiais são substituídos por horas extras no trabalho, deslocamentos em meio a um trânsito pesado e muito cansaço. Em *Tijolo por tijolo*, um pai recorda como descobriu o quanto essa falta de equilíbrio se aplicava ao seu relacionamento com a filha pequena e nos mostra como decidiu corrigir a situação.

Tijolo por tijolo
Bill Shore

Durante anos eu trabalhei na política, carreira que exigia longas horas de trabalho e muitas viagens. Quando o senador Bob Kerrey concorreu à presidência em 1992, por exemplo, eu o ajudei na campanha e passei muito tempo longe de minha esposa, Bonnie, e de nossos dois filhos pequenos, Zach e Mollie. Depois da campanha, ao voltar para casa, aprendi uma importante lição sobre como equilibrar a carreira e a família, sobre o que as crianças de fato querem de um pai — e sobre construção e desconstrução de paredes.

Eu acabara de voltar de uma série de longas viagens com o senador, algumas delas de seis a sete dias, com apenas uma rápida parada em casa. Isso foi pouco depois do terceiro aniversário de Mollie.

Mollie e eu cruzávamos de carro nosso bairro de Silver Springs, em Maryland, voltando da mercearia, quando, do banco de trás, minha filha perguntou:

— Pai, em que rua fica a sua casa?

Julguei que ouvira errado:

— Como?

— Em que rua fica a *sua* casa? — ela repetiu.

Foi um momento revelador. Embora ela soubesse que eu era seu pai e que sua mãe e eu éramos casados, não sabia que eu vivia na mesma casa que ela.

O ESCONDERIJO SECRETO

Embora eu conseguisse convencer Mollie de que morávamos no mesmo endereço, aquela incerteza sobre meu lugar em sua vida continuou a manifestar-se de muitas formas. Um joelho ralado levava-a correndo para a mãe, nunca para mim. Uma pergunta suscitada por alguma coisa escutada na escola era guardada durante horas até mamãe estar por perto para responder.

Percebi que tinha não apenas de passar mais tempo com Mollie, mas também fazê-lo de forma diferente. Quanto mais sentia a distância que nos separava, mais procurava fazer programas com ela — como tomar banho de piscina ou ir ao cinema.

Na hora de dormir, Bonnie me chamava ao completar a rotina que antecede o sono e eu entrava no quarto de Mollie como um dentista que esperou até o paciente estar preparado, de modo a não perder um minuto de tempo. Era assim que me sentia e tenho certeza de que Mollie também.

Um momento crítico ocorreu numa noite de verão. Percebi de longe que Mollie sentia-se cada vez mais frustrada na sua tentativa de construir um esconderijo secreto no quintal. O sol já se punha e ela deveria estar se preparando para a cama, mas os finos tijolos que procurava equilibrar não paravam de cair. Quando as paredes desabaram pela última vez, ela desatou a chorar. Aproximei-me e perguntei:

— Sabe do que você precisa pra fazer esse trabalho, Mollie?

Ela levantou a cabeça:

— O quê?

Assumi um ar sério:

— Uns sessenta tijolos.

Minha filha ficou desolada:

— Ééé, mas nós não temos sessenta tijolos.

Afirmei com segurança:

— Mas podemos arranjar. Ponha os sapatos e entre no carro.Vamos até o armazém.

Rodamos seis quilômetros até o armazém e encontramos os tijolos. Comecei a carregá-los, poucos de cada vez, e colocá-los no carrinho de mão. Eram ásperos e pesados, e percebi que iam dar trabalho, pois teriam que ser transportados para o carro e descarregados em casa.

— Por favor, papai, me deixe fazer isso. Por favor! — pediu Mollie.

Se eu deixasse, ficaríamos ali o resto da vida. Olhei o relógio e tentei conter a impaciência.

— Mas, querida, são muito pesados.

Ela insistiu, aproximando-se rápido da pilha de tijolos e pegando um com as duas mãos.

— Por favor, papai, deixa eu fazer isso — recomeçou. Carregou o tijolo para o carro e colocou-o junto aos que eu já pusera ali.Aquilo ia levar a noite toda. Mollie voltou à pilha e escolheu com todo o cuidado outro tijolo. Não se apressou na escolha. Então percebi que ela realmente queria que durasse a noite toda. Era raro nós dois passarmos tanto tempo juntos sozinhos, e eu constatei, comovido, que Mollie queria prolongar o momento.

O momento de Mollie

Encostei-me numa das divisórias de madeira e respirei fundo. Mollie, carregando cada tijolo, relaxou e tornou-se tagarela, falando-me do que ia construir, da escola, das amiguinhas e da próxima aula de equitação. Naquele momento me ocorreu que, embora estivéssemos ali comprando tijolos para fazer uma parede, na verdade estávamos desmontando — tijolo por tijolo — a parede que ameaçara separar-me de minha filha.

Desde então fiquei sabendo o que a mãe já sabia. Era ver um programa de TV com Mollie, mesmo que eu não estivesse interessado no programa; era abandonar o jornal ou o livro que estava lendo para ficar inteiramente disponível. Ela não quer seu pai pelo que posso dar-lhe. Ela me quer por mim mesmo.

A incrível rapidez com que vivemos nossos dias compromete o equilíbrio entre as exigências colocadas pela carreira, amigos, diversões e família — sobretudo família. Mas, como aprendeu o pai nessa história, não se atinge o equilíbrio em questão de minutos. Ele é ganho e montado com o tempo, tijolo por tijolo — conversa por conversa, encontro por encontro. É preciso estar consciente de que a busca do equilíbrio exige tempo, persistência e total dedicação.

Comentários sobre o Equilíbrio

Li há pouco uma matéria sobre a síndrome do "Graças a Deus que é segunda-feira!". Trata-se do sentimento de alívio que muitos sentem por voltar à rotina de trabalho, já que se entediam em fins de semana que consideram cansativos e muito pouco estimulantes. Na verdade, nossa sociedade parece achar que ganhar dinheiro é mais importante do que o encontro de almas e que lidar com adultos é mais valioso do que lidar com crianças.

– Rabino Harold Kushner

Há poucos anos eu vivi um problema: mal podia esperar para chegar ao escritório pela manhã e relutava em voltar à noite para casa. Ser membro do gabinete do presidente era muito melhor do que qualquer função que eu já exercera.

Não é surpreendente que o resto da minha vida tenha encolhido e murchado. Via pouco os amigos, e menos ainda meus dois filhos: Adam, com quinze anos, e Sam, com doze.

Uma noite, pela sexta vez seguida, telefonei para casa e disse aos meninos que ia chegar tarde. Sam disse que estava tudo bem, mas perguntou se eu podia acordá-lo quando chegasse. Respondi que não, pois ia ser muito tarde. Ele já teria adormecido. Na certa seria melhor vê-lo na manhã seguinte.

Sam ouviu, mas insistiu. Perguntei-lhe por quê. Ele apenas queria saber que eu estava em casa.

Até hoje não consigo explicar exatamente o que aconteceu naquele momento, mas de repente eu soube que tinha de renunciar ao cargo.

– Robert Reich

O trabalho mais importante que você e eu algum dia faremos será dentro das paredes de nossas próprias casas.

– Harold B. Lee

Na música *Mayn Yingele* [Meu pequenino], um pai canta para o filho:

Eu tenho um filho, um filho pequeno,
Um menino maravilhoso.
Quando o vejo, parece-me
Que todo o mundo é meu.
Mas raras, raras vezes vejo
Meu filho acordado e esperto.
Só o vejo quando dorme;
Só chego em casa à noite.
Saio cedo para o trabalho;
Quando volto, já é tarde.
Desconheço minha própria carne,
Desconheço o rosto do meu filho.
Quando volto para casa exausto
Na escuridão após o dia,
Minha pálida esposa exclama:
"Você devia ter visto nosso filho brincar!"
Fico ao lado da caminha dele;
Olho e tento ouvir.

No sono ele move os lábios:
"Por que papai não está aqui?"

Essa música foi composta em 1887. Mas continua atual na ambição dos pais e na solidão dos filhos.

– Jeffrey K. Salkin

Se alguém me diz: "Estou trabalhando noventa horas por semana", eu digo: "Você está fazendo algo terrivelmente errado. Eu vou esquiar no final de semana. Eu saio na sexta-feira. Faça uma lista de vinte coisas que façam você trabalhar noventa horas e dez delas têm que ser absurdas."

– Jack Welch

Numa manhã de ventania, eu e meu filho pequeno passeávamos na praia. Catávamos conchas e as jogávamos contra o vento forte, que as devolvia para nós. Estávamos nos divertindo muito, e eu me deleitava com as risadas gostosas do meu menino.

De repente, olhei o relógio, vi que ele marcava meio-dia e anunciei que era hora do almoço. Deixamos a praia relutantes.

Só depois de estarmos sentados à mesa eu me perguntei por que parara a brincadeira. Por que era tão fundamental almoçar ao meio-dia? Por que devíamos ser comandados pelo relógio? Voltei para a praia com meu filho depois do almoço, mas o momento mágico tinha se desvanecido. As conchas e o vento nada mais faziam do que soprar areia em nossos olhos.

– Max Gunther

De uma carta para Anne Landers:
Em casa do
Sr. e Sra. Cônjuge
Ele e Ela viam TV.
Sem jamais trocarem uma palavra

Entre si até o dia em que
A televisão pifou.
Então, Ele disse para Ela: "Como vai?
Acho que não nos conhecemos.
Eu me chamo Cônjuge.
Qual é o seu nome?"
"Ora, é igual ao seu", disse Ela para Ele.
"Acha que podemos ser..."
Mas o aparelho voltou a funcionar
E eles jamais descobriram.

O perigo básico da tela de TV não está tanto no comportamento que produz quanto no comportamento que impede.

– Urie Bronfenbrenner

Reflexões

- Equilíbrio não significa dedicar igual tempo à família, ao trabalho, aos amigos, e assim por diante. Ao contrário, significa que conseguimos mesclar em nossa agenda um tempo adequado para cada um. Pensando nisso, como você equilibra a sua vida? Está pesada demais em algumas áreas?
- Há em sua vida hábitos ociosos — como excesso de televisão ou de sono — que impedem um maior equilíbrio? Você precisa impor-lhes limites?
- Mollie perguntou ao pai em que rua ficava a casa dele. As pessoas mais próximas a você conhecem o seu endereço ou onde podem encontrá-lo física e emocionalmente? Você precisa colocar alguns tijolos junto com a família ou com amigos?

34
SIMPLICIDADE

Só posso fazer uma coisa de cada vez, mas posso evitar fazer muitas ao mesmo tempo.
– ASHLEIGH BRILLIANT

Quando perguntaram a Sir Isaac Newton por que ele não fumava, respondeu:

— Porque não quero adquirir uma nova necessidade.

Ele e outras pessoas bem-sucedidas sabiam quanto era importante manter uma vida desapegada e simples.

Quando penso no princípio da simplicidade, me vem logo à mente o clássico de Henry David Thoreau, *Waldo*. Escrito há mais de um século e meio, até hoje me faz parar e pensar. Em suas páginas, Thoreau descreve como decidiu deixar para trás uma sociedade complicada e viver na floresta por algum tempo. O objetivo? Descobrir o que podia aprender com a vida simples. *Simplifique! Simplifique!* é uma versão condensada da obra inspiradora de Thoreau. Enquanto a lê, reflita sobre como seria viver em condições mais simples.

SIMPLIFIQUE! SIMPLIFIQUE!
Henry David Thoreau

Quando escrevi as páginas seguintes, ou melhor, a maior parte delas, vivia sozinho na floresta, a uma milha de qualquer vizinho, em uma casa que eu mesmo construí nas margens do Poço Walden, em Concord, Massachusetts, e onde ganhava a vida apenas com o trabalho de minhas mãos. Vivi ali durante dois anos e dois meses (de 4 de julho de 1845 a 6 de setembro de 1847). Fui para lá obedecendo ao desejo de viver apenas as verdades essenciais da vida para que, ao morrer, não descobrisse que deixara de viver, pois viver é tão importante. Queria viver a fundo e sugar o tutano da vida, acuá-la num canto e reduzi-la às suas condições mais simples. Se ela se revelasse sublime, desejava experimentá-la para poder dar testemunho de seu valor.

A maioria dos homens vive em silencioso desespero. O que se chama de resignação é puro desespero. Mas uma característica da sabedoria é nunca desesperar.

Vivemos mediocremente como formigas. Desperdiçamos a vida com detalhes. O homem honesto dificilmente precisa contar mais do que os dez dedos das mãos ou, em caso extremo, acrescentar os dos pés e descartar o resto.

Simplicidade, simplicidade, simplicidade! Reduza seus negócios a dois ou três e não os expanda a cem ou mil; em vez de um milhão, conte meia dúzia.

Simplifique, simplifique! Em vez de três refeições por dia, se for necessário faça apenas uma; em vez de cem pratos, cinco; e reduza o resto na mesma proporção.

Por que devemos viver com tanta pressa e desperdício?

Passemos um dia de forma tão deliberada quanto a da Natureza, sem nos deixarmos desviar por coisa alguma. Levantemo-nos cedo e rápido, tranquilos e sem perturbação. Por que devemos ser arrastados pela corrente? Se o sino toca, por que correr?

As necessidades essenciais da vida humana podem ser agrupadas em alimento, abrigo, roupa e combustível. É preciso assegurá-las para então podermos resolver os problemas mais nobres com liberdade e expectativa de sucesso. Porém a maioria dos luxos e muitos dos chamados confortos da vida não só são dispensáveis, mas também verdadeiros estorvos à elevação da humanidade.

Nunca desprezei alguém por ter a roupa remendada, mas tenho certeza de que as pessoas em geral se preocupam mais em vestir-se na moda do que em ter a consciência limpa. Eu digo: cuidado com os empreendimentos que exigem roupas novas em vez de exigirem um novo usuário para as roupas.

Não posso negar que o abrigo seja hoje uma necessidade. Mas quando penso em meus vizinhos, os fazendeiros de Concord, descubro que quase todos eles trabalharam vinte, trinta ou quarenta anos para se tornarem donos de sua terra — e provavelmente dois terços desse labor destinaram-se ao pagamento só das casas. Buscando adquirir conforto e independência, montaram uma armadilha que os prendeu.

Embora a maioria dos homens jamais tenha pensado no que é de fato uma casa, eles se sentem mais pobres quando comparam as que construíram com as dos vizinhos. Vamos sempre nos empenhar para obter mais coisas em vez de nos contentarmos com menos? Precisamos ter casas abarrotadas de móveis empoeirados? Eu prefiro ficar ao ar livre, pois não se acumula poeira na grama.

Aprendi que se alguém vive simplesmente e come apenas o que plantou, e não mais do que isso, pode fazer todo o trabalho agrícola com a mão esquerda e assim não estará amarrado a um boi, cavalo ou companheiro de labuta. Eu era mais independente do que qualquer agricultor de Concord, porque, como não estava ancorado a uma casa ou fazenda, pude seguir a inclinação do meu gênio.

Mantive-me apenas com o labor de minhas mãos e descobri que trabalhando cerca de dois meses e meio por ano podia enfrentar todas as minhas despesas. Durante o inverno e a maior parte do verão fiquei livre e desimpedido para estudar.

Em suma, estou convencido, tanto pela fé quanto pela experiência, de que nossa vida na terra deixa de ser uma dificuldade e torna-se um passatempo se vivermos com simplicidade e sabedoria.

Por que procuramos tão desesperadamente o sucesso, por que nos metemos com tamanho desespero em tantos empreendimentos? O homem que não harmoniza seu passo com o dos companheiros talvez esteja ouvindo um toque de tambor diferente. Deixe-o acompanhar o ritmo da música que ouve, por mais limitada ou distante que seja.

Duvido que as reflexões de Thoreau façam muita gente sair correndo para ir viver na floresta. Mas acho que elas despertam a pergunta: "Quais são as coisas que eu posso dispensar?" Há alguns anos, minha família percorreu a Europa arrastando uma pesada bagagem de um país para outro. No caminho fomos acumulando pequenas lembranças que nos fariam lembrar dos lugares visitados. A certa altura, um membro da família teve de voltar para casa e pedimos a ele que levasse algumas caixas cheias de roupas e de lembranças. Uma vez aliviados da bagagem extra, nos sentimos por fim livres para desfrutar de fato as paisagens. Assim é com a vida. Quanto mais nos livramos de coisas desnecessárias, mais ficamos livres para seguir os aspectos mais importantes de nossas vidas. Mas só quando dizemos um ardente "sim" para o que realmente importa podemos dizer, sorridentes e alegres, um "não" para o que tem menos importância.

Comentários sobre a Simplicidade

Uma vida simples está na sua própria recompensa.

– George Santayna

Além da nobre arte de realizar coisas, existe a nobre arte de não fazê-las. A sabedoria da vida consiste em eliminar o que não é essencial.

– Lin Yutang

Todos nós estamos geralmente sobrecarregados com os mil e um obstáculos e obrigações que nos envolvem com suas teias e impedem o movimento de nossas asas. Para simplificar suas obrigações, seu negócios e sua vida, um homem deve saber separar o que é essencial a partir do detalhe em que está envolto, pois as coisas não podem ser consideradas todas iguais. É a falta de ordem que nos torna escravos; a confusão de hoje desconta a liberdade de amanhã.

– Henry-Frédéric Amiel,
Amiel's Journal in Time

Muitos de nós somos consumidores compulsivos. Mesmo quando ainda estamos tropeçando na última aquisição, entramos nas lojas para comprar mais. Vale a pena perguntar-nos: quando é que basta?

– Amy Bjork Harris e Thomas A. Harris

Há muitos anos, Ann Richards, carismática ex-governadora do Texas, permaneceu ao lado da mãe, dando-lhe assistência nos seus últimos dias. Nesse período, testemunhou uma impressionante mudança na doente. Depois de ter passado a vida obcecada com serviços de cristal, baixelas de prata, toalhas de mesa de renda, porcelanas e joias feitas sob encomenda, a mãe de repente perdeu o interesse por tão valiosos bens. "A única coisa que lhe dava prazer eram os amigos e membros da família que iam visitá-la", contou Ann.

Após a morte da mãe, ela vendeu todas as coisas que impediram a mãe de dedicar-se mais às pessoas queridas.

– Edward Sussman

Reflexões

- Crie uma cesta de lixo mental e jogue nela atividades da semana passada. Quais seriam? Há alguma atividade que você faça regularmente e que precisa ser descartada ou reduzida?
- Qual foi a última vez em que você disse "não" a um pedido *pouco* importante? Quais são os medos que o impedem de dizer "não" mais vezes? A que atividades dirá "não" esta semana?
- Olhe em volta. Está vendo algo que, apesar de não ser necessário, rouba seu tempo ou sua energia? Você passa horas limpando, consertando ou pagando por "coisas" pouco importantes para a sua vida? Quais são as "coisas" que você pode descartar hoje?

35
Renovação

Às vezes a coisa mais urgente e vital
que você pode fazer é descansar.
– Ashleigh Brilliant

Após sua estada no Poço Walden, Henry David Thoreau começou a passear frequentemente no começo da noite. No fim de uma dessas caminhadas, ele escreveu: "Espero no topo dos montes que o céu caia para que eu possa pegar alguma coisa."

O que ele sabia, e muita gente hoje esqueceu, é que o corpo e o espírito precisam sempre renovar-se. Na vida corrida que levamos, esse tempo de renovação se limita às férias que tiramos uma vez por ano. Não nos damos conta da importância de renovar o corpo, a mente e o espírito. *A lição de uma tranquila enseada*, porém, nos lembra que precisamos criar deliberadamente "saídas" mais frequentes não apenas para investir na saúde, mas também para refletir sobre a vida.

A lição de uma tranquila enseada
William J. Buchanan

Havíamos montado acampamento na margem norte do lago Skilak, a cerca de trinta quilômetros de onde as águas turvas da geleira se despejam na enseada de Cook, no Alasca. Era perto da meia-noite, mas a luz ia permanecer durante toda aquela noite de verão em 1968. Um salmão assava devagar na grelha. Olhei para meu companheiro, Ed Gallant, ajoelhado à beira d'água, e pensei nos fatos que nos tinham levado até ali.

Dois meses e meio antes eu chegara à base aérea de Elmendorf, em Anchorage, para assumir a chefia da divisão de engenharia civil da Agência de Comunicações da Defesa do Alasca. A realidade que encontrei superou qualquer expectativa. A rede de comando militar do estado se espalhava por uma área imensa, com unidades muitas vezes isoladas pelo gelo. Os colapsos ocorriam com frequência, e os recursos eram muito precários.

O subchefe de engenharia, Ed Gallant, era meu subordinado imediato. Aos cinquenta anos, de altura média e constituição robusta, ele tinha uma louvável folha de serviços e era considerado a força propulsora da divisão de engenharia. Mas nossos primeiros encontros foram tensos, o recém-chegado avaliando o veterano e vice-versa.

Era nesse pé que as coisas estavam quando, ao final da segunda semana, após dias frustrantes e noites insones, eu o chamei ao meu escritório.

— Ed, há um excesso de áreas problemáticas — eu disse num tom exasperado. — Temos de estabelecer prioridades.

Ele me olhou fixo por alguns instantes.

— Posso sugerir a primeira prioridade?

Não hesitei:

— Por favor.

Ele também não hesitou:

— Vá pescar. — Ante minha surpresa, repetiu: — Venha pescar comigo neste fim de semana. Eu lhe prometo que quando voltarmos na segunda-feira as prioridades estarão claramente estabelecidas.

Parecia absurdo, mas alguma coisa no jeito dele me fez parar. Dei de ombros:

— Por que não?

Quando fomos para o lago no sábado, descobri que estava gostando. Com a intuição do homem habituado a viver ao ar livre, Ed levou-me até um cardume de salmões vermelhos em migração. Apesar de estar exausto por causa do trabalho e das preocupações, eu sentia uma culpa irritante por ter abandonado minha escrivaninha, onde tanta coisa esperava por mim.

Na beira d'água, vi Ed salpicando um pouco de bórax sobre a ova de peixe. Após o jantar, perguntei-lhe:

— Por que o bórax?

Ele respondeu, tranquilo:

— Endurece as ovas. Vou congelá-las quando chegarmos em casa. Servem como isca para...

Não terminou a frase. Instintivamente, eu completei:

— Para o ano que vem. — E acrescentei perplexo: — Não entendo.

Ele pegou um pau e atiçou a fogueira.

— Tenho hipertensão maligna — disse. — Já devia estar morto há um ano. — E me contou a história.

Mudara-se em 1960 para o Alasca a fim de instalar-se na última fronteira americana não poluída. Assinara um contrato com a Agência de Comunicações. O serviço era um tremendo desafio. Viciado em trabalho e obcecado, tentara compensar as verbas insuficientes e a falta de equipamento moderno redobrando sua carga de trabalho e fazendo dias de quinze horas.

Uma noite, no verão de 1966, sozinho à escrivaninha, de repente não conseguiu ler as plantas de engenharia. Mas isso passou, e ele não falou com ninguém. Então, duas semanas depois, desmaiou. Os testes revelaram uma pressão excessivamente alta.

— Deram-me uma escolha: continuar trabalhando e morrer dentro de três meses ou sair, tomar remédios e talvez ganhar um ano.

Consegui encontrar a voz:

— Que fez então?

Ele se levantou.

— Venha, eu lhe mostro.

Nosso acampamento ficava à beira de uma pequena enseada que entrava duzentos metros na mata. Fomos até o ponto mais ao fundo. Ali, protegidas do vento e das correntes, as águas paradas pareciam um espelho.

Ed sentou-se num tronco caído e apontou.

— Olhe com cuidado.

Logo abaixo da superfície, enormes salmões nadavam em lentos círculos. Outros jaziam quietos no fundo raso, e o único movimento que faziam era um abanar lento e ritmado de guelras e barbatanas.

— Quando os médicos me deram o ultimato dois verões atrás, eu vim pra cá — disse. — Sentei neste mesmo tronco e tentei pensar sobre a minha vida. Então, por algum motivo, comecei a observar os salmões, como se os estivesse vendo pela primeira vez. — Voltou-se e apontou para a entrada da enseada: — Veja lá fora, no canal. — Uma faixa de águas levemente onduladas revelava a migração rio acima de milhares de salmões. — Acabam de chegar do mar e são fortes — continuou. — Mas amanhã vão chegar às quedas do rio Russo. Darão saltos desesperados diante das quedas. Alguns ficarão cansados demais e serão lançados contra as rochas abaixo. Acabarão morrendo de pura exaustão. — Voltou a olhar para os salmões na enseada: — Aqueles são diferentes. Algum instinto os levou àquele lugar calmo. É como se soubessem das quedas mais à frente. Estão descansando para amanhã continuarem a migração e enfrentarem os desafios. Pensei que eu era como aqueles salmões no canal. Avançando implacavelmente. Naquele momento eu soube o que tinha de fazer. Continuar trabalhando e, quando as pressões começassem a aumentar, tirar um tempo e ir até a enseada. É como tenho controlado tudo desde então. Quanto tempo vai durar, não sei. Mas já estou mais velho um ano do que os médicos disseram que algum dia ficaria. — Virou-se para mim. — Coronel, você não é a primeira pessoa recém-nomeada que percebe que estamos operando um sistema na era espacial como se estivéssemos na Idade da Pedra. Não é o primeiro a nadar firme contra uma corrente mais forte.

De repente, compreendi o motivo daquela excursão. Descobri qual era de fato a "primeira prioridade".

— Tudo bem, Ed. O que podemos fazer?

Ele sorriu, aliviado com minha reação.

— Eu conheço o sistema de comunicações como a palma da minha mão. Posso cuidar da parte técnica. O que não posso é lidar com a burocracia. Se você conseguir nos livrar dos figurões, os engenheiros e eu manteremos o sistema em funcionamento.

E ali, nas margens da enseada, fizemos um pacto. Daquele fim de semana em diante, Ed cuidou das inúmeras decisões técnicas do dia a dia, enquanto eu me ocupava da parte administrativa. E jamais hesitei em autorizar quando Ed pedia tempo para ir à enseada.

À medida que o inverno tomava Anchorage e fechava o acesso à península de Kenai, Ed foi ficando inquieto. Muitas vezes o peguei olhando para um calendário muito velho na parede atrás da sua escrivaninha. Tinha um foto aérea do lago Skilak. Bem visível na margem norte, a silhueta da enseada em que estivéramos.

— Tenho de voltar lá... pelo menos uma vez — dizia.

Mas na tarde de 16 de março, domingo, o oficial de serviço me chamou.

— O Sr. Gallant sofreu um derrame. — Corri ao hospital da base. Ed jazia imóvel, olhando vagamente o teto. Então me viu. Tinha o braço esquerdo paralisado, mas mexeu a mão direita em minha direção e tentou em vão falar. Agarrei a mão estendida.

— Tudo bem, Ed. Não tente falar.

Ele começou a passar o olhar de mim para a parede e de volta para mim. Após algum tempo, segui seus olhos rumo à parede. De repente, ficou claro o que ele queria dizer.

— Volto já — falei.

Corri à agência e peguei o velho calendário. Retornei ao hospital e pendurei-o na parede mais próxima à cama. Ed fixou os olhos na foto, parecendo ficar em paz. E assim morreu, o rosto voltado para a fotografia desbotada de sua amada enseada.

No verão de 1970 acabou meu serviço no Alasca. Voltei pela última vez à enseada. Os salmões continuavam ali, descansando para as provações à frente. Olhando-os, lembrei-me da noite em que um homem sábio e bondoso me contou o que aprendera naquele lugar especial, uma lição que o sustentara nas horas mais difíceis — a lição de uma tranquila enseada.

> Todos se beneficiam nos lugares de refúgio e renovação — tranquilas e quietas enseadas. E embora eu espere que cada um de nós tenha um ou dois locais favoritos onde se retirar por um tempo mais longo, também precisamos de pontos diários facilmente acessíveis. Algumas pessoas encontram refúgio simplesmente fechando os olhos e meditando. Outras, ouvindo música suave ou participando de atividades físicas, como caminhar. O local e o método não são tão importantes quanto o fato de precisarmos de mais "tempo fora" para renovar o corpo, a mente e refletir sobre a vida.

Comentários sobre a Renovação

De vez em quando saia e descanse um pouco para que, ao voltar ao trabalho, tenha uma capacidade de julgamento mais segura. A permanência constante no trabalho nos faz perder o poder de julgar. Tome uma certa distância para ter melhor perspectiva e uma visão geral que lhe permita perceber mais facilmente qualquer falta de harmonia ou proporção.

– Leonardo da Vinci

Todo ser humano precisa de algum tempo em que se sinta em paz. A paz pode ser em forma de exercício, leitura ou qualquer ocupação agradável. A única coisa incapaz de se relacionar com ela é a sensação de ser obrigado a fazer alguma coisa num determinado tempo. Há alguns dias eu tinha duzentas cartas à minha espera e muito trabalho a fazer. Por isso, passei intencionalmente dois dias lendo poesia.

– Eleanor Roosevelt

Descanse. O campo que descansou dá uma bela safra.

– Ovídio

A maioria de nós, que vivemos quase automaticamente esmagados sob o poder de agendas sobrecarregadas, busca uma saída num tempo futuro. Esquecemos que com algum planejamento podemos inserir em curtos intervalos diários os elementos essenciais das férias adiadas — mudança de cenário, de ritmo, de pessoas e, sobretudo, de hábitos. As férias diárias devem ser mais do que a mera cessação do trabalho. Devem ser não apenas uma quebra da rotina ditada pelas demandas externas, mas um positivo encontro com o prazer.

– William Moulton Marston

Se corrermos o tempo todo, não apenas deixaremos de ganhar a disputa como não teremos energia suficiente para alcançar a linha de chegada.

– Joseph A. Kennedy

Um famoso explorador que passou dois anos entre os selvagens do Alto Amazonas certa vez tentou fazer uma marcha forçada na selva. O grupo alcançou extraordinária velocidade nos dois primeiros dias, mas na terceira manhã, na hora de recomeçar, meu amigo encontrou todos os nativos sentados nos calcanhares, com ar muito solene, sem fazer qualquer preparativo para a partida.

"Estão à espera", explicou-lhe o chefe. "Não podem dar mais um passo enquanto suas almas não alcançarem os corpos."

Não me ocorre melhor ilustração para nossa situação atual. Haverá alguma forma de deixarmos que nossas almas, por assim dizer, alcancem nossos corpos?

– James Truslow Adams

Reflexões

- Você tem uma tranquila enseada onde possa se retirar do seu ambiente habitual? Vai lá com frequência suficiente para renovar a mente e o corpo?
- Quais são as tranquilas enseadas "diárias" que você usa como fugas temporárias? Tira tempo para atividades que o renovem, como meditação, caminhadas, exercícios ou leitura, para relaxar a mente e promover seu crescimento?
- A renovação se aplica a muitos aspectos da vida além da saúde. O que você faz para renovar a mente, as emoções e o espírito?

36
LAZER

A sensação de um tempo mais tranquilo é em si uma forma de riqueza.
– BONNIE FRIEDMAN

O lazer está intimamente associado ao princípio da renovação. Pode ser a participação num esporte, a contemplação da natureza, a visita a um amigo ou apenas cochilar gostosamente numa rede. O lazer não é uma coisa que devemos fazer, mas que desejamos fazer. É divertir-se.

Mas, no mundo de hoje, expressões como tempo livre, solidão, cochilo, ociosidade, namoro ou relaxamento têm muitas vezes conotações pejorativas. O valor do lazer na sociedade de algum modo diminuiu. Mas Nancy H. Blakey, com uma pequena ajuda de seus filhos e de um carneirinho, lembra-nos que, além de tentar aplicar todos os outros princípios da grandeza de cada dia, precisamos nos divertir. Muitos de nós precisamos reorganizar nossas agendas para colocar dentro delas um pouco mais de espaço para o lazer.

A ATRAÇÃO DO DESVIO
Nancy H. Blakey

O poeta William Stafford certa vez disse que somos definidos mais pelos desvios e distrações em nossas vidas do que pela estreita estrada entre as metas. Gosto dessa imagem.

É claro que, como todo mundo, eu tenho metas e faço coisas. Mas são os atalhos malucos que me levam para os lugares mais produtivos. Quer um exemplo? Vou lhes falar de uma boa viagem de carro. Poderia ser uma linha reta entre dois pontos, o de saída e o de chegada. Mas, para minha família, significa um longo e preguiçoso desvio atrás do outro — um saltitar por estradas que acabam nos levando ao destino final. Seguimos ao sabor do desejo, sem hora marcada, curiosos para descobrir as possibilidades que nos aguardam depois de cada curva. São árvores floridas, móveis rústicos expostos no acostamento, um pão de queijo inigualável numa pequena venda e as mais suculentas peras em barracas de frutas locais. E como não temos pressa, conversamos.

Não foi sempre assim. Descobrimos o lado lúdico das viagens por puro acaso — ou desvio, pode-se dizer.

Durante anos, fizemos em nove horas a viagem de quase oitocentos quilômetros de nossa casa em Seattle à de meus pais, em Boise. Viajávamos como a maioria das pessoas: pela rota mais rápida, mais curta e mais fácil. Sobretudo quando eu viajava sozinha com quatro crianças barulhentas e agitadas, cheias de opiniões e desejos inquestionáveis.

Eu dirigia rápido, só parando quando era preciso. Disciplinava as crianças com o olho na estrada e estendendo o braço até o fundo do carro para separar as brigas. Seguia pelas rodovias principais. Contávamos as horas e quilômetros e chegávamos cansados e mal-humorados.

Mas então nasceu Banner, o nosso carneiro. Ele foi rejeitado pela mãe poucos dias antes de uma planejada viagem a Boise. Eu tinha duas opções: deixá-lo com meu marido, que precisava trabalhar, ou levá-lo para Boise comigo. Não tive alternativa. Foi assim que me vi na estrada com quatro crianças, um carneirinho, cinco bicicletas e meu eterno otimismo.

Pegamos as estradas secundárias por pura necessidade. Era preciso parar a cada hora e deixar Banner sacudir as pernas trôpegas. As crianças corriam atrás dele e umas das outras. Voltavam para o carro sem fôlego e cheias de energia, renovadas pelo ar frio.

Começamos a gostar muito da experiência. Enquanto o mundo passava zunindo, nós não. Em vez de ir direto para Boise, paramos num hotelzinho no meio do caminho. Isso levou à descoberta pela manhã de um restaurante que servia os mais deliciosos pães de queijo que já tínhamos comido.

Exploramos uma infinidade de estradas secundárias, atolados muitas vezes num mato que chegava à cintura. Pelas janelas do carro desfilavam roupas penduradas em varais, leitõezinhos correndo atrás da mãe, trutas pulando na curva de um rio. Nem a melhor viagem pela autoestrada se comparava com nossa experiência. Ali estava a vida. E novos horizontes.

Acabamos chegando à casa de meus pais surpreendentemente revigorados e cheios de histórias para contar. Tínhamos levado mais cinco horas de estrada, além da noite no hotel, mas antes passávamos oito horas depois da chegada apenas para nos recuperar. Enchi-me de coragem com essa aventura. A caminho de casa fiz um desvio para visitar minha avó. Paramos numa fonte de águas termais que durante anos eu queria conhecer mas nunca achava tempo. E desenvolvi minha criatividade na aplicação da disciplina. Em um trecho vazio da estrada, todos começaram a brigar. Parei o carro, mandei as crianças saltarem e disse-lhes que me encontrassem mais à frente. Dirigi por cerca de um quilômetro, parei no acostamento e fiquei lendo um livro, enquanto meus filhos corriam para me alcançar.

Essa viagem com Banner me abriu os olhos para um mundo desconhecido e disponível para quem tivesse a audácia de explorá-lo. Descobrimos a delícia de molhar os pés num pequeno riacho debaixo do sol do meio-dia, de observar os tipos humanos, de imaginar como vivem, de inventar histórias sobre eles.

É claro que algumas viagens de carro precisam ser rápidas e diretas. Mas foi preciso um carneirinho preto para me fazer compreender que um desvio pode revelar a melhor parte de uma viagem — e de nós mesmos.

> O mundo poderia beneficiar-se com mães (e professoras) como Nancy. Pessoas que sabem o valor de expor os filhos a uma ampla gama de gostosas estradas secundárias, que sabem se divertir, que sabem fazer do lazer parte integral da vida.

Comentários sobre o Lazer

Numa manhã de primavera, parei ao lado de uma fonte num parque e fiquei olhando o difuso borrifo da luz solar formando pequenos arco-íris. Uma jovem mãe, seguida por uma minúscula menininha loura, vinha apressada pelo caminho. Quando a criança viu a fonte, abriu os braços.

— Mamãe, espere! — gritou. — Veja todas essas cores bonitas!

A mãe puxou-a.

— Vamos — apressou. — Senão perderemos o ônibus. — Então, vendo a alegria nos olhos da filha, cedeu. — Tudo bem — disse. — Logo vai ter outro ônibus.

Quando se ajoelhou ao lado da menina, lágrimas afloraram nos olhos da mãe. Acabava de viver a rara e especial alegria de partilhar uma coisa bela com alguém que amava.

Desde esse dia descobri que as crianças mais felizes, mais observadoras e criativas pertencem a famílias que compartilham seus arco-íris.

– Aleta Jane Lindstrom

Deve-se, pelo menos uma vez ao dia, ouvir uma música bonita, ler um bom poema, ver um belo quadro e, se possível, falar algumas palavras razoáveis.

– Goethe

Quando não tenho nada para fazer durante uma hora, e não quero fazer nada, não leio nem vejo televisão. Sento-me numa cadeira e deixo a mente relaxar. Faço o que chamo de ficar ocioso. É preciso se permitir tirar um certo tempo sem fazer nada para deixar as ideias brotarem.

– Mortimer J. Adler

A paz e a quietude dos verões no campo parecem ter desaparecido, e a rede desapareceu com elas. Em outros tempos, a rede de cores alegres pendurada à sombra de uma árvore era símbolo de descontração gostosa, de conforto e de um luxo discreto.

Ali a gente se deitava depois do almoço, entregando-se à indolência. Os barulhos distantes das abelhas e dos pássaros tinham o efeito de um embalo. E aqueles que nos viam usufruindo aquele relaxamento invejavam nossa boa vida.

– Des Moines Register

As melhores horas da vida não são as que passamos com grandes grupos, mas aquelas em que conversamos com algumas pessoas especiais, em que lemos magníficos clássicos, ouvimos boa música, vagamos por entre as árvores seculares de uma floresta e desvendamos os segredos da natureza em um laboratório. As pessoas que mais contribuíram para a humanidade foram as que enriqueceram a mente e o coração na solidão. É medíocre a educação que não prepara o ser humano para ficar a sós consigo mesmo.

– Joel Hildebrand

O arquiteto Frank Lloyd Wright contou como uma aula que recebeu aos nove anos ajudou-o a determinar sua filosofia de vida. Um tio, do tipo impassível e direto, levara-o para uma longa caminhada por um campo coberto de neve. No lado oposto, seu tio pediu a ele que olhasse para trás para seus rastros. "Vê, meu garoto", disse ele, "como suas pegadas vão incertas para frente e para trás, das árvores para o curral, de volta à cerca e depois ali onde você estava jogando os gravetos? Mas observe como a trilha vai reta, diretamente até meu objetivo. Nunca esqueça dessa lição!"

"E nunca esqueci", disse Wright, sorrindo. "Determinei-me, naquele momento, a não perder a maior parte das coisas na vida, da mesma forma que meu tio."

– John Keasler

Não me parece livre um homem que não se permite passar algum tempo sem fazer nada.

– Cícero

Lembro-me de uma noite de novembro, há muitos anos, quando a última lâmpada se apagara e só papai estava acordado. De repente, ele saltou da cama e correu à janela. Após alguns instantes, acordou-nos.

"Para fora!", disse. "Não precisam se vestir, basta se envolverem em um cobertor."

Quando chegamos do lado de fora, vimos apenas a geada que cobria tudo de uma fina camada branca e uma lua gorda que semeava o chão com um milhão de diamantes.

"Escutem!", ele alertou. Nós nos calamos, aguçamos os ouvidos e olhamos para onde ele apontava. Aos poucos, começamos a ouvi-los, depois os vimos. Gansos selvagens voando contra a lua. "Devem ser uns mil", disse papai.

Mais tarde, quando nos mandou de volta para o calor da cama, só falou esta frase: "Acho que valeu um minuto de arrepios de frio."

Parece-me quase trágico não termos tempo nem disposição para exercer uma paternidade desse tipo nos dias de hoje. Trágico também que, à medida que os anos passam, eles não pareçam mais conter minutos.

– H. Gordon Green

No correr dos anos, muitos executivos têm me dito com orgulho: "Rapaz, eu dei tanto duro no ano passado que nem tirei férias." Sempre sinto vontade de responder: "Seu palerma! Quer dizer que você assume a responsabilidade por um projeto de um milhão de dólares e não é capaz de planejar duas semanas para se divertir um pouco?"

– Lee Iacocca

Reflexões

- Quando foi a última vez que você deu uma boa gargalhada? Que disputou o seu jogo favorito? Que desfrutou da solidão? Quando foi a última vez que abriu confiantemente seu coração para seu cônjuge ou para um amigo? É só trabalho, sem diversão?
- O carneirinho abriu os olhos de Nancy para um novo mundo. Nas viagens do dia a dia, você entra em estradas secundárias interessantes e descobre novos horizontes e prazeres? Ou você é mais o tipo de pessoa que segue em frente sem jamais tentar qualquer coisa nova?
- A única maneira com que muitas pessoas conseguem se divertir é programando o lazer com bastante antecedência. Olhando o próximo mês, você destinou algum tempo à diversão? Para quando estão programadas as suas próximas férias? O que vai fazer de divertido hoje à noite?

EPÍLOGO

Quantas pessoas incríveis você conheceu neste livro! Gente que em algum momento da vida fez a escolha de agir, de ter objetivos e princípios.

Agora a escolha é sua. Vai incorporar a grandeza de cada dia ao seu cotidiano? Concordamos com você: a vida nem sempre é fácil, e os desafios se sucedem. Em meio a tanto tumulto e correria, fica cada vez mais difícil parar o tempo suficiente para pensar nas escolhas e no que fazer com esse precioso período que chamamos de vida. No entanto, é fundamental para nosso crescimento como seres humanos conquistar espaços para essas pausas que nos permitem refletir sobre quem somos e o que *realmente* queremos.

Bill Tamameus descreveu vividamente o poder dessas pausas numa anotação em seu diário, em dezembro de 1988:

Há um momento especial quando as ondas arrebentam e vêm espumando. Ocorre no instante exato em que uma onda se espalhou na areia, mas ainda não começou a refluir para o mar. Durante menos de um segundo, a água para de agitar-se e na sua transparência vejo as pedras, as conchas e a areia. Na vida, esse vislumbre do que está no fundo ocorre de vez em quando. Há pequenas frações de tempo em que as forças que nos açoitam atingem um equilíbrio. Depois recuam e, quando a nova onda arrebenta, perdemos a clareza especial daquele momento. Mas, enquanto nos deparamos com a clareza, devemos colhê-la e guardá-la no fundo de nós para, quando a próxima onda bater — e baterá sem dúvida —, podermos manter o equilíbrio.

Espero que este livro lhe tenha proporcionado alguns desses momentos de clareza — momentos em que você viu mais nitidamente o potencial que existe em seu interior. Momentos em que tomou consciência da diferença que você pode fazer na vida dos que o cercam.Valorize e guarde preciosamente esses momentos para que, quando as ondas do que é superficial e transitório o açoitarem, você possa manter a vista erguida e concentrar-se nos mais altos sonhos. Para que se torne capaz de construir, passo a passo, a grandeza de cada dia.

PONDO OS PRINCÍPIOS EM PRÁTICA

Imagino que durante a leitura do livro alguns textos causaram pouco impacto. Outros, você achou inteligentes e divertidos. Mas, uma vez ou outra, uma história o emocionou e o tocou de forma especial, ou uma reflexão o atingiu mais profundamente, levando você a pensar: "Preciso fazer isso melhor."

Vou agora lhe dar algumas sugestões para extrair o máximo deste livro:

Sugestão 1: *Comece com você mesmo.*

Espero que passe este livro para outras pessoas ou que o dê de presente para alguém que tenha a sensibilidade parecida com a sua.Na verdade, espero que os pais partilhem as histórias e princípios com os filhos, patrões com os empregados, professores com alunos e amigos com amigos. Mas acredito piamente que a maior contribuição deste livro virá quando você absorver e aplicar os princípios à sua vida. Portanto, abra-se para a possibilidade de mudança interna e reflita sobre as áreas em que sente maior necessidade de melhora.

Sugestão 2: *Comece no geral e vá concentrando.*

Reveja todo o livro para ter uma perspectiva ampla dos princípios e da forma como se aplicam a você. Separe os que o tocam mais. Depois, escolha dois ou três princípios que, se aplicados à sua vida, o ajudarão de forma mais direta a alcançar seus sonhos e a desenvolver seu potencial.Trabalhe com essas duas ou três áreas por algum tempo e passe adiante. Resista à tentação de tentar melhorar tudo ao mesmo tempo.

Sugestão 3: *Estabeleça alvos específicos e realistas*

Defina metas de melhoria viáveis, nem muito difíceis nem fáceis demais. Crie cronogramas com prazos nem muito distantes nem próximos. Mas seja específico. Não basta dizer "Esta semana eu vou tentar ser mais delicado". É preciso determinar formas específicas de ser mais delicado. Na maioria dos casos, isso ajuda a estabelecer um tempo determinado em que você tentará tratar com mais delicadeza seu cônjuge, os filhos adolescentes, os empregados de sua empresa, as pessoas de um modo geral. Programar planos e metas ajuda enormemente.

Sugestão 4: *Comece com pequenas iniciativas, mas comece.*

Muitas vezes, quando planejamos grandes coisas, sentimos um certo desânimo e descrença em relação aos resultados. Por isso é que sugiro, baseado em minha própria experiência, que você comece devagar e dê o passo possível. Mas, por favor, comece! Se quiser sentir-se em paz com você mesmo e com o que deseja, comece hoje e faça alguma coisa — mesmo que seja apenas uma coisinha, mesmo que por uma só pessoa.

Sugestão 5: *Partilhe com os outros.*

Uma das melhores maneiras de aprender um princípio é ensiná-lo. Se você é pai, por exemplo, talvez queira escolher um princípio por semana para ensinar e incorporar à vida de seus filhos. Conte uma história durante uma refeição ou em outro momento conveniente e depois use os comentários e as historinhas de apoio durante toda a semana para expandir e reforçar o princípio. Ou, se é líder empresarial, pode encontrar formas de integrar os princípios em reuniões semanais para estimular a eficiência da equipe. Equipes e organizações que exercem a grandeza de cada dia garantem seu sucesso. Qualquer que seja o seu cargo, confie na criatividade para explorar meios de ensinar os princípios encontrados neste livro. Assim, você vai aprender mais.

Sugestão 6: *Tenha paciência.*

Isso não significa relaxar, mas não se deixe desanimar por qualquer recuo ou erro. Por outro lado, valorize os avanços e conquistas, por menores que sejam. O autoaperfeiçoamento exige atenção, respeito, tolerância e persistência. A grandeza de cada dia é uma forma de viver — uma oportunidade diária, passo a passo —, não algo que acontece de uma só vez. Portanto, tenha paciência e insista. Vai valer a pena!

Creio que cada uma dessas seis sugestões o ajudará a aplicar os princípios contidos neste livro. Mas quero oferecer uma sugestão final.

Pinte uma imagem mental de si mesmo como uma pessoa em transição. Se reler a Introdução, você vai ver que manifestei a esperança de que este livro produza três resultados. Primeiro, eu espero que você encontre uma sensação de paz e prazer com a leitura — um refúgio da tempestade, um porto de esperança. Segundo, que descubra formas de usufruir mais a vida e dar uma contribuição maior. Desejo que o livro tenha ajudado para isso. Mas é o terceiro resultado que considero mais importante. Quero que fixe em sua mente uma imagem de você mesmo sendo cada vez mais uma pessoa capaz de pegar o negativo ou o neutro que aparece em seu caminho e transformá-lo em positivo.

Veja-se como alguém que busca deliberadamente oportunidades para dar uma contribuição significativa. Que enche a própria vida de propósito e ajuda os outros a encontrar também o sentido de suas vidas. Veja-se como um catalisador da mudança. Empenhe-se em tornar-se uma luz, não um juiz; um modelo, não um crítico. O mundo de hoje precisa de gente como você. Confie nos princípios e comece já. Escolha agir. Escolha ter um objetivo. Escolha os princípios. E, ao fazê-lo, nunca deixe de sentir a paz interior e a satisfação pessoal que se adquire vivendo a grandeza de cada dia.

Agradecimentos

Claro que muitas pessoas merecem crédito pela arte e trabalho na composição desta coletânea. Agradeço muito à equipe da Reader's Digest, Jackie Leo, Harold Clarke, Sandy McCormick Hill, Marcia Rockwood e Maureen Mackey, pelo seu envolvimento, assim como a Raimo Moysa, Chris Cavanaugh e Eric Schrier, pelo encorajamento e apoio desde os primeiros estágios do projeto. Um agradecimento particularmente afetuoso a Nancy Clark, pela proeza editorial e paciente capacidade de satisfazer a diversos interesses. Além disso, meus sinceros agradecimentos a Boyd Craig, da Franklin Covey Company, pela integral contribuição e apoio durante todo o projeto, e a Julie Gillman, pela assistência administrativa e técnica. Também apresento um sincero reconhecimento à magia editorial da Rutledge Hill Press, incluindo os talentos de Pamela Clements, Geoff Stone, Laura Troup e Brian Mitchell.

Todas as histórias deste livro foram publicadas antes na revista Reader's Digest. Agradeço aos colaboradores e editores que graciosamente concederam permissão para republicar o material.

Histórias

"O violoncelista de Sarajevo", de Paul Sullivan, em *Hope* (março/abril de 1996). Copyright© 1996 by Paul Sullivan.

"Como o amor voltou", de Tom Anderson, em *Guideposts* (agosto de 1985). Copyright© 1985 by Guideposts.

"Eu pretendo fazê-lo", de Betty Ford e Chris Chase, em "The Times of My Life". Copyright© 1978 by Betty Ford. Permissão concedida pela Agência William Morris.

"O homem que disse 'não' a um milhão de dólares", de Joseph V. Paterno e Bernard Asbell, em *Paterno: by the Book*. Copyright© 1989 by Joseph V. Paterno e Bernard Asbell. Republicado por permissão de Regina Ryan Publishing Enterprises, Inc.

"Uma única chance", de James P. Lenfesty, na *Minneapolis Star Tribune* (15 de maio de 1988). Copyright© 1988 by James P. Lenfesty.

"Aqui está Johnny!", de Ed McMahon, em *Here's Johnny!* Copyright© 2005 by Ed McMahon. Publicado por permissão da Rutledge Hill Press.

"A história das oito vacas de Johnny Lingo", de Patricia McGerr, em *Woman's Day* (novembro de 1988). Copyright© 1988 by Patricia McGerr. Permissão concedida por Curtis Brown Ltd.

"Curso intensivo", de Michael Collins, em *Hot Lights, Cold Steel*. Copyright© 2005 by Michael J. Collins. Publicado por St.Martin's Press, Inc.

"Diferentes pinceladas", de Jeanne Marie Laskas, em *The Washington Post Magazine* (12 de março de 2000). Copyright© 2000 by Jeanne Marie Laskas.

"Tijolo por tijolo", de Bill Shore, em *The Cathedral Within*. Copyright© 1999 by William H. Shore. Publicado por Random House, Inc. Republicado por permissão da Random House and SLL/Sterling Lord Literistic, Inc.

"Andar de ônibus com Beth", de Rachel Simon, em *Riding the Bus With My Sister*. Copyright© 2002 by Rachel Simon. Publicado por Houghton Mifflin Co.

"A atração do desvio", de Nancy Blakey, em *Eastside Parent* (julho de 1995). Copyright© 1995 by Nancy H. Blakey.

Citações

"It's About Time", de Noah Gilson, em *Medical Economics* (22 de março de 2002). Copyright© 2002 by Advanstar Communications, Inc.

Jeffrey K. Salkin, *Being God's Partner: How to Find the Hidden Link Between Spirituality and Your Work*. Copyright© 1994 Jeffrey K. Salkin. Permissão concedida por Jewish Lights Publishing, P.O. 237, Woodstock, VT 05091, www.jewishlights.com

"Lighten Your Load", de Edward Sussman, em *Worth* (setembro de 1999). Copyright© 1999 by Worth.

"If I Had My Life to Live Over", de Erma Bombeck. Copyright© 1979 by Field Enterprises Inc.

Este livro foi composto em Bembo 12 e impresso
pela Edigráfica sobre papel Chambril Avena 80g
para a Vida Melhor em 2014.